上海鲁迅研究

纪念左联成立90周年

上海鲁迅纪念馆 编
SHANGHAI LUXUN MUSEUM

总第86辑

上海社会科学院出版社
SHANGHAI ACADEMY OF SOCIAL SCIENCES PRESS

目　　录

纪念左联成立 90 周年

鲁迅作品与生平研究

史料·辨证

鲁海漫谈

读书杂谈

CONTENTS

左翼文化运动的历史影响论纲

王锡荣

中国左翼作家联盟,是一个 90 年前成立、仅仅存在了 6 年的文学团体,在 20 世纪中国社会文化的发展中,是一个传奇般的存在。它在中国革命史、思想史、文化史和文学史上,都刻下了深深的印记。在波澜壮阔的中国左翼文化运动中,左联是一支核心力量。以左联为代表的中国左翼文化运动改变了中国的社会政治格局,对中国革命的发展产生了重大的影响,更对中国的新文化发展产生了极大的影响。它形成的左翼文艺传统,成为后来苏区文艺、延安文艺和解放区文艺,以至于新中国文艺所遵循、所抱持、所传承的优良传统。

一、左翼文化运动对时代政治格局和走向的影响

左翼文化运动,诚然是公认的文艺运动,但实际上它绝不仅仅是一场纯文艺的运动,而是一场社会革命运动。它的发生,是应中国革命的时代呼唤而生;它的发展,是中国共产党步步主导;它的历史角色,是中国工农革命军队的一翼;它的辉煌成果,不仅仅是文艺上、文化上的成功,也是中国革命成功的重要组成部分。

1980 年,在左联成立 50 周年纪念大会上,胡乔木曾说:“关于左翼文化运动的意义,毛泽东同志在《新民主主义论》里面,已经

作过热情洋溢的崇高评价。我认为这个评价今天仍然完全适用，不需要再作任何的修改和补充。”[①]因此，他不再对左翼文化运动作新的评价。

毛泽东在《新民主主义论》中究竟怎样评价左翼文化运动的，胡乔木没有指明。应该主要是指《新民主主义的文化》一节里这样一段话：

> 在“五四”以后，中国产生了完全崭新的文化生力军，这就是中国共产党人所领导的共产主义的文化思想，即共产主义的宇宙观和社会革命论。五四运动是在一九一九年，中国共产党的成立和劳动运动的真正开始是在一九二一年，均在第一次世界大战和十月革命之后，即在民族问题和殖民地革命运动在世界上改变了过去面貌之时，在这里中国革命和世界革命的联系，是非常之显然的。由于中国政治生力军即中国无产阶级和中国共产党登上了中国的政治舞台，这个文化生力军，就以新的装束和新的武器，联合一切可能的同盟军，摆开了自己的阵势，向着帝国主义文化和封建文化展开了英勇的进攻。这支生力军在社会科学领域和文学艺术领域中，不论在哲学方面，在经济学方面，在政治学方面，在军事学方面，在历史学方面，在文学方面，在艺术方面（又不论是戏剧，是电影，是音乐，是雕刻，是绘画），都有了极大的发展。二十年来，这个文化新军的锋芒所向，从思想到形式（文字等），无不起了极大的革命。其声势之浩大，威力之猛烈，简直是所向无敌的。其动员之广大，超过中国任何历史时代。[②]

毛泽东这个评价，虽然没有明确说左翼文化运动，但是实际上却是几乎完全为左翼文化运动量身定做的。在他所说的“文化生力军”中，左翼文化占了最大的比重。他列述从1919年到1939年这20年中，所划分的四个阶段，左翼时期就占了十年，占比达到50%。[③]这都说明，左翼文化运动确实是那个时代最重要的社会文化现象。关键是，在毛泽东的语境里，它与“政治生力军”并驾齐驱，互为表里，共同联手，极大地改变了中国的根本格局。毛泽东这个结论，并不是随意的发挥，也不是夸张的渲染，而是根据事实与数据，深入地研究了中国的发展历程，深刻地总结了历史经验，从而得出的科学的结论。[④]今天来看，这个结论，参之左翼文化运动实际发生的深刻影响和历史作用，是毫不为过的。

左翼文化的崛起，打破了国民党独家把持舆论的格局，形成了左右两极。共产党不仅在苏区存在，而且在国民党的心脏里存在。国民党也从来没有只把苏区的红军作为唯一的敌人，而把白区的共产党同样视为极大威胁。而共产党在白区显性的存在，就是左翼文化。共产党在白区的声音，就是左翼文化。

左翼文化对于国民党统治的冲击，绝不仅仅限于文学、文艺或文化领域。除了左翼文化界直接参与政治活动，包括各种政治集会、游行、演讲、撒传单，包括发表对各种重大问题的声明、宣言，以及在理论上、宣传上、创作上、演艺上、传播上、教育上……的全面施展，让国民党惊呼共产党“把持着沿海各大城市的文化，浸淫青年人的思想”“真有不可收拾之势”[⑤]。在直到抗战爆发为止的中国两大政党的对峙中，共产党的力量，主要存在于城市中。在1933年以前，中共中央机关始终在城市而且是大城市。共产党的存在方式，主要的是城市地下活动，而浮到地面上的却是文化界。中国工农红军从建立到这时为止，还只有几万人。即使在江西建立了苏维埃政府，在多地建立了根据地，但也只是很小的局部。而左翼文化则是弥漫性覆盖，其对国民党统治的冲击呈野火春风急剧蔓延之势。而且因为左翼文化的深入人心，使共产党的主张深得民心。在“九一八”后，由于国共在抗日问题上的态度强烈反差，人民群众拥护共产党的坚决抗战主张，共产党已经在舆论上趋于上风。到“一·二八”后,共产党在人心向背上的优势开始显现。左翼在1932年也是状态迅速回升,不仅编辑发行了多种刊物,而且开始进入中右翼的领地,包括《现代》月刊、《大晚报》,以至于《申报》《大公报》等,还在政治色彩不是很鲜明的大型文学刊物《文学》上占据了大半江山。很多中右翼书店也出版了大量左翼书刊,例如良友图书公司,本身并无政治色彩,但当丁玲刚刚被捕,它就出版了丁玲的《母亲》[⑥]。就连守旧的神州国光社也出版了鲁迅编辑的《现代文艺丛书》;被称为“守旧文化堡垒”的商务印书馆也出版左翼书籍。就连国民党大佬周佛海、陶希圣掌控的右翼的新生命书局,也出版了恩格斯、列宁的书。

无论当局怎样严厉查禁和封杀左翼文艺,它还是不胫而走,到1933年已经形成弥漫之势。1933年9月,国民党开始组织对江西中央苏区的第五次军事“围剿”。但这次,国民党同步推出了“文化剿匪”政策。这是由于他们在对前四次军事“围剿”失败进行的总结反思中,发现他们总是陷入这样的困惑:根据媒体报道,似乎红军已经被赶尽杀绝了,但是不久又出现大批红军,反复“剿而不灭”,他们认为由于红军不断有兵员的补充,而根本原因在于大批青年的思想被“赤化”并不断投奔红军。而要改变这种状况,必须改变方法。有一些政客提出:罪在文化界,文化界的全面左倾,才是造成青年思想左倾以至于“赤化”,从同情共产党到投奔共产党。所以,他们认为必须实行“文化剿匪”。[⑦]此说一经提出,立即被国民党当局和右翼各派一致认同。他们举办“文化剿匪周”,办大批拥趸杂志、出“文化剿匪专号”,大肆查禁左翼文艺,疯狂抓捕左翼文化人等一系列措施。此后,蒋介石亲自出面,正面提出“新生活运动”[⑧],还提出了“尊孔读经”,全面复兴传统文化的方针,试图正面引导社会思潮,消解左翼文化所带来的新思潮冲击。

国民党“军事围剿”和“文化剿匪”同时并举的方针,一方面说明国民党发现了共产党文化战略的重大作用从而做出重大战略调整,另一方面也正说明了左翼文化对于当时中国社会的巨大影响力。在这背后,实际上就是左翼文化改变了中国的政治格局,迫使国民党当局从主要面对拿枪的红军,转为同时面对文武两支军队。

更深层次的结果是人心的向背已经形成决定性局面:国民党向右,社会向左。共产党的抗日救国主张逐渐得到多数人的认可,国民党因其内外政策的失败而逐渐失去民心。此消彼长,最终的胜败自然寓于其中。这就是左翼文化运动的巨大历史功绩。如果没有左翼文化运动,共产党的主张没有那么多人了解,共产党的影响绝对难有如此大的发展,共产党的拥护者、追随者也绝对不可能如此之多。在左翼文化从兴起到受压、再度崛起的进程中,国民党尽管在政权掌控上,在军队数量上,都居于绝对优势,但是,在民意基础上,国民党开始走向衰落。可以认为,从整体格局上说,国共之间的较量,力量的此消彼长,从1930年左翼文化运动爆发起,就开始了。而左翼文化运动使这一两虎相争格局的势能的天平,已经开始倒向共产党,以后这种走向和运势再也没有发生逆转。左翼文化运动正是在这样的意义上,影响了中国的政治格局,决定了中国社会向着有利于共产党的方向发展。

二、作为中国革命的一翼:左翼文化在土地革命战争中的作用

中国共产党中央建立中央文委,并发动左翼文化运动,但这场运动并不完全是文化运动。虽然他们的武器是手中的笔,但是其作用完全是工农革命的一部分,他们的任务是配合党的方针政策,开展文武两条战线的城市暴力革命。因此,左联最初的工作是直接与国民党政府抗争,也就是要参加城市暴动、飞行集会、示威游行等。历史证明这些方针是错误的。尽管“立三路线”的路线与方法是错误的,但是通过革命夺取政权的大方向并没有错,错在夺取胜利的“路线”和方法。而左翼组织作为文艺组织,它应该更加

注重文艺的特性,运用文艺的方法,发挥文艺的优势。

遭受1930年底到1931年的残酷镇压后,左翼调整了方针,更加注重文化斗争,发挥创作优势,广泛开展文艺大众化运动,采用鲁迅所主张的“壕堑战”和“钻网术”,顽强钻破了当局残酷镇压的铁网,让左翼文化占据了文坛主导地位,不仅有力地配合了中国革命,甚至当武装革命遭受严重挫折的时候,在文化上却取得了惊人的成功。当红军被迫开始长征、陷入围追堵截的艰难境地时,左翼文化却在步步走向辉煌。据统计,从1934年下半年开始,左翼文化在突破了“文化围剿”后,开始迅速向上走,到1935年出现了爆发式全面增长的势头。不仅文学上出版物大幅增长,而且在戏剧、电影、音乐、美术上,都有突出的表现。小说、散文、杂文、诗歌、报告文学如雨后春笋般涌现,左翼戏剧《扬子江的暴风雨》《阿Q正传》《雷雨》《上海屋檐下》相继上演,左翼电影《狂流》《渔光曲》《风云儿女》《春蚕》等轰动全国,并出现了左翼音乐作品《义勇军进行曲》《毕业歌》等脍炙人口的歌曲;美术界接连举办声势浩大的全国木刻展览会,实际上是左翼美术的大检阅。这些既是人们喜闻乐见的文艺作品,又在声势上、舆论上突出地体现了中国共产党的主张,揭露、抨击了当局“先安内后攘外”的政策,直接引导了民心,助力了中国共产党。在意识形态上,左翼文化极大地改变了整个中国社会的舆论导向,以至于出现了这样的奇怪现象:当国民党当局拼命打压左翼文艺,拼命妖魔化共产党,“围剿”之声甚嚣尘上的时候,社会的舆论却是全面左倾化。“九一八”后当局拼命鼓吹“先安内后攘外”政策,但实际上除了一些政府的喉舌外,全国的舆论却都是一片抗日的声音!为免遭政府查禁而以“抗×”表示“抗日”的用法在媒体上也比比皆是。

左翼文化对右翼文化的全面碾压,对于整个中国工农革命是极大的声援。左翼文化在土地革命中,是中国共产党的一支有力生力军。因此,左翼文化运动的意义,并不单纯在于文化上,而是通过文化运动有效宣传了中共党的主张，唤起了民众，并在舆论上、民心上，以及干部上、兵员上直接支援了工农红军，使之得到全国人民的同情、理解、支持和拥护。正如毛泽东后来说的，这是一支与“朱总司令率领的拿枪杆子的军队”并驾齐驱的“鲁总司令率领的拿笔杆子的军队”[⑨]，与红军并肩作战，分兵抗击国民党的军事围剿和文化围剿，并取得了辉煌的胜利。

三、左翼文化运动的政治历史影响

按照中共倡导的抗日民族统一战线要求，到1936年秋，左翼文化组织全部解散，左翼文化人纷纷加入各种文化界统一战线组织，开展抗日救亡运动。1937年7月全面抗日战争爆发，左翼文化人率皆投入抗战。作为有组织的文化运动，左翼文化运动结束了。但作为共产党领导的拿笔杆子的新生力量，作为左翼文化运动的影响力，并没有结束，而是进入了新的时期。在抗日战争和解放战争中，直至中华人民共和国成立后，仍在继续发挥作用。主要表现在如下几方面：

一是输送大批人才。全面抗战爆发后，左翼文艺界人士纷纷奔向武汉、奔向延安、奔向重庆、桂林……等地，成为武汉政府、重庆政府和陕甘宁、晋察冀等边区政府及文化机构、文化组织大批精英人才的主要来源。无论是在抗战期间、解放战争期间和新中国，都起到了举足轻重的作用。例如，抗战期间在延安的绝大部分文化人才，基本上都是左翼文化运动的参加者。据统计，出席延安文艺座谈会的代表文化界代表，四分之三以上都是参加过左翼文化运动的左翼文化人。其中参加过上海的左翼组织、在上海参加左翼文艺界活动过的人，超过三分之二。[⑩]还有大量在晋察冀等边区的文化人，也大多与左翼文化运动有关联。抗战胜利后，延安和各边区的大批文化人奔赴新解放区，开辟新的文化战场。无论东北、西北还是华北、华中，都遍布他们的足迹，为建设解放区文化，起了极大的作用。进入新中国,文化界干部大多是从左翼文化运动走过来的,文化界重要干部都是左翼文化运动的骨干。不仅他们本人一贯秉持了左翼文化运动中建立起来的社会政治观念和文化理念,而且又培养和影响了大批新干部,其中贯穿了左翼文化的理念。当然是经过战争的洗礼,实践的历练,延安的磨砺,有了很多深化和升华,但是左翼文化的初心并没有改变,在新的文化建设和发展中,基本理念是一以贯之的。

二是创作大批文艺作品,打击敌人,鼓舞士气和民气,歌颂劳动群众的可贵品质。抗战早期,左翼文艺界创作的《放下你的鞭子》《义勇军进行曲》《松花江上》等抗日爱国曲、剧不胫而走。全面抗战爆发后,上海左翼文艺界组成了13支救亡演剧队到全国去巡演,后来在武汉,各地演剧队整合后再度出发,有的到了延安,有的到了后方,有的在敌后活动,一直坚持到抗战胜利后。在全面抗战中,左翼文艺家到了武汉、重庆、延安等地,创作了更多的抗战文艺作品,成为鼓舞人民斗志、抨击侵略者、揭露投降主义的有力武器。如《黄河大合唱》《游击队歌》《打回老家去》《松花江上》等歌曲唱出了全国人民抗日的心声,《血祭上海》《屈原》《放下你的鞭子》等戏剧长演不衰。在美术上,抗战版画随处可见。左翼文艺界的作品对人民抗战激情的鼓动作用更加凸显。在解放战争中和中华人民共和国成立后,都创作了大批新的文化经典。直到1960年代中期,在文艺创作上占据主要地位的,还大多数是经历过左翼文化运动的左翼文艺家。

三是积极宣传了共产党的政策与主张,引领时代潮流。在抗战期间,揭露了各种投降论、速胜论、假抗日的主张和说法背后的阴谋,让人们看到谁是真抗日,有效提升了人民对共产党的好感。又记载了人民群众抗日的坚定决心和浴血奋战的事迹。解放战争期间对国统区广泛宣传了党的政策,加速了人民解放战争的进程。新中国成立后,在领导新中国文化建设中同样发挥了引领作用。

总的方向无疑是正确的，总的成就无疑是辉煌的。

四、左翼文化运动对中国文艺发展的影响

左翼文化运动，就其基本性质、生存形态和表现形式来看，当然首先是文艺运动。它除了在政治上、历史进程上发生了重要影响，更重要的是对中国文艺的发展，产生了巨大的、极其深刻的影响。这本来是显而易见的，也是不言而喻的。但是，当下史学界、理论界在总体的20世纪中国历史叙述中，对这一点的关注和阐述，也是很不充分的。在左联成立90周年的今天，我们从大历史的高度回顾这90年来中国文化发展的历程，可以看到，左翼文化对当时及其后中国文艺发展的影响越发清晰，特别是在文艺观念的现代化、文艺功能的社会化和文艺的大众化以及创作方法方面。

（一）左翼文化引导了中国文艺观念的现代化

左翼文化相较于它之前的文化运动，有一些非常强烈、明显的色彩和特征，是人们在此之前从未见过的、令人耳目一新的风格。它所带来的对传统文艺形式和文化面貌的冲击和变化，是令人应接不暇的，这就是文艺的现代化。

如果说，五四时期中国文化世界文化发展还有很明显的差距，中国文艺的创作观念、主题与方法，也与之存在明显差距，那么，到了左翼时期，中国文化的现代化进入了一个更大、更快的发展时期。如果说，五四时期是中国文化从封建文化中解脱出来，从蒙昧进入苏醒，与世界文化的关系，是从向洋看世界到走向世界；而左翼时期则是中国文化快速融入世界文化，与世界文化同步的。在文艺上的表现与此一致。例如，五四时期最风行的一部家庭问题剧《玩偶之家》，是挪威剧作家易卜生创作于1879年的作品，早于五四足足40年。但其中反映的问题，在五四时期的中国，却是一个刚刚开始被广泛关注的热门话题。在说明当时中国文艺创作的主题与世界文艺主题还不完全同步，落差明显；而中国左翼文艺则

是与世界左翼文艺完全同步的:1930年左翼戏剧界上演的话剧《西线无战事》,就是根据德国作家雷马克1926年创作的小说改编的,1930年刚刚被搬上银幕。另一部1930年的热门的左翼戏剧《炭坑夫》,虽然是英国弥尔顿夫人1909年的作品,但是在1930年,国际文艺界也正形成了第二波《炭坑夫》热,可见这时候中国左翼文艺与世界左翼文艺基本是同步的。

这时,中国文化界整体在理念上、主题上、体裁上、方法上,事实上进入了国际文化前沿。由此带来与世界同步的文艺新观念,是不足为怪的。在文艺理论上,大量引进了国际上的各种文艺理论,尤其是马克思主义文艺理论,同时也介绍、借鉴其他流派理论,使中国文艺界的理论建设与世界保持了同步。在创作方法上,引进了从社会主义现实主义、存在主义、自然主义,到新现实主义、新感觉派、意识流,以及艺术上的现代主义、写实主义、野兽派、立体主义等各种流派,虽然鱼龙混杂,良莠不齐,但是不仅与世界保持了同步,同时也使中国文艺实现了那个时代的现代化。在文艺样式上,中国也已经流行报告文学这种新的文学体裁,讽刺诗也已经盛行,戏剧上还流行了新木偶戏、街头剧、活报剧,美术上鲁迅倡导新兴版画运动,不仅与苏联、日本、德国、法国、英国等国的版画界密切交流,而且创作出了一批让国际美术界瞩目的作品,被送到国外展出,获得好评。电影上也已经拍出了一批堪称充满现代性的佳作,在国际上获得荣誉,音乐上更是经典频出,在国际反战反法西斯战争中广泛传唱。

总而言之,中国左翼文艺开创了一个相比于之前所有文艺时期所没有的全新的现代化的文艺时期,它在与世界左翼文艺同步发展的同时,与世界左翼文艺的发展潮流也取得了一致,而在中国左翼文艺的整体发展上,呈现日益现代化的面貌。

(二)左翼文化对文艺功能社会化的引导

左翼文化所带来的另一个重要影响,是关于文艺社会功能的新观念。在五四"文学革命"中,文艺的功用还仅仅限于文化发展与建设本身。无论《文学革命论》还是《文学改良刍议》,都仅仅限于文学,或者语言文字。但到左翼文学崛起时,人们开始关注文艺直接改造社会的功能。不仅在左翼初期的"革命文学论争"中,这个问题已经提出,而在左翼文化运动兴起后的种种表现,说明文学直接干预生活、改造社会的功用得到了更高度的重视和最大程度的发挥,且这种观念已经成为社会的共识。无论是中共中央所做出的决议、制定的方针、发布的文件、部署的行动,还是国民党方面的应对、打压、制定的"文化统制"政策、颁布的律令,以及"文化剿匪"政策及其系列举措,无不将文艺看作争夺意识形态话语权、控制社会舆论、左右民意导向、决定人心向背的极端重要手段。1929年6月中共中央作出建立中央文委、筹组左翼文化组织群的决策,已经有了把文艺战线视为中国革命的一翼的意识和要求,把左翼文化人视为"有文化的革命者",要求文化人与工农携手,与武装部队形成革命的文武两手,后来开始注重创作。但他们一刻也没有忘记,他们首先是革命者!鲁迅也指出:"革命人做出东西来,才是革命文学。"[11]

回到文艺运动本身。由于共产党所领导的中国革命的主题是工农革命,也就是无产阶级革命,因此要求所开展的文艺运动是"无产阶级文艺运动",要求创作的是"无产阶级文艺"作品,并要求原本是资产阶级、小资产阶级的文艺家们改造自己的意识,向工农靠拢,去表现工农的"纯无产阶级"意识,表现工农的生活,反映他们的呼声,最终的指归,是改造旧社会、推翻旧世界。实际上,当时左翼的文艺家,都是拿这个原则来要求自己也要求别人,衡量自己也衡量别人,批评自己也批评别人。这成为那个时代"前进的"文艺的标尺。其实当局也看到了这一点,但无法指出其病,只能恨恨地指为"赤化",或者谩骂其为"破锣"文艺[12]。这都显示了"无产阶级文艺"这个口号的重大意义与作用:它事实上已经成为国共政治博弈的分水岭。打起工农革命的大旗,使中国共产党完全占据了舆论的制高点,而国民党是从不敢大声宣布这一点的。这根本上改变了五四以来的文艺功能论的基本观念。事实上它也对此后整个中国的文艺功能论产生了深刻而巨大的影响,一直引导着此后数十年的中国文艺发展。

(三)倡导文艺大众化的深远影响

在文艺创作的方法论上,左翼大力倡导文艺大众化。这与"无产阶级文艺"观念是直接相关的。左翼文艺所追求的是反映无产阶级大众的生活、感情与呼声的大众文艺,因此,它就要追求能够为无产阶级大众(即"普罗列塔利亚"大众)所理解,所接受,所欢迎。这是左翼文艺的根本方针。但是,它又面临着一个极大的困惑,就是:没有文化的底层劳苦大众如何接受这些文艺?这就提出了一个文艺大众化的命题。左翼文艺曾经为究竟该"大众化"还是"化大众"的问题而纠结。大众化,就是把文艺变成大众都能接受的样子。但是对于没有文化的底层民众,除了通俗画、戏剧、电影、音乐、说唱等文艺形式之外,他们很难接受更复杂的内容。即使上述这些形式,也还有是否通俗易懂的问题。这样,就提出了另一个问题就是"化大众",即提高大众的欣赏能力。为此,左翼进行了种种尝试。他们一方面尝试表达的通俗易懂,另一方面到底层民众中去宣传,并努力培养底层工农来学文化、学写作。例如,左联开展培养工农通讯员的工作,还专门成立了文艺大众化委员会,胡也频曾是工农兵通讯委员会负责人,丁玲、艾芜都曾记载当时他们到底层工农去培养工农通讯员的过程。左联还曾成立以大中学生为对象的文艺研究会,以工农为对象的读报会、讲报团,深入到工农中去宣传左翼文艺。

从1930年到1934年,左翼文化界开展过三次规模较大的文艺大众化讨论,但是最终对很多问题并没有取得一致。事实上左翼的文艺大众化探索,可说有得有失。但是无论如何,文艺大众化的方向是确定无疑的,而且左翼文艺界的大众文艺观念,是得到了确立的。相对于非左翼的文艺家始终把自己隔离在象牙塔里,闭门造车,“咀嚼着身边的小小的悲欢,而且就看这小悲欢为全世界”[13]的观念与方法,要有意义得多,无论其在理论上是否成熟,在实践上是否成功,光是树立这个目标,就对后来的文艺发展带来了巨大的影响,并成为中国现当代文艺的传统。

1937年全面抗战爆发后,为唤起民众一致抗日,左翼文艺组织纷纷开展救亡文艺活动,而其最常见的形式,就是通俗文艺。例如街头剧《放下你的鞭子》,这是从1931年起就开始流行的抗日街头短剧。这个剧最大的特点就是大众化、通俗性,一直在各地长演不衰,并被广泛复制。再如丁玲领衔(后为柯仲平、周巍峙带领)的西北战地服务团,从1937年起常年在前线巡演,他们发明了“田庄剧”,就是在田头、村边、禾场上、祠堂里,甚至村民院子里演出,其实是街头剧的一种变身,同样由于其通俗易懂的大众化特点受到热烈欢迎,有效地宣传了抗战。还有很多抗战文艺演出,都十分强调大众化。

在延安时期,文艺大众化受到了更加高度的重视。1936年11月,中国文艺协会在保安成立,这是中央红军长征到陕北后建立的第一个综合性文艺组织,其宗旨是“培养无产者作家,创作工农大众的文艺”,毛泽东在成立大会上讲话也强调了“发扬苏维埃的工农大众文艺,发扬民族革命战争的抗日文艺,这是你们伟大的光荣任务”。[14]在“鲁艺”成立一周年的时候,刘少奇、李富春的题词,都提到创造“大众文艺”。[15]1940年1月,毛泽东的《新民主主义论》、张闻天的《抗战以来中华民族的新文化运动与今后任务》都提出了建设“大众的”新文化的要求。更不用说毛泽东在《在延安文艺座谈会上的讲话》中更加强调这一点。实际上,延安文艺座谈会召开的原因之一,也是为了纠正之前延安一些文化机构出现的“关门提高”、热衷“高大洋古”倾向。实际上,在延安文艺中,“文艺大众化"或者"大众文艺"已经是一个文艺的基本命题,也是衡量一切文艺作品的基本标准。这一观念,在后来解放区文艺和新中国文艺中,成为了最基本要求和传统。在左翼文艺之前,是没有"大众文艺"的概念的[16];在左翼文艺之后,则逐渐成为中国文艺的新传统,这也是左翼文艺的重大历史功绩和深刻影响之一。

延安文艺座谈会之后,边区文艺呈现出更加浓烈的大众文艺气息。丁玲、欧阳山描写边区农民田宝霖等的生活,呈现出贴近农民的文风,毛泽东大加赞赏,称之为"新写作作风"[17]。抗战胜利后,延安文艺界奔赴新解放区,仍然继承了这个大众文艺传统。无论在东北、华北、西北还是华中、华东,都以延安文艺座谈会所指明的方向,自觉追求大众化、通俗化,创作出大批具有中国作风、中国气派,人民群众喜闻乐见的精品力作,开创了人民文艺的新时代。

(四)左翼文艺对中国文艺创作的影响

左翼时期之后,中国文艺无疑有了巨大的发展。从抗战文艺、延安文艺(边区文艺)到解放区文艺,更不用说新中国文艺的翻天覆地发展变化。但是,左翼文艺建立的一整套文艺创作理念与范式,包括主题、题材、体裁和写作方法,在之后的数十年中一直在文艺界得到广泛应用,即使在新中国文艺中,这些影响也一直存在其中。

在主题上,从左翼时期开始,中国文艺的主题,主要围绕反帝反封建、反对国民党反民主反人民的专制统治,歌颂为争取民族解放和人民福祉而不屈不挠奋斗的人民英雄,歌颂劳动人民的美德和对幸福生活的追求,建设美好家园等主题,可以归纳为爱国主义、民族主义、民主主义、大众文艺这些主题,后来毛泽东、张闻天等都有详细的论述。从左翼文艺到抗战文艺、延安文艺、解放区文艺,都没有离开这些主题。实际上,就是到了新中国时期,虽然有部分的新增和调整(例如新增了穷人翻身当家做主人等主题),但上述基本主题,也仍然没有离开最初的思路。

在题材上,虽然后来的各时期文艺都与左翼文艺有明显的差别,但其中有一条线索始终若隐若现:这就是把目光转向底层民众。在这一点上,作为知识分子的左翼文艺家并不是很容易做到的。但在文总和各左翼联盟的要求下,文艺家开始注重大众化,因而逐渐出现了表现底层社会的作品。在延安,写底层是一个传统。尤其是毛泽东《在延安文艺座谈会上讲话》发表后,文艺家纷纷到人民群众中去,写人民,表现人民。这样,大批表现底层人民群众的作品就产生了。

在创作方法上,左翼时期,创作方法问题,已经引起了广泛注意。对于现实主义、写实主义、现代主义、自然主义、浪漫主义,以及社会主义现实主义等创作理论,人们已经耳熟能详。创作者们各有所本,但其中主流,则是革命现实主义和革命浪漫主义。随着时代的进步,国际国内形势的变化,人们的创作方法是在不断发展和嬗变的。但是不管是延安文艺,还是大后方文艺、解放区文艺,创作方法上并没有大的改弦更张。但是在延安文艺中,丁玲等为毛泽东所称许的"新写作作风"和"中国风格、中国气派",主要是指其中所体现的情感、视角和叙事风格,与基层民众更加贴近,减少行文中的欧化风格。

在语言文字上,我们看到,在延安文艺中所使用的语言文字,还带有明显的左翼时期语言印记。由于源自左翼文艺,使用者又多是原来的左翼文艺家,在延安文艺、大后方文艺和解放区文艺中,所使用的语言文字基本上仍是左翼时期的。左翼文艺的传统,深深蕴藏在几代文艺家的血液里,无论写什么,都会自觉地运用左翼文艺以来形成的理念和传统。因此,左翼文艺对其后中国文艺创作的影响是十分深远的。

毫无疑问,文艺在各个时期是在不断发展、不断变化的。从左翼文艺到抗战文艺、延安文艺、大后方文艺和解放区文艺,不可能一成不变。但左翼文艺的基因,在其后的各个时期不断得到代际传承，虽有部分变化，但仍带有鲜明印记，仍可循着一些具有本质特征的线索，找到左翼文艺的源头。这就是左翼文艺与左翼之后文艺的联系。

左翼文化运动已经过去90年了，今天我们回顾这场影响了几代人的文化运动，深感左翼文化运动虽然有其历史局限性和某些偏向，但总体上，它是中国人民在挽救民族危亡、奋勇争取民族解放和人民福祉的道路上，给我们建立了方向标和里程碑的一面红色文化之旗，它的历史功绩是不可磨灭的。左翼文化运动对抗战文艺、延安文艺、大后方文艺和解放区文艺，以及新中国文艺，都有巨大的、极其深刻的影响，它形成的先进文化传统，是激励我们在新时期不断砥砺前行的巨大动力和能量，值得我们珍视和研究、承传。

2020年1月5日

注释

① 胡乔木：《携起手来，放声歌唱，鼓舞人民建设社会主义新生活——在纪念“左联”成立五十周年大会上的讲话》，《左联回忆录》，中国社会科学出版社1982年版，第2页。

②③ 毛泽东：《新民主主义论》，《毛泽东选集》第二卷，人民出版社1991年版。

④ 毛泽东不仅列出具体数据。不仅如此，关于“两种围剿”，其中“军事围剿”是尽人皆知的，而“文化围剿”也是当时国民党大张旗鼓宣传和实施的文化政策，见诸当时国民党办的报刊的大量宣传。

⑤ 见《汗血月刊》第2卷第2期“刊前”《为剿匪进一言》，上海新光书局1933年版。

⑥ 丁玲1933年5月14日被捕，上海良友图书公司6月就出版了由赵家璧编辑的丁玲《母亲》一书。

⑦《汗血月刊》第 2 卷第 4 期《文化剿匪专号》的"刊前"《文化剿匪》一文说："剿匪工作已经连续进行了五六年，最初只靠军事力量……后来大家以为剿匪全靠军事力量是不够的，于是认为有用政治剿匪的必要，于是整顿吏治，肃清贪污以绝匪源，但是，政治剿匪不是短时间可以收效的，以为犹是不够，大家乃提出'文化剿匪'的口号。"

⑧ 1934 年 2 月 19 日，蒋介石在南昌行营扩大总理纪念周以《新生活运动之要义》为题作演说："提倡礼义廉耻的规律生活，以礼义廉耻之素行，习之于日常生活衣食住行四事之中。"一般视之为新生活运动的正式开始。

⑨ 1942 年 5 月 2 日毛泽东在延安文艺座谈会上作《引言》演讲时，开宗明义说："我们现在有两支队伍。一支是朱总司令率领的拿枪杆子的队伍，另外一支是鲁总司令率领的拿笔杆子的队伍"（大意），后在发表时删去了"朱总司令率领的"和"鲁总司令率领的"。事见何其芳：《毛泽东之歌》，原载《时代的报告》1980 年 1—2 期。又见胡乔木《胡乔木回忆毛泽东》，人民出版社 1994 年版。

⑩ 据笔者统计，参加延安文艺座谈会的共 136 人，其中 4 人为工作人员，20 人为中央和各部负责人，文化界人士可考的有 112 人，其中参加过左翼文化运动的约 80 多人，其中参加过上海的左翼文化组织或在此期间到过上海与左翼文化界有联系的人员，近 70 人。

⑪ 鲁迅：《而已集·革命时代的文学》，《鲁迅全集》第 3 卷，人民文学出版社 2005 年版，第 437 页。

⑫ 当时左翼常有把"无产阶级"一词直接用音译"普罗列塔利亚"的，故常用"普罗文艺"一词，右翼常因此讥为"'破锣'文艺"。

⑬ 见鲁迅：《且介亭杂文二集·〈中国新文学大系〉小说二集序》，《鲁迅全集》第 6 卷，人民文学出版社 2005 年版，第 250 页。

⑭ 见《中国文艺协会的发起》和《毛主席讲演略词》，载《红色中华》1936 年 11 月 30 日。

⑮ 刘少奇的题词是"为大众文艺的创作而努力"，李富春的题词是："发扬鲁迅的精神，创造中国大众的新艺术"，见《延安鲁艺》，世界图书出版西安有限公司 2017 年版，第 60 页。

⑯ 在陈独秀、胡适倡导新文学的时候，提到了"平民文学"，但那只是与"贵

族文学”相对的普通民众概念，并不是后来面对工农大众的“大众文艺”概念。

⑰ 延安《解放日报》1944年6月30日发表丁玲的报告文学《田保霖》和欧阳山写的《活在新社会里》，介绍了靖边县民办合作社主任田保霖的模范事迹。毛泽东在7月1日清晨入睡前致信丁玲和欧阳山说：“我替中国人民庆祝，替你们两位的新写作作风庆祝。”转引自李向东、王增如：《丁玲传》，中国大百科全书出版社1985年版，第324页。

中国左翼文学运动发轫上海及历史背景

乐　融

1930年3月2日，中国左翼作家联盟（下文简称“左联”）在上海成立，中国左翼文学由此登上中国文坛，轰轰烈烈的左翼文学运动在上海兴起并蔓延影响到全国。那么，左翼文学运动是如何形成的？为何会在上海发起？及相关历史背景。

五四时期文学革命的落潮与无产阶级革命文学的崛起

1915年，《新青年》在上海创刊，主编陈独秀在《新青年》（原名《青年杂志》，第二年改为《新青年》）上倡导民主与科学，反对封建文化，揭开了新文化运动的序幕。其后，1917年初胡适和陈独秀在《新青年》上分别发表《文学改良刍议》和《文学革命论》，进一步地把新文化运动的影响力深入到文学领域。蔡元培担任北大校长，邀请陈独秀任北大文科学长，《新青年》编辑部随之也迁到北京，蔡元培借助《新青年》倡导新思想新文化的人脉关系和舆论效应，大刀阔斧地对北大进行改革，包括整肃旧北大的官场和科举遗习，聘请胡适等一批具有新思想、真才实学的知识分子进入北大任教等举措。如蔡元培所说：“那时候因《新青年》上文学革命的鼓吹，而我们认识留美的胡适之君，他回国后，即请到北大任教授。……因胡君之介绍而请到的好教员，颇不少。”[①]除陈独秀、胡适之外，以《新青年》为中心支持和认同新文化运动的，还有北京大学文字学教授钱玄同，再加上刘半农、高一涵、李大钊、沈尹默、沈兼士、鲁迅、周作人等其他北大教授,初步形成新文化的阵营,北大由此成为中国新文化运动的发源地和中心。这批教授都学贯中西,深刻认识到中国文学与世界文学的差距,中国亟待文学上的革命。他们在《新青年》上发出文学革命的呐喊,掀起一场文学革命运动,从语言形式上集中批判文言文僵化的形式主义弊病,提出以白话取代文言的主张,对封建旧文学的思想内容和艺术形式进行了整体性的批判并提出建设新文学的设想和目标。这些革新文学的主张尽管遭到保守势力的阻挠,但也得到许多有识之士的积极响应,钱玄同在《新青年》3卷3号(1917年5月)发表致陈独秀公开信,提出了汉字"竖改横"的见解,之后,钱玄同又陆续提出文章应加标点符号、数目字改用阿拉伯号码、凡纪年尽量改用世界通行的公元纪元等文字改革的主张。1919年11月,胡适、钱玄同等联名向教育部提出《请颁行新式标点符号议案(修正案)》,1920年1月,教育部颁令"兹定自本年秋季起,凡国民学校一二年级,先改国文为语体文,以期收言文一致之效。"②同年4月,教育部再次通告,要求到1922年,文言文教科书一律废止,各级学校均采用经审定的语体文教科书。在文学创作方面,胡适率先在1917年2月的《新青年》2卷6号发表了他的8首白话诗,此后,刘半农、沈尹默、周作人等也开始在《新青年》上发表许多白话新诗,领一时风气之先,而鲁迅更是以《狂人日记》《孔乙己》《药》等白话文小说展示了文学革命的实绩,标志着白话文地位的确立,达到文学革命的高潮。刊有这些新思想新体裁文章的《新青年》备受当时青年学生、精英知识分子的追捧,青年学生的思想得到了一定程度的启蒙,开始从数千年封建思想的禁锢和奴役中解放出来,被唤醒的个体独立意识和民族国家意识使他们不再甘于做奴仆和顺民,而是要以主人翁的精神与姿态担起挽救国家民族危亡的使命。因此,当北京青年学生得知,巴黎和会上各协约国不但拒绝了同样是战胜国的中国所提出的正义要求,竟然还将战败国德国在中国山东的权益转让给日本，而北洋政府居然准备签字的消息后，群情激愤，随后于1919年5月4日爆发了大规模的群众爱国运动。这是中国有史以来第一次群众自觉的反帝反封建爱国运动，显示了从文学革命到思想文化启蒙的成果，标志着新文化运动达到了高峰。不久，陈独秀与高一涵在北京前门外闹市区散发《北京市民宣言》传单，被军警逮捕，在多方营救和社会舆论的压力下，陈独秀获释，为躲避北洋政府进一步的迫害，1920年1月，在李大钊的协助下，陈独秀离京回沪，随后《新青年》又回上海。1921年7月，中国共产党在上海成立，陈独秀当选为总书记，《新青年》1922年7月（9卷6期）后改为中国共产党的机关刊物，其办刊宗旨由"人"的启蒙转为了阶级的革命，原以《新青年》和北京大学为中心的新文化阵营逐渐分化。

1925年，围绕"女师大风潮"，新文化阵营内部产生进一步的分歧，甚至导致北大脱离北洋政府教育部。鲁迅感叹道："后来《新青年》的团体解散掉了，有的高升，有的退隐，有的前进，我又经验了一回同一战阵中的伙伴还是会这么变化，并且落得一个'作家'的头衔，依然在沙漠中走来走去"③的境况，只感到"成了游勇，布不成阵了"④。在北洋政府实施文化高压恐怖政策下，北京文化界人士纷纷离京南下，仅北京大学离京南下者就有数十人之多，以北京大学为中心的五四新文化阵营彻底解体。

此后，文艺界出现各种的文学流派、文学社群、文化形态和作家团体，不同派别和作家之间往往有矛盾冲突，旧的文化又开始回潮和活跃，整个文化界显得沉闷。正是在这种文化场景中，中国进步思想文化界开始酝酿革命文学运动，1923年10月中国共产主义青年团创办的《中国青年》成为倡导革命文学思想的重要阵地，早期共产党人邓中夏、恽代英等都曾在该刊物发表文章，蒋光慈在1924年8月出版的《新青年》季刊第六期上发表了《无产阶级革命与文学》，首先提出无产阶级革命文学的口号，1926年5月，郭沫若在《创造月刊》第3期上发表的《革命与文学》成为无产阶级革命文学发生史上的经典之一。革命和文学开始成为文坛热议的话题，创造社成员成方吾、李初梨等纷纷发表文章相呼应，1928年太阳社成立，也同样把倡导无产阶级革命文学作为自己的纲领。创造社和太阳社对无产阶级革命文学的提倡，甚至引来一场革命文学的论争，在文坛上引起了深刻的变革。

1920年代的“无产阶级革命文学”作为一种文学形态出现，尽管还不成熟，与左联成立后30年代左翼文学相比，它显得更排外、更缺少包容性，与国际上无产阶级文学相比，其“文学是宣传”等理论也显得幼稚、粗糙。但它颠覆了旧有的文化秩序，推动社会文化进步，代表了新兴的无产阶级利益。1925年在上海发生的“五卅”反帝爱国运动和工人大罢工等运动，不但在政治层面上掀起了中国大革命的高潮，而且在文化层面意义上进一步推动了文学的政治意识形态化，使得知识界看到五四新文化以及文学革命落潮后的新方向，并且“大革命”又是如此激动人心，知识分子视之为解决中国社会问题的“法宝”。在这种大时代背景下，反映这一历史画面的无产阶级革命文学日益受到关注，由此逐渐崛起。

中国经济文化中心的大转移

清政府以北京为首都，一切权利资源集中于中央政府，北京无疑是中国的政治、经济、文化中心。但是，经过两次鸦片战争，列强的坚船利炮打开了中国大门之后，原有格局被迅速瓦解，丧权辱国不平等条约的接连签订，五口通商的确立，租界的出现，“治外法权”的实行，北京集权态势日渐削弱，资源被分流到有关城市和地区，其中上海由于独特的优势，脱颖而出，演变成远东第一大城市。

从19世纪中期至20世纪初，在上海这片土地上，英、美、法租界占据了大片黄金地段和便捷的码头，利用不平等条约和科技、信息的优势，获取暴利。十里洋场，成为外国冒险家的乐园。1853 年 9 月小刀会起义爆发，占领县城，清政府派兵镇压，城内中国人纷纷逃难涌入到租界，短时间内租界华人“剧增到 2 万以上”[5]。1860 年，太平军攻克苏州、杭州等地，迁居上海租界的华人又猛增到 30 万，两年后激增到 50 万。[6]租界由原来的“华洋分居”变成“华洋杂居”，不少江南的“富绅大贾”，携巨资进入租界寓居避难。有人统计，从 1860 年到 1862 年，至少有价值 650 万两银元的巨额华人资本进入租界。在人口快速膨胀和巨额资本导入的情况下，上海地价、房价飞涨，各类消费需求激增，商业日见繁荣。1863 年租界“每条大马路上都有高大的洋房兴建起来，中国行庄的数目也大有增长，……每天都有新行庄开张、新公司成立……所有这些……都是完全依靠当地的财源筹集资本的”。[7]“租界钱店，当时均系避地官绅所设。”[8]金融业在华商的带动下兴起。江南的票号由昔日的“皆荟萃苏垣，分号于沪者只有数家”[9]，一跃成为“上海商埠日盛，票号聚集于斯者 24 家，其放银于钱庄，多至二、三百万两。”[10]由于租界地皮日益紧张，后到的日本和其他外国商人难以插足，不得不另辟蹊径，进一步扩张在上海的地盘。他们开工厂、建仓库、搞贸易，工业和商业迅速繁荣，上海由此形成万商云集、工业发达的大都市。

随着帝国主义的军事和经济的入侵，国外的文化和生活方式也不断进入上海，租界内的生活简直就是外国的翻版。1843 年，外国传教士创办的墨海书馆，从新加坡迁到上海，成为中国第一家具有现代意义上的出版机构；1850 年，英商字林洋行奚安门在上海创办《北华捷报》；1868 年，法国天主教耶稣会士韩德禄在上海创办第一个博物馆——震旦博物院；1896 年，在世界电影诞辰第二年，电影就出现在上海——一个法国商人在上海的“徐园”放映了“西洋影戏”。与此同时，交谊舞会、咖啡馆等西方生活方式出现在上海滩，后来竟大受华人欢迎，竞相仿效，以致风靡上海，成为上海滩一种十分时髦而又相当普遍的休闲娱乐方式。

此时中国的其他地区却战争连绵不断,军阀混战,民不聊生。而上海的租界却因"治外法权",独善其身,处于相对稳定环境。因此,吸引了其他地区人口移民到上海谋生。由于华人在租界内创办民营的报纸、杂志和出版机构等文化事业可以不受清政府直接控制,在西方文化与中国文化的碰撞、融合中,这批刚迁居租界的华人或利用手中的资本,或利用自己的才智,或利用自己的人脉、劳力,通过学习、吸纳了西方文化精髓,结合上海具体特点,产生了上海本土或者由本土人士实际操作的文化机构,海纳百川,体现了上海海派的文化特色。比如,1872年出现了以中国人主笔的中文报纸《申报》,前后刊行达78年,在近代中国报业史上无报能出其右,产生广泛影响,还有在中国极具影响的《苏报》《新闻报》《时务报》《民立报》《神州日报》《警钟时报》《大晚报》《时事新报》等都在上海创办。有影响力的期刊《革命军》《新青年》(初名《青年杂志》)《东方杂志》《小说月报》等也在上海创办。1913年中国第一部由中国人编导的有故事情节的影片《难夫难妻》就在上海开拍并上演,此后,明星影片公司、大中华百合影片公司等民族电影公司纷纷成立。出版业方面,华人创办的商务印书馆、文明书局、有正书局、中华书局、亚东书局、泰东书局等也都设立在上海。到1930年代,"全中国约有各种性质的定期刊三百余种,内中倒有百分之八十出版在上海"。[11]

上海发达的出版及媒体业态,与中国其他地方沉闷、凋敝的文化生态形成强烈对比,尤其是首都北京(后来一度改为北平),政局不稳,北洋政府总统就像走马灯一样频繁改换,实行高压文化政策,削减教育经费,摧残新文化机构,公务员、教师到了连工资都发不出的地步。"三一八惨案"、陈独秀被捕、李大钊被害等事件使北京从最活跃的五四新文化运动中心,变成思想文化禁锢的"死城"。在1920年代出现大批文化人南下又逐渐来到上海的现象,

“其中最主要的几个来源,第一种,是北京的一大批人辗转来到上海,以鲁迅、林语堂、沈尹默为代表。有些是原本在各地,后来一度到北京就学,然后1926年至1927年北京政治环境恶化后又来到上海,冯雪峰、丁玲、柔石、胡也频等都是这样。第二个来源是从各地辗转来上海的。如郭沫若、洪灵菲、戴平万等都是从战场上退下来的;第三个来源是一大批从海外归来的文化人,也没有更合适的地方可去,便也选中了上海。1927年前后从日本回国的有茅盾、夏衍、彭康、沈起予等,还有后期创造社的李初梨、冯乃超等一批人;从欧洲回国的有巴金、黎烈文、成方吾等,……第四个来源是原来在上海的住了多年的,有出生于上海的,例如郑正秋、蔡楚生等,也有早年到上海,其中有的后来又辗转去其他地方或出国,再辗转回上海,如田汉、周扬、郁达夫都是。”[12]除了以上这些文化人之外,还有从苏联回来的蒋光慈、瞿秋白以及一批共产党人陈独秀、邓中夏、恽代英等,此外,还有徐志摩、罗隆基、胡适等一些来来往往于上海至各地的文化人,此时上海汇聚了中国文化界的精英。

尽管上海的租界当局制定有关政策法律,实现了租界内的政局稳定,推动经济文化的繁荣活跃,却绝非真正地为中国社会发展考虑,也绝非对中国人的“慈善”,而是最大限度地想榨取商业利润,巩固租界统治。但是,在客观上促成了上海商业化的文化市场的形成,出版业的繁荣,现代报刊的兴盛,改变了传统文人活动的方式和文学生产的方式。稿酬机制的建立,使得进入租界的这批南下的文化人有了以卖文为生的谋生手段。例如鲁迅来到上海后,改变了自己的职业生涯,成为一名成功的自由撰稿人,摆脱了在北京时经常被拖欠工资的窘状,这完全得益于上海发达的文化市场和众多的媒体。其中一些经受过五四新文化运动洗礼以及在苏联、日本工作留学过的知识分子,自觉地将文学和政治相结合,“革命文学”一词也逐渐成为知识分子话语中一个出现频率极高的术语,上海租界特殊的地缘和政治环境为新文学作家,尤其是左翼文人提供了相对安全的话语空间。上海初步形成了左翼知识界,揭开了无产阶级革命文学运动的序幕。

正是出现了以上前所未有的变化,上海异军突起,引领了中国的政治经济文化的发展,使中国经济文化中心出现了大转移。

一场革命文学论争及其深刻影响

1920年代随着五四新文化运动后期"文学革命"的力量日趋衰竭,文化变革作用于社会实践的效果并不如愿,知识分子力图以文学济世救民的文化理想遭受重创。然而,正是这种现实和理想的双重打击促进了新文化界的反思,使他们意识到新文化运动存在的问题,也使得文学追求的分化,文坛出现了"革命文学""第四阶级文学""国民文学""农民文学""普罗列塔利亚文学""三民主义文学"等新文学形态,文坛活跃着"新月派""语丝派""国粹派""鸳鸯蝴蝶派""现代评论派""新感觉派"等诸多派别,同时,旧文化复辟也暗潮涌动。文坛不断地爆发论争,如文学研究会与创造社的论争、创造社与新月派的论争、革命文学论争、"整理国故"论争、泰戈尔来华提倡复活"东方文化"而引起的(与左翼作家与梁启超、徐志摩等)论争。其中革命文学论争无疑是影响最大、最深刻的一场论争。

第一次大革命的失败后,鲁迅等一批作家纷纷云集上海,在上述文坛背景下,创造社郭沫若等一些作家认为必须与鲁迅等人"联合起来,共同办一个刊物,提倡更新的文学运动",抵制旧文化的反扑,以文学的振兴来"迎接将来的革命高潮"。在郭沫若的促使下,郑伯奇、蒋光慈于1927年11月上旬先后两次访问鲁迅,邀请他合作。其实鲁迅早在去广州执教前夕,就曾打算到那里以后,跟创造社作家联合,以"造一条新的战线,更向旧社会进攻",[13]可惜到了广州后不久蒋介石叛变革命,第一次国共合作破裂,郭沫若等创造社人员已经撤离广州,失之交臂。既然现在有了与创造社等联合的机缘，鲁迅便“慨然允诺了”，并表示“不必另办刊物，可以恢复《创造周刊》，作为共同园地，他将积极参加”⑭。这些从鲁迅的日记里可以得到印证：“1927年11月9日午后……郑伯奇、蒋光慈、段可情来。”⑮于是1927年12月3日，上海《时事新报》上刊登了由鲁迅领衔，麦克昂（郭沫若）居第二，蒋光慈居第三的恢复《创造周刊》启示。可惜，由于成仿吾和刚从日本回国的后期创造社成员认为恢复《创造周刊》不足以表现时代精神，要求另创办一个战斗性更强的文艺月刊——《文化批判》，竭力反对联合。这一激进的态度占据了当时创造社成员的主流，联合一事就此泡汤了。此事结果不仅没有告知鲁迅，而且郭沫若、蒋光慈、郑伯奇等人也随后一改联合鲁迅初衷，把斗争的矛头对准鲁迅。1928年1月16日，在《文化批判》创刊号上，冯乃超就发表了他的长篇论文《艺术与社会生活》，文章中有如下对鲁迅的批判：“鲁迅这位老生——若许我用文学的表现——是常从幽暗的酒家的楼头，醉眼陶然地眺望窗外的人生……追悼没落的封建情绪，结局他反映的只是社会变革期中的落伍者的悲哀，”⑯文章还批评了叶圣陶、郁达夫等作家。太阳社发起人蒋光慈在《太阳月刊》1928年第2期上发表《关于革命文学》，旁敲侧击地指责鲁迅是“非革命文学的势力”，钱杏邨在《太阳月刊》1928年第3期上发表《死去了的阿Q时代》，多侧面、多角度地论证鲁迅先生“不是这个时代的代表者”，郭沫若也在1928年1月出刊的《创造月刊》上发表诗文，号召创造社同仁对与他们意见不一致的作家进行“理论斗争”，他们极力要将鲁迅推向对立面。毫无戒备的鲁迅面对太阳社、创造社一群作家来势汹汹的围攻，感到不可理解，并十分气愤。但出于对青年的爱护，鲁迅一开始没有反击，采取了不予理睬的容忍态度，正如在《答杨邨人先生的公开信》中表示：“即使因为我罪孽深重，革命文学的第一步，必须拿我来开刀，我也敢于咬着牙关忍受。杀不掉，我就退进野草里，自己舐尽了伤口的血痕，决不烦别人傅药。”[17]但后来当许多人一起围攻上来，鲁迅不得不自卫反击起来，在1928年3月12日出版的《语丝》上发表了《“醉眼”中的朦胧》开始予以反驳，他尖锐地批判了创造社文人的“无聊”、理论的“朦胧”不彻底性、给别人乱定阶级身份的错误和“不革命便是反革命”提法的荒谬性。“虽然在此之前，也已经有人对创造社、太阳社的观点展开了讨论，但是鲁迅回击后，论战就升级了。”[18]于是，创造社、太阳社大多数成员悉数上阵发表文章，更进一步地围攻鲁迅，从标题上就略知论争的激烈，如钱杏邨《死去了的鲁迅》、彭康《“除掉”鲁迅的“除掉”》、李初梨的《请看中国的Don Quixute的乱舞——答鲁迅〈醉眼中的朦胧〉》、成仿吾针对鲁迅的回击文章发表了《毕竟是“醉眼陶然”》进行冷嘲热讽。1928年8月，鲁迅又作《文坛的掌故》，称“我在‘革命文学’战场上是‘落伍者’，所以中心和前面的情状，不得而知。但向他们屁股那面望过去，则有成仿吾司令的《创造月刊》《文化批判》《流沙》，蒋光×（恕我还不知道现在已经改了那一字）拜帅的《太阳》，王独清领头的《我们》，青年革命艺术家叶灵凤独唱的《戈壁》”[19]使得论争达到白热化的程度，在此过程中冯雪峰、台静农等都参与论争，他们不同意创造社、太阳社成员们的观点，进行有理有据的反驳。鲁迅的一篇回击文章《我的态度气量和年纪》，立即遭到“二重的反革命”“不得志的法西斯蒂”的构陷。论争“从劈头盖脸的攻击到肆意谩骂、甚至人身攻击，基本上没有什么理论”[20]，创造社不仅与鲁迅，而且与太阳社也发生杯葛，新月社见革命文学论争日渐热闹，也来蹭热度，这场论争逐渐变成一场混战。

这场革命文学的论争不仅引起文学界的关注，也惊动中共中央的高层领导，周恩来、李立三、李富春等都先后对此进行干预，认为纵观五四新文化运动以来，鲁迅的文学思想是进步的，与鲁迅论争是错误的，要求不仅停止与鲁迅的论战，而且要团结鲁迅，来推动无产阶级革命文学的发展。文化支部书记阳翰笙召开创造社、太阳社的党员大会，传达中共中央的精神，对创造社、太阳社的党员干部进行批评教育。冯雪峰、夏衍、冯乃超代表创造社、太阳社向鲁迅通报这次会议精神，当面向鲁迅道歉。鲁迅以极大的宽容原谅了这些曾经深深伤害过他的文坛后辈，同时亦为文坛能有如此团结联合的氛围而兴奋，革命文学论争由此基本平息。这是一场革命文艺队伍内部的矛盾，双方并非敌人而是革命文学的“同路人”，所以鲁迅在致徐懋庸信中说，他与郭沫若“或曾用笔墨相讥，但大战斗却都为同一的目标，决不日夜记着个人的恩怨”。[21]

这场论争加快了马列主义思想的传播、被理解和接受，同时，使得中国共产党认识到文化工作的重要性，并果断作出文化建设的组织安排——团结鲁迅成立左联，中国左翼文学运动由此拉开序幕，它的影响已经远远超出了其自身的文学价值。

结　语

中国左翼文学运动发轫于上海绝非偶然。清王朝的覆灭，辛亥革命成果被以袁世凯为首的北洋政府所篡夺，军阀混战，全国百姓生活凋敝，而五口通商后的上海，占据地理位置、法外治权、租界经济的繁荣发展及溢出效应等优势，吸引了大批文化人，随着其中他们的南迁，北新书局、《语丝》和《现代评论》杂志等新文化机构也从北京迁到了上海，这种“迁徙”影响深远，“1928 年文化人向上海的迁徙造成了中国现代思想文化一次历史性的大转移。它不仅引起了文化中心的南移，而且导致了中国现代思想文化性质的根本变化。这是一次文化的转移。”[22]

五四新文化运动完成了对封建制度和文化的揭露和批判，民主和科学的提出，使中国人民尤其是知识精英人士的认识提高一大步，革命文学是在五四白话文运动后酝酿发生的，尽管有新文化运动的落潮和旧文化的回潮，但是，这批带有新文化思想的作家，南迁后进入到上海这个中国资本主义最发达的地方，再也不能退回到传统书斋去写作，而是近距离地看到它繁华下的丑陋面目，也看到新兴无产阶级的产生，发现了新文化的新方向，自觉地将文学和政治相结合，这批受苏联、日本无产阶级文学的影响，接受了马克思主义思想的青年作家，提出了中国无产阶级革命文学的口号，尽管其中有曲折，发生同一阵营的革命文学论争，但最后在中共中央的引导下，结成统一的中国左翼作家联盟，兴起了一场中国左翼文化运动，将中国带入一个全新的文化发展阶段，它是五四新文化运动思想精神的延续，更是中国文化发展新的高峰。

注释

① 蔡元培：《我在北京大学的经历》，刊载《东方杂志》，第 31 卷第 1 号（1934 年 1 月 1 日），第 6 页。

② 朱有瓛：《中国近代学制史料第三辑》（上册），华东师范大学出版社 1990 年版，第 158 页。

③④《鲁迅全集》第 4 卷，人民文学出版社 2005 年版，第 469 页。

⑤ 梅朋、傅立德：《上海法租界史》，上海译文出版社 1983 年版，第 134 页。

⑥ 蒯世勋：《上海公共租界史稿》，上海人民出版社 1980 年版，第 348、349 页。

⑦⑧⑨ 上海社会科学院历史研究所编：《太平军在上海》，上海人民出版社 1983 年版，第 494 页。

⑩ 中国人民银行上海分行编：《上海钱庄史料》，上海人民出版社 1960 年版，第 15 页。

⑪ 兰（茅盾）：《所谓"杂志年"》，《文学》，1934 年 8 月 1 日，3 卷 2 期，第 395 页。

⑫ 王锡荣：《"左联"与左翼文学运动》，上海人民出版社 2016 年版，第 26、27 页。

⑬《鲁迅全集》第 11 卷，人民文学出版社 2005 年版，第 195 页。

⑭ 包子衍：《创造社终止与鲁迅联合的标志》，刊载《鲁迅研究动态》11 期，第 35 页。

⑮《鲁迅全集》第 16 卷，人民文学出版社 2005 年版，第 46 页。

⑯ 冯乃超:《艺术与社会生活》,《“革命文学”论争资料选编·上》,人民文学出版社 1981 年版,第 116 页。

⑰《鲁迅全集》第 4 卷,人民文学出版社 2005 年版,第 645 页。

⑱ 王锡荣:《“左联”与左翼文学运动》,上海人民出版社 2016 年版,第 32 页。

⑲《鲁迅全集》第 4 卷,人民文学出版社 2005 年版,第 123 页。

⑳ 王锡荣:《“左联”与左翼文学运动》,上海人民出版社 2016 年版,第 32 页。

㉑《鲁迅全集》第 6 卷,人民文学出版社 2005 年版,第 557 页。

㉒ 旷新年:《1928 革命文学》,山东教育出版社 1998 年版,第 20 页。

“美联”与左翼美术运动综论

乔丽华

一、“美联”的地位与作用

1930年代以上海为中心的左翼文艺运动，是中国共产党领导革命文艺运动的第一次重大实践。1930年初发端于上海的左翼美术运动，作为左翼文艺运动的一个重要分支，同样取得了引人瞩目的成就。然而，长期以来，相比于“左联”“剧联”等左翼团体的研究，对“八大联”之一的“左翼美术家联盟”（下文简称“美联”）的研究和认识还很不够。对此，许幸之在《左翼美术家联盟成立前后》一文中就曾提到，后人对于“美联”存在着诸多误解：

> 有人认为：“1930年2月，少数左翼美术家成立了‘时代美术社’，发表告全国青年美术家宣言（见《萌芽》第4期），不久又改称中国左翼美术家联盟。但因人数少，活动也不积极。”也有人认为：“左翼美术家联盟在1930年初夏即已在上海成立，由许幸之、沈叶沉等组成，归文化总同盟领导。但不久无形之中陷于停顿。”更有人在《中国现代文学史》中：只承认“1930年起，许多革命知识分子在党的领导下先后成立左翼的作家联盟、戏剧家联盟、社会科学家联盟、音乐家联盟、新闻记者联盟、电影演员联盟等组织，并在此基础上成立中国左翼文化总同盟，形成了文化革命的浩大声势。”却一笔勾销了

> 左翼美术家联盟的存在。这些史论家们既不了解当时的实际情况,又不进行调查研究而妄加论断,实属可悲。[1]

有鉴于此,身为时代美术社发起人及"美联"第一任主席,许幸之在纪念左翼文化运动50周年之际,特撰写《左翼美术家联盟成立前后》一文,"澄清一下美联的发生和发展的史实及其成立前后的情况"。他追本溯源,从时代美术社与中华艺大的关系谈起,直至"美联"的成立及受挫,春地画会的成立及其后新兴木刻运动发展的情况,大体勾勒出了"美联"与左翼美术运动发展的基本面貌。

"美联"的存在是客观事实,是不可能抹去的。当时的《红旗日报》及《文艺新闻》均有报道,这一阶段左翼美术运动取得的成绩是有目共睹的。[2]但要更好地认识"美联"与左翼美术运动的关系,以及它在整个左翼文化运动中的地位和作用,还需进一步弄清楚"美联"这个组织的基本情况,全面考察和梳理相关史实。

对于"美联"的组织活动,一些亲历者和研究者也曾试图做出概况总结。除许幸之外,曾担任"美联"总干事、党团书记的于海在《历史的借鉴》一文中,指出"美联"的活动时间比较短,他认为从时间上说,也从"美联"的活动成效上说,大体上可分作两个时期:第一个时期是从"美联"成立大会召开(1930年7月底或8月初)到1930年冬或1931年初,随着李立三城市武装起义计划的失败,国民党当局的白色恐怖日益加重,盟员们日渐零落星散,"美联"的活动越来越难以开展,最终因主客观原因陷于停顿;第二个时期是从1931年夏杭州一八艺社到上海举办展览到1932年7月春地美术研究所被破坏。此后虽有部分"美联"盟员以野风画会名义坚持战斗,但在王明路线错误地引领下终究难以坚持。对于这两个时期,他认为有许多教训,由于受到极左思潮影响,"把艺术活动主要作为一种可利用的革命工具,对当时日益严重的白色恐怖,思想上又过于麻痹”等,而使“美联”的工作无法持续。对比之下,更认识到鲁迅一手扶植的木刻运动所具有的深远意义。

吴似鸿的《中国左翼美术家联盟活动片断》一文,也对“美联”的工作有所评点。她指出1930年初夏成立的左翼美术家联盟不久就无形之中陷于停顿,1931年下半年虽然开展了一些活动,但由于美术家一向自由散漫等原因,“不但美联组织未能恢复,连原有的那些研究会也停顿了”。1932年淞沪事变后,“美联”在文总、左联、剧联的领导下才恢复组织。她重点回顾了春地美术研究所和野风画会及大地画会时期“美联”盟员的组织活动,直至1933年春以后她离开了美联。对于这之后各团体的活动情况,她指出“这都是中国左翼美术家联盟盟员以各种形式进行的活动。左翼美联经过五年艰苦斗争以至牺牲生命,始终以前仆后继的精神,为革命事业贡献着自己的力量”。

其他如胡一川、陈卓坤、江丰、刘芳松等人的文章,主要回忆一八艺社与“美联”的关系,重点总结了从春地美术研究所到野风画会以后的组织活动情况,以及鲁迅对左翼美术青年的指导。这些回忆资料对后人了解“美联”及早期左翼美术运动是非常宝贵的,但作为亲历者,大多局限于自身参与的某个阶段,而未能对“美联”发生发展的总体进程做出清晰概括的描述。

而受到上述回忆资料的影响,研究者在对“美联”进行总结时,也往往侧重于某个时间段。黄可的《中国左翼美术家联盟》及《“美联”六年间》等文章,主要介绍了从时代美术社到“美联”成立初期的组织活动,对于“美联”中后期的活动,他是这样表述的:“美联和左联、剧联在当时的活动,都受到‘立三路线’和‘王明路线’的干扰;同时由于国民党反动派白色恐怖的加紧,在1931年春先后解散,转入了地下活动。‘美联’成员转入地下后,组织灵活多样的小型美术社团,以游击战的方式坚持革命美术活动,使一度处于低潮的左翼美术运动,打开困难局面而活跃起来。这些小型革命美术社团,分散在上海的南市、闸北、江湾、北四川路和市中心区,以灵活多样的方式,坚持革命美术活动。”总之,认为美联在1931年春后就转入地下活动,而没有提及1932年初“美联”有一个组织恢复、班子大变动的过程。

王观泉在《美联与时代美术社》一节中则主要强调了1932年“美联”复活后的工作成绩。他指出,“美联”是“松散联盟”,“当时上海的左翼美术运动,实际上是由一八艺社以及以后的春地画会为联络中心展开活动的。”③他还进一步指出:

> 正因为一九三〇年七月二十六日成立的美联没有起到应有的作用就消失了,所以才有一九三三年四月二日的“美联复活大会”。④这次复活大会由文总委派干部协助工作,这第二届的美联,与许幸之等完全没有关系,是由江丰、胡一川、陈卓坤、于海、陈铁耕、夏朋、马达、野夫、陈烟桥等等木刻青年先后组织的野风画会,涛空画会,野穗社,MK木刻研究会等等美术团体(有时利用美联的名义)负责展开进步美术运动的。正因为美联是一个空架子,因此当那些木刻团体遭到国民党破坏后,实际美术活动皆由上述各画会的同志们在鲁迅和左联领导下开展工作的;也正因为如此,到了一九三五年底三六年初,解散左翼各联盟时,就不存在解散左翼美术家联盟的问题。⑤

上述二位对“美联”的两个阶段,可以说评价迥异。这启发我们思考一些问题,例如,最初成立的“美联”究竟有没有起到应有作用?“美联”到底是一个怎样的组织?它对左翼美术运动起到了怎样的作用?

首先,应该看到,最初成立的“美联”有一个酝酿准备的阶段,这个阶段不应被忽视。1930年7月“美联”成立大会的召开无疑具有标志性意义，但左翼美术运动在更早以前就发端了。夏衍、许幸之等回顾“美联”的成立过程，都提到时代美术社这个不容忽视的阶段。许幸之曾这样论述二者的关系：“美联成立后，时代美术社就停止了活动，它实际上是美联的前身，美联是它的后继。所以既非化名，又非改称，而是两个社团之间的前后关系，是序幕和全剧相互联系的关系。”⑥

夏衍在《懒寻旧梦录》中，也曾谈到“美联”成立前后上海左翼美术界的情况：

> 大革命失败后，上海一带已经有了几个进步的美术团体，其中之一就是由鲁迅领导的、成立于一九二八年的“朝花社”；其次是一九二九年成立于杭州的“一八艺社”（因为一九二九年时民国十八年，故名“一八艺社”），这是以国立西湖美专为中心的进步学生的组织，参加者有胡一川、刘梦茵、李可染等；第三个是“时代美术社”，这也可以说是和上海艺术剧社同时成立的姊妹团体，参加者有沈西苓、许幸之、王一榴、汤晓丹等；还有一个是“上海漫画会”，这个会成立于一九三〇年春，参加者有叶浅予、张光宇、张正宇、鲁少飞、胡旭光等。这几个美术团体，在三〇年初开始有了相互联系，到三〇年“左联”成立后，由于许幸之、沈西苓等的奔走，对上述几个团体进行了一系列的思想上、组织上的帮助之后，于一九三〇年七月中旬，终于组成了“中国左翼美术家联盟”。⑦

时隔多年，夏衍的回忆中有一些模糊之处，例如他说“上海漫画会”成立于1930年，很可能是将1926年12月由黄文农等创立的“漫画会”与1930年4、5月间在“左联”下面成立的“漫画会”混淆了。但他谈及“美联”成立前的背景情况，给了研究者很大的启发。王观泉、黄可等的论著也都沿袭了这一思路。黄可的《中国新民主主义革命美术活动史话》一书,在此基础上有所扩展,认为从1927年至1930年,先后出现有影响的左翼美术社团"漫画会""五三漫画会""朝花社""一八艺社""时代美术社",它们都是"美联"的"准备阶段"。"美联"的成立的确有个准备期,但需要指出的是,虽然都是"美联"成立前存在的进步美术团体,但它们的性质和作用还是有很大不同。夏衍也指出:"这几个美术团体,在三〇年初开始有了相互联系,到三〇年'左联'成立后,由于许幸之、沈西苓等的奔走,对上述几个团体进行了一系列的思想上、组织上的帮助之后,于一九三〇年七月中旬,终于组成了'中国左翼美术家联盟'。"可见,夏衍对时代美术社的作用也是特别加以强调的。

时代美术社与"美联"的成立有直接的关系,它在理论上、组织上为"美联"的成立做了奠基性的工作。当1930年初左翼文艺运动高涨之时,以中华艺术大学为背景成立起来的时代美术社,在《拓荒者》《萌芽》《艺术》等左翼刊物上都曾公开亮相,宣布"中国的最先的一个普罗美术的集团"的诞生,发布宣言倡导新兴美术运动,昭示了左翼美术运动的开端。特别是许幸之的《新兴美术运动的任务》和《中国美术运动的展望》两篇文章,具有开拓性意义,被视为国内左翼美术运动的纲领性文件。这是左翼美术运动的萌芽期,也是一个非常重要的阶段,因此,要考察"美联"与1930年代上海的左翼美术运动,应当从时代美术社开始。只有这样,才能恰当地认识许幸之、沈叶沉、王一榴等一批创造社人士在左翼美术运动中的开拓作用。

其次,国内的左翼美术运动能够轰轰烈烈地开展起来,"美联"起了至关重要的作用,这是不争的事实。"美联"作为一个革命团体,是在极度困难的情况下开展工作的,是在一批又一批革命美术工作者的奋斗下曲折发展的。作为"文总"下面的左翼文化团体,"美联"的活动时间确实不长,后期主要通过基层组织和骨干盟员开展工作。1935年前后在“文总”和“社联”担任领导职务的胡乔木也曾指出，“1935年‘美联’已不存在，‘剧联’估计也已停止活动……”[⑧]1935年10月“文总”内部刊物《文报》上刊载左翼各联盟的“新纲领草案”，除《中国左翼文化总同盟纲领草案》外，有《中国社会科学者联盟草案》《中国新兴教育者联盟纲领草案》《中国左翼报人联盟纲领草案》《中国妇女运动大同盟纲领草案》《中国左翼作家联盟纲领草案》，的确没有“美联”、“剧联”的纲领草案。但这并不意味着左翼美术运动中止，更不意味着“美联”的工作只有教训，没有成绩。从1930年初时代美术社成立，到“美联”成立，此后再度恢复组织直至再次被破坏，“美联”这三、四年的活动并非一帆风顺，往往工作刚有起色就遭到打压、迫害，但这样一个组织的存在绝不是没有作用的，它为左翼美术运动提供了理论的基础，通过一系列的组织运作，将左翼美术青年联合在无产阶级革命文艺的旗帜下，并在实际斗争中锻炼和培养出一批骨干盟员，成为新兴木刻运动的第一批实践者和引领者。没有“美联”从组织上加以最初的引领，左翼美术运动不可能有后来的面貌，更不可能取得这么辉煌的成就。

因此，必须看到，作为中国共产党领导下的“文总”下面的一个革命文艺组织，“美联”跟“左联”等其他各联有着类似的发展轨迹，也有起起伏伏的几个阶段，有高潮期和低落期，如果研究者以某个阶段来涵盖其他阶段，就很容易得出片面的结论，以至于错误地认为“美联”不过是昙花一现。同时，“美联”及其领导下的左翼美术运动有其自身特殊的演进轨迹，有其独特的内容和形式，如果研究者仅仅根据“纲领”“文件”等来判断它的地位和作用，就无法把握整个左翼美术运动的发展，自然也就很难对它的历史发展和贡献作出客观公正的评价。回顾“美联”及其领导下的左翼美术运动，从1930年至1937年有几个重大的历史节点，大致可分为以下四个阶段：

第一个阶段(1929年底至1930年7月):理论与组织的前期准备。

1929年下半年中国共产党加强对左翼文艺运动的领导,积极筹建"左联"等左翼文化团体,在此背景下许幸之、沈叶沉、王一榴等以中华艺大为据点,发起成立时代美术社,倡导新兴美术运动,联合起沪上一批左翼美术青年。

第二个阶段(1930年7月至1931年底):"美联"成立初期。此阶段又可分为以下两个时期:

1. 1930年7月至1931年初:在革命形势高涨、国共武装斗争处于白热化之际,"美联"宣布成立,许幸之等被选为"美联"负责人,选出执委若干。盟员们随即投入实际革命斗争中,但随着李立三路线的受挫及国民党政府的残酷镇压,"美联"的组织无形瓦解。

2. 1931年初至1932年初:杭州一八艺社部分社员与沪上左翼美术青年共同发起成立上海一八艺社研究所,在鲁迅的指导下从事木刻创作。特别是"九一八"事变前后,以"一八艺社"成员为主的一股力量全面崛起,成为左翼美术运动的一支新军。

第三个阶段(1932年4月至1935年):恢复发展期。此阶段大致上也可分为两个时期:

1. 1932年4月至1933年春:上海"一·二八"事变后,各左翼团体积极组织起来,进行反帝反侵略的宣传。"美联"在"文总"的帮助下恢复组织活动,建立了由于海、江丰等组成的党团小组,以一八艺社成员为主,先后成立春地美术研究所、野风画会、上海绘画研究会等,作为"美联"的活动阵地,打开了新局面。

2. 1932年下半年至1935年:在"野风画会"等社团影响下,以上海美术专科学校、新华艺专及杭州艺专的进步学生为主,涌现出众多木刻团体,鲁迅倡导的新兴木刻运动蓬勃发展。其中M.K木刻研究会联合野风画会等多次举办公开木刻展览会,受到艺坛的关注。

第四阶段(1935年至1937年抗战爆发):转型期。

由于国民党当局加大军事“围剿”和文化“围剿”的力度,1934年下半年至1935年,沪上木刻社团的活动基本销声匿迹,上海的左翼美术运动暂时陷入低潮。但鲁迅倡导的新兴木刻运动却蓬勃发展,从1934年下半年起,以上海为中心,向南北推进,平津木刻研究会和广州现代版画会分别于1935、1936年举办全国性木刻展览,影响遍及南北大中城市,左翼美术运动进一步扩大声势。1935年底1936年初,随着上海文化救国会成立,铁马版画、刀力木刻研究会等团体在上海成立,上海的左翼美术运动进入复苏阶段,1936年11月上海木刻工作者协会的成立则标志着左翼美术界已经团结在抗日民族战线的旗帜下。

二、从新兴美术运动到新兴木刻运动

在早期左翼美术运动发展过程中,产生了几个名词:普罗美术运动、新兴美术运动、新兴木刻运动、左翼美术运动。这几个名称是否相同?它们之间是什么样的关系?对此有必要加以辨析。

1930年初时代美术社成立后,其宣言明确提出:

> 在我们面前只有两条道路:一是新兴阶级的高塔,一是没落阶级的坟墓。诸君既是新时代的青年,决不愿意向没落阶级的坟墓前进吧?时代的青年应充当时代的前驱,时代的美术应该向着时代民众去宣传。中国的美术既是这样落后,那么新兴美术运动的机轮便不得不负担在我们的肩上了。团结起来吧!青年美术家诸君!团结是我们的唯一出路!个人生活是自己的灭亡。起来!把我们的新兴美术运动扩大起来!

许幸之等大力倡导的新兴美术运动与普罗美术运动是否有区

别？抑或只是同一概念的不同称呼？

首先应该看到，新兴美术运动是在整个新兴文化运动的大背景下产生的。1929 年底至 1930 年上半年国内左翼刊物往往以“新兴文学”指称普罗列塔利亚文学。不仅这一时期的革命文学经常被称为“新兴文学”，其他文艺运动也不例外，出现了“新兴演剧运动”、“新兴美术运动”等名词。在《中国美术运动的展望》一文中，许幸之回顾了新兴文学、新兴戏剧的发展，以此证明新兴美术运动的必然性。那么。原本大行其道的“普罗文学”一词为何在这一时期被“新兴文学”所取代？对此，何大白（即郑伯奇）在《中国新兴文学的意义》一文中，对 1927 年以来文学运动中产生的三个名词——革命文学、新兴文学、普罗列塔利亚文学，专门作了辨析和解释。

关于“革命文学”，他指出有两点不妥当的地方：其一，概念含糊。“革命文学说是含有革命性的文学，但是内涵是很广泛的，含混的。究竟是怎样一种革命，又怎样才是革命文学，都没有具体的规定。因此很容易发生许多不同的甚至完全相反的见解。”其二，托洛茨基试图用革命文学来否定普罗列塔利亚文学，不承认文学有阶级性。“并且革命文学这个名字，杜洛斯基曾经用过，而他乃是用来和普罗塔利亚文学相对立的。……杜氏的议论完全和事实不符。他的文学理论的误谬和他的一般理论的误谬是相关联的。在这里我们不能够详细检讨了。不过革命文学经了他的这样说明，我们更觉得使用这个名词应当更加慎重。就是说，若果要用革命文学这个名字，我们应该更加上一个制限的语句。”[⑨]简而言之，郑伯奇认为，由于托洛茨基派的关系，“革命文学”这个概念到 1929 年已变得不合时宜而需要有更合适的名词来替代。取而代之的就是“新兴文学”一词。

关于“新兴文学”，郑伯奇指出它与普罗列塔利亚文学没有本质区别，但强调了这是新兴阶级的文学，是一个与“没落的布尔乔亚文学”相对立的概念。[10]根据郑伯奇的阐释可知,“新兴文学”的概念之所以突然兴起,一下子被左翼文艺界普遍接受,是因为它更能体现与没落的布尔乔亚文学的对峙,同时又与从前受追捧的“革命文学”一词有所区别。同时,“新兴文学”这一定义,决定了新兴文艺运动的任务:一方面要清算没落的布尔乔亚艺术,一方面要建设属于新兴阶级的文学艺术。许幸之和沈叶沉等成立时代美术社,在《艺术》《沙仑》《大众文艺》等刊物上发表相关论文,正是贯彻了这一任务要求,从理论上证明新兴美术运动(亦即普罗美术运动、无产阶级美术运动)的合法性和正当性,为进步的美术青年指明了道路。

但理论还需在实践中加以检验和完善。在革命的狂风暴雨下,刚成立不到半年的“美联”迅速瓦解,新兴美术运动失去了它最初的一批倡导者和参与者,这表明“美联”及其领导下的左翼美术运动还需探索一条更加切实的道路。这条道路就是由鲁迅开创的新兴木刻运动。尽管“美联”活动时间不长,在白色恐怖中组织机构一再遭受破坏,但左翼美术运动非但没有停顿或萎缩,反而蓬蓬勃勃地发展起来,最重要的原因,就是因为在“文总”、“左联”的支持下,在鲁迅的切实指引下,在以一八艺社为主的美术青年们的努力下,开拓出了一条兼具时代性与大众性的革命美术道路。从1931年举办暑期木刻讲习班(鲁迅对木刻的倡导实际上更早,1930年初他在中华艺大的演讲中即已建议青年们“最好学刻木刻”),到1936年10月去世前8天参观全国流动木刻展览会,这期间付出了无数的心血,也获得了巨大的成绩。特别是从1932年起沪上涌现出众多进步木刻社团,它们都是“美联”的活动阵地,都是进行革命美术活动的堡垒,是令敌人胆寒的艺术形式。正如1933年6月12日《时事新报》报道所写:“木刻,在现代艺坛上的进展,是非常迅速的,尤其是在新兴的艺坛上,木刻所给予强烈光线的展示,黑白对照的刻画,现代社会刺激的暴露,尤其在阶级意识上的启示，它，是新兴艺坛上的生力军，是现代表现意识作品的最强烈工具！”鲁迅在《无名木刻集序》《〈木刻纪程〉小引》《全国木刻联合展序》中，多次提到“新的木刻”“新木刻”“新兴木刻”“新作家的木刻”，指出这是与传统的旧木刻完全不同的一种全新艺术。在《全国木刻联合展序》中，他指出“新兴木刻”之“新”在于：“它乃是作者和社会大众的内心的一致的要求，所以仅有若干青年们的一副铁笔和几块木板，便能发展得如此蓬蓬勃勃。它所表现的是艺术学徒的热诚，因此也常常是现代社会的魂魄。”

新兴木刻运动是左翼美术运动的主体，成绩最为突出。没有了新兴木刻运动，“美联”领导下的左翼美术运动就会显得单薄，变得黯然失色。但也应该看到，左翼美术运动有着更为广大的内涵。从时间上看，新兴木刻运动是左翼美术运动发展到一定阶段的产物，是1930年初发端的新兴美术运动的延伸和发展。1932年6月春地美术研究所举办画展，《文艺新闻》刊登的预告中第一次提到“中国木刻运动”，应当是从这时候起，木刻创作队伍才初具规模，形成格局。从具体的实践过程看，左翼美术以木刻创作为代表，但还有诸多的支流，亦不能不注意到。特别是左翼漫画，在普罗美术运动的早期及1935年后发挥的重要作用，是绝不应该被忽视的。历次左翼美术青年主办的展览会上，除木刻创作外，漫画、油画、素描、速写、水彩、水粉作品也占了不小的比例，这些暴露黑暗、充满战斗性的作品，同样具有唤醒大众的作用。因此，研究左翼美术运动，也应当关注到木刻以外的各种艺术样式及作者、团体。

综上，左翼美术运动发展进程中出现的几个概念是有区别的：新兴美术运动，亦称“普罗美术运动”，1930年上半年由时代美术社的许幸之等发起倡导，从理论上、组织上为“美联”的成立奠定了基础；新兴木刻运动是1931年后在鲁迅的倡导下，以一八艺社为主的木刻青年进行的革命美术实践活动，在土地革命战争时期萌芽生长起来,在抗日战争时期进一步发展壮大;左翼美术运动,虽以新兴木刻运动为主体,但概念更广,还包含了左翼漫画创作等一切形式的革命美术创作活动,特别是1935年后,在内忧外患中,木刻界、漫画界等艺术界人士积极行动起来,在中国共产党的领导下加入到抗日救亡的潮流中,取得了更广泛的影响。这些概念的变化,反映了"美联"及其领导下的左翼美术运动是在曲折中不断摸索前进的,是一批又一批革命美术工作者前赴后继、奋力开拓的结果。

注释

① 许幸之:《左翼美术家联盟成立前后》,载李桦等编《新兴版画运动五十周年》,辽宁美术出版社1982年版,第122—123页。

② 以下是目前所能看到的明确提到"美联"的文件或报道:潘汉年《本刊出版的意义及其使命》(1930年8月15日创刊的《文化斗争》);《革命文学团体号召反对国民党摧残文化运动周》(1930年8月27日《红旗日报》);《最先锋的美术集团——左翼美术家联盟成立》(1930年9月1日《红旗日报》);《左翼文化界 抗日反帝大行进》之《揭发国联欺骗 美联之具体表示》(《文艺新闻》1930年10月5日第2版);《美联复活——克服种种客观的主观的困难于四月二日集会恢复组织》(《文艺新闻》1932年4月11日);《泼剌活跃的美联——复活后将走进工厂》(《文艺新闻》1932年4月25日第2版)。1932年3月5日,"文总"召开第四次代表大会,会上通过了《为坚持反日战争到底反对进攻苏联与中国苏维埃红军通电全世界无产阶级与被压迫民族》,署名的团体是:中国左翼作家联盟、中国左翼社会科学家联盟、中国左翼戏剧家联盟、中国左翼文艺研究会、中国左翼社会科学研究会、中国左翼美术家联盟、中国普罗新闻学研究会、中国工农通讯社、中国青年世界读书联盟等九个组织。另,方明《鲁迅五十生寿纪念会》(1930年12月《出版月刊》8、9、10号)提及"参加有左联、社联、美联、剧联诸代表"。

③ 王观泉:《美联与时代美术社》,载《鲁迅生平史料汇编》第5辑(下),天津人民出版社1986年版,第856页。

④“美联”复活大会时间为1932年4月2日，此处当属印刷之误。

⑤黄可则指出：“中国左翼美术家联盟与左联等左翼文化团体，至1936年秋，遵照中共中央指示，为诚意促进第二次国共合作组成抗日民族统一战线，而主动宣布解散。”但他提出1936年秋这个时间的依据不明。可能是指1936年11月鲁迅逝世后，在救国会的支持下成立了上海木刻作者协会一事。该协会的宣言回顾了新兴木刻在斗争中萌芽和壮大的艰苦历程，表达了木刻家们继承鲁迅遗志，在统一战线下从事救亡工作，继续与黑暗和强暴搏斗的决心。但这份宣言中并没有关于“美联”解散的内容，而且“左联”等团体解散是在1935年底1936年初。

⑥许幸之：《左翼美术家联盟成立前后》，载《新兴版画运动五十周年》，第124页。

⑦夏衍：《懒寻旧梦录》，生活·读书·新知三联书店1985年版，第174—176页。

⑧孔海珠：《左翼上海1934—1936》，上海文艺出版社2003年版，第111页。

⑨何大白(郑伯奇)：《中国新兴文学的意义》，陶晶孙主编《大众文艺》第2卷第3期，上海现代书局1930年版。

⑩何大白：《中国新兴文学的意义》，《大众文艺》第2卷第3期。

责任之心与义利之辩

——鲁迅、左翼文化阵营与乐群书店关系考论

俞宽宏

1928 年 8 月张资平找到理由悄悄离开创造社，在堂侄张尚武的撮合下，会同 6 月份刚出狱的周毓英等人一起创办乐群书店。乐群书店于 8 月下旬开始出版事务，9 月正式成立，地点设在北四川路吟桂路的德恩里，离鲁迅所居的景云里仅百米之遥。书店由张资平任经理，聘用周毓英、陆一远做编辑，采用集资募股形式，“先后入股的股东有王开化、董维之、余慕陶、周毓英等，还有一些青年零星地入了一些股份”[①]。乐群书局最主要的运作资本是张资平出售自己的书稿得来的，张个人在书店中拥有资本最多，具有最大的话语权。书店的 5 位主要股东，王开化是留德学者，余慕陶、周毓英均是作家。

乐群书店开业之后，大家创业激情很高。单是 1928 年 9 月到 12 月，就出版了张资平、郭沫若、陈勺水、周毓英、金石声等新旧作家的著作和译作 15 余部，并于 10 月开始出版《乐群》半月刊。与稍后在北四川路底成立的春潮书局相比，乐群书店业务大了三分之二，同样也远超同一时期大江书铺、水沫书店的出书量。乐群书店开业如此顺利，当然同书店经理张资平有关。周毓英说：“乐群书店在小店中又好象是首屈一指的，这当然是因为资平的关系，他在作家中的地位较高，又和许多作家都相熟，所以乐群书店的开办，总算是很顺利的。”[②]

一

1929年是上海普罗文学运动蓬勃发展的一年，也是新书业发展的黄金期。水沫书店出版的图书多达30多种，即使是春潮书局这样最没有经济实力的书店也有近15种左右的新书出版。乐群书店新版和重印的图书也超过40多种。虽然没有水沫书店《西线无战事》那样的畅销书，也没有水沫书店《科学的艺术论丛书》那样在读书界有较大影响的系列著作，但乐群书店把出版张资平的小说、译作和陈启修的社会科学、文学译作作为重点[③]，有的书一版再版，同样取得了比其他小书店更好的经济效益。不仅如此，这一年，乐群书店还出版了郭沫若、许幸之和陶晶孙等一批左翼文化学者的著作，形成了自己的作者群。

这一年乐群书店经理张资平的确十分忙碌。张资平本人不仅主编《乐群》月刊，创作和翻译近10部长短篇小说，编译了2部学术著作，年底还获得了多家大学的教职邀请。除乐群书店之外，张资平这一年还在租界外另创办了环球书店。乐群书店本身的财务状况不错，但环球书店没有什么起色，这就难免引起外界对张资平利用乐群书店的经费扶持环球书店的质疑，从而引起部分股东的不满，书店的内部矛盾由此产生。这年下半年，乐群就因为书店出书问题，发生了股东退股的纠纷。不仅如此，因为对作者太刻薄，有时甚至长期拖欠作者版税，使得部分著作者对乐群书店产生了很多怨言。郭沫若就是因为在乐群书店出版《石炭王》《美术考古学发现史》两部译作却长时间遭受拖欠版税无奈从日本写信给李一氓、潘汉年，诉说乐群书店对他的刻薄，并要求清算版税结束版权，由此埋下了两者感情恶化的根基。对待郭沫若尚且如此，其他作者可想而知，对此，张资平撰文解释说：

乐群实在穷，除我几位学生三百两百元的凑集来的股款

> 外,不够时由我去向旧日知友讨人情挪借。因为经济太困难,对于许多大作家不能敷衍,得罪了些人(或许也有常常见面的人在内),确是有的。但为书店前途记,实不能不如此。[4]

张资平拖欠著作者版税的解释毫无疑问是一种托辞。不像稍后水沫书店被外地书商长时间拖欠书款,刘呐鸥不得不一再注资以增加书店的现金流,但这一年乐群书店的成本控制是比较严苛的,流动资金也比较充足,周毓英说"乐群尚有二千现金,何能说无钱"[5]就是明证,长时间拖欠著作者版税不给只能说是张资平的商人本性问题。

乐群书店与鲁迅、左翼文化阵营的关系,于这年年底走向恶化。或许是"听了一点市场风声,便使用商业手段"[6]回应外界对他疯狂逐利行为的指责,这年年底的《乐群》月刊第12期文风大变,忽然推出系列文章,对一年来书店出版进步文化著作和扶持新进作家的行为自我吹嘘。然后话锋一转,在其《编后》中说:"进攻敌人必先清内奸,往时乐群月刊对于内奸的宽容,好歹总是不说话,我们觉得是大错特错。现在我们要来清一清自己的营垒了。"[7]周毓英以郑菊华假名撰文的"内奸"一词是否有专指,现在我们不得而知。但这期《乐群》月刊不仅刊载了周毓英的《忠诚的批评——读三卷一期现代小说》,还在《文坛消息》《文坛琐记》两栏刊发系列文章,对鲁迅和左翼文化阵营进行抨击与嘲讽,号称是"对于内奸们总结算的第一次"[8]。其中《文坛消息》公然声称:

> "闲话"小报载张资平想于万国储蓄会中彩后,将所得去收买一班穷作家,以求达到鲁迅郭沫若的地位。但据张资平自己说,……不过对于鲁迅郭沫若的地位不见得羡慕。他又说,他对于美国辛克雷俄国的柴霍夫尚不羡慕,何况中国的鲁迅和郭沫若,这实在是"闲话"小报的编者污蔑了他。[9]

毫无疑义,《文坛消息》展现的是张资平被左翼文化阵营拒之门外的酸楚心态,因为此时文委正准备团结鲁迅和鲁迅影响下的作家组建左联,但张资平被排除在左联之外。不仅如此,这期月刊周毓英还在其写就的《编后》中,自诩进步,直接攻击左翼文坛。说:

> 勺水的“向新的形式探求去”,有人还自谦“拓荒”“萌芽”,或许觉得那样的探求嫌过早,但你们不要因为自己的脚小便叫别人停下来等你,我们要勉力跑快一点了。不要“收获”回到“拓荒”,回到“萌芽”,甚至回到“下种”呀。[10]

张资平对待鲁迅、郭沫若的态度和周毓英对待左翼文坛的态度绝非偶然。前者执著于金钱洋房,所谓向左“转向”,不过是应景之作。后者出身贫寒,且因革命之事两次被捕入狱,著有《在牢中》《苦囚杂记》和正在撰写中的《最后胜利》。也许多少接受了一点 1928 年来下半年逐渐兴起的北四川路托派理论影响[11],在替乐群书店出版新兴社会科学译著的过程中多读了一点书,以为在普罗文艺的理论上懂得比别人多,自认自己为“革命原子”,才有普罗文艺“正宗”的文化自信,并就此展开了对正在积极开展活动的左翼文化阵营进行批评与指责。《乐群》月刊第 12 期出版后,潘汉年在李一氓的陪同下,专门到乐群书店,向周毓英要了一份这期《乐群》月刊,由此展开了周毓英同潘汉年、鲁迅同张资平之间的一场笔墨论战。

二

1929 年 10 月中央文委成立,年仅 23 岁的潘汉年出任文委书记。随后文委就着手策划筹备联合“革命文学”论争的两边人马,成立中国左翼作家联盟。这年年底至次年初,文委已召开过一二次会议，广泛听取意见，并于1930年2月16日在离乐群书店不远处的北四川路“公啡”咖啡馆举行了左联筹备会议。参与这次会议的鲁迅在他指导的《萌芽月刊》上以《上海新文学运动者底讨论会》为题对这次会议作了报道。这样的情况下，《乐群》月刊第12期对“脱变”后的《现代小说》和积极奋进中的左翼文坛的态度如此偏执，自然引起了文委书记兼《现代小说》主编潘汉年的注意。

1929年10月出版的《现代小说》是第一期“脱变了的现代小说”[⑫]，内容比其它几期多了近三分之一。周毓英的《忠诚的批评——读三卷一期现代小说》，对这期《现代小说》的内容有褒有贬，但主要的着墨点还是在批评叶灵凤的《神迹》和潘汉年的《例外》，核心观点是批评这两篇小说“没有主题”，说“《神迹》只是一种有集团而无主义的描写，是一篇没有灵魂的作品”[⑬]。讲《例外》“还不如‘神迹’，‘神迹’里的主题还有个×表现出来，‘例外’的主题则渺茫得很。怎么主义（新流氓主义？）更不必谈了”。[⑭]另一方面，针对文坛中很久没有新晋作家出来的问题，文章分析原因是“封建的一般既成作家，他们不愿把自己的地盘让开。他们像商店般撕去了‘红黄蓝白黑’，挂上‘青天白日满地红’，现在又挂上无产阶级的旗帜了”。[⑮]《神迹》和《例外》是1929年普罗文学“革命加恋爱”写作范式的一种典型表现形式，对于这种写作范式，周毓英明确表示“平时反对以恋爱为主体的普罗文学”[⑯]。周毓英的这种创作观点本身没有原则问题，但他把文委团结进步老作家组建左联说成是“不变成封建的偶像比赛会，也该是镀金的狗矢陈列室了”。[⑰]这明显就有了一点私情攻讦的“人妖”特征。

周毓英以普罗文学“正宗”自居，对以《现代小说》为中心的左翼文艺阵营展开批评，四处出击，口无遮拦，引起被批评者反感是必然的。为了回应乐群书店对《现代小说》所载文章的指责，潘汉年在百忙之中于1930年2月分别在《拓荒者》和《现代小说》期刊上相继发表《普罗文学运动与自我批判》《内奸与周毓英》两篇文章，对周毓英的文章进行回击。潘汉年两篇文章跳开文本，指责周毓英的文章是“从个人的利害关系或者私人的情感而出发”写的，用“那种小资产阶级自由主义的理论与态度，来攻击个人”，不精读文体却草率下结论，同“资产阶级文学家梁实秋，安那其主义的岷水氏攻击无产阶级文学运动有什么区别呢？”[18]文章说周毓英“失却马克思主义者文艺批评的态度”“没有懂得中国无产阶级文艺运动发生的社会基础与其历史的必然性”[19]，误解了无产阶级文学的理论，“通篇是在题外发了许多没有事实根据的牢骚，似乎很左倾的牢骚，这样便算‘忠诚的批评’吗？”[20]

另一方面，周毓英也毫不示弱，在3月1日出版的《乐群》月刊上发表《内奸与潘汉年》一文，回应潘汉年《普罗文学运动与自我批判》对他的抨击。他在文章中指出，潘汉年挥舞的是“革命棒”，恃着居高临下的革命的地位给他文章下了那么严酷的判词，是“用猛虎搏兔之力对付他”。他说：“汉年兄不去替被批评的作品辨护却搬枪弄棍的反驳到我的批评方式上来了”[21]，这不是一个科学的社会主义者所应该有的批评态度。在这篇文章中，周毓英首次申明了他的文艺观，他认为肉麻的恋爱“革命文学”和简单的口号“革命文学”都不能满足多数革命青年需要了，现在读者所急切需要的是走到现实中来的马克思主义具体化和尖锐化的文学。

潘汉年对周毓英这位宜兴老乡相当熟悉，作为创造社的“小伙计”，两位年轻作家的文章都带点浓浓的火药味。文艺观点之争是一方面，关键在于文委同鲁迅与郁达夫组建左联之事，周毓英是有不同看法的。[22]但潘汉年以文委领导身份，在左联筹备阶段发点声音，对一些不负责任的言论给点批评，也能起到匡谬的作用。写完这篇文章，周毓英把自己3月出版的《最后胜利》送给潘汉年一本，请潘汉年赐教。《最后胜利》凡12万字，讲述两位来自外地农村的男女知识青年克西和莉蕾，有志于无产阶级革命事业，刚来上海不久就面临牢狱之灾，苦苦挣扎生存，同时在工人区开展地下革命斗争的故事。虽然这是一对年轻的青年,但小说确实摒弃了普罗文学"革命加恋爱"的写作范式,通篇都是艰难困苦的斗争叙事。《最后胜利》正好赶上了当时的城市革命风潮,或许是看了周毓英的这部创作小说,了解了作者的文艺观,潘汉年与周毓英的论争随即偃旗息鼓了。

这个时候,鲁迅正在参与中国自由运动大同盟和左联的筹建工作,同时也在同新月社梁实秋开展论战。对待身边的乐群书店和它的老板张资平,鲁迅本就没有什么好感。1928 年年底,鲁迅校完《奔流》最后一期,写《编校后记》中说:"我们有开书店造洋房的革命文豪,没有分田给农夫的地主——因为这也是'浅薄的人道主义';有软求'出版自由'的'著作家'兼店主,没有写信直斥皇帝的胡涂虫——因为这是没有用的,倒也并非怕危险。"[23]鲁迅写这篇文章的时候,乐群书店刚开办 4 个月,张资平"望岁小民居"的建造还在酝酿阶段,但鲁迅的这段话显然是针对他的。后看到乐群书店疯狂的逐利行为,1929 年 7 月鲁迅又写信给李霁野说:"这里的有些书店而兼作家者,敛钱方法直同流氓,不遇见真会不相信。"[24]针对《乐群》月刊第 12 期至道主编的《文坛消息》文章,1930 年 1 月,鲁迅在冯雪峰主编的《萌芽》月刊创刊号上发表《流氓的变迁》一文,指名道姓地指出"我在等候'革命文学家'张资平'氏'的近作"[25],再次对他能否成为真正的革命文学家提出质疑。4 月 1 日,鲁迅又在《萌芽》月刊以黄棘的笔名发表《张资平氏的"小说学"》一文对张资平小说进行严厉的批判,指责张资平小说创作的三角恋爱性质,有媚俗倾向,批评张资平小说追随者的盲目:"现在我将《张资平全集》和'小说学'的精华,提炼在下面,遥献这些崇拜家,算是'望梅止渴'云。那就是——△。"[26]鲁迅对张资平小说创作的评价可谓一针见血,其文化杀伤力无与伦比。但实事求是讲,1928 年下半年以来,尤其是 1929 年张资平的文化活动,确实是有向普罗文学方向努力的。当时张资平还没有明确的政治倾向，他同蒋介石集团没有多少瓜葛，如果把他团结在广泛意义上的左翼旗帜之下也未尝不可，但历史就是这样偶然和迷眩。

三

1930年开始，因为有陆一远这位“中山大学托派中国人当中最出色的理论家”[27]的参与，在北四川路左翼文化思潮的影响下，乐群书店表现出了更为激进的“左”倾色彩，更为注重社会科学理论书籍的出版。3月1日出版的《乐群》月刊卷头语里写道：

> 在过去，我们全年读过不少的所谓“普罗”文学和“革命”的文艺作品，有的只有普罗的外形而无革命的内容。我们的责任是要把外形与内容严格解剖起来。我们欲避去一切小资产阶级的狂热的漫骂，我们要消灭知识分子的革命的虚伪，在一九三〇年的开端，我们对于本刊的前途，只希望他能以唯物史观的“精神”来充实社会科学的内容，以社会科学的内容来填补文艺思想的基础。社会文艺思想之能否侵入群众，侵入群众后能否产生伟大的思想，这要看我们的努力。[28]

这看起来明显是倾情于无产阶级文艺的一种出版方针。但乐群书店真正不遗余力地出版社会科学译作的原因是为迎合“一般青年，又多喜新务奇，争相购阅”[29]的情况社会科学图书的市场需要，谋利是第一位的。与之前创作与社会科学论著并重的出版方针不同，这一年上半年，乐群书店开始批量出版社会科学理论译著，其中，陆一远译的《苏俄外交史》、章子健译的《马克思恩格斯农工同盟论》《马克思主义底哲学问题》、刘曼译的《有闲阶级经济学批评》《马克思主义经济学》《经济学批判》、刘斯伟译的《哲学与马克思主义》、黄逸群译的《中国产业组织与资本主义的发展》等都是这一时间具有较为经典特征的社会科学译著。

《乐群》月刊第13期发行后，乐群书店停止了《乐群》月刊的出版。为了回应鲁迅4月发表文章的指责，乐群书店于5月份改出《洛浦》月刊。《洛浦》谐音俄文“洛夫”，是个相当俄文化的名字。这个期刊的编辑者和发行者都是乐群书店，既没有《卷首语》，也没有《编后记》，所刊文章及其作者同《乐群》月刊一脉相承，只是透露出了一点更多的托派理论特征。相对于《乐群》月刊，《洛浦》月刊创刊号似乎简陋得多。但出人意料，月刊的最后部分，却接连刊出了阿Q的《从列宁到鲁迅》、周毓英的《中国普罗文学运动的危机》和张资平的《答黄棘氏》三篇重头文章，对鲁迅进行猛烈攻击，同时也指责文委吸引鲁迅加入左联具有私人帮派的性质。

张资平的《答黄棘氏》针对的是鲁迅的《张资平氏的“小说学”》，张资平恼羞成怒，满纸都是个人恩怨，但失却道义支撑，没有多少说服力。《从列宁到鲁迅》一文的核心思想是攻击文委联合鲁迅组成左翼文艺战线的策略，对鲁迅冷嘲热讽态度颇为生硬。此文的作者是一位参加了左联第一次全体盟员大会的左联盟员。从作者引经据典对鲁迅进行攻击的风格来看，很可能就是周毓英化名为张资平帮腔攻击鲁迅所为。周毓英的《中国普罗文学运动的危机》一文以根正苗红的“青年英勇斗士”自居，把参加左联的一些骨干作家说成是“登在宝殿上”的普罗作家和“资产阶级‘移交’过来”的注册的普罗作家，认为这些作家没有真正革命的自觉，占据了普罗文学运动的战场，却把青年英勇的斗士排除战场之外。对于文委联合鲁迅组成左联一事，他指责鲁迅参加左联是玩玩的，“没有革命的自觉，自然没有革命的意识，表现不出真正的革命的行动，于是虚伪的克已主义的行动也是革命的行动了”。[30]文章指责文委团结鲁迅、郁达夫等老作家组成左联是出卖原则，不是组织革命的力量，是为着营植个人的力量，是为个人植立反动的根基。“牺牲了主义，曲解误用真理……陷害，断送了中国整个的普罗文学运动。”[31]

对周毓英文章首先作出反映的是左联发起人之一、鲁迅朋友秋士(董绍明)。他迅速在5月21日左联机关旬刊《巴士底山》(第五期)刊发了《周毓英的广告术》一文,批判周毓英的假马克思主义与教条主义,揭露他的商人嘴脸与王独清般的托派言论。秋士指出,周毓英满嘴的“马克思主义”“列宁主义”“唯物辨证法”是上海滑头商人的广告术,因为他自己并不能真正理解这些内容。他标榜“《最后胜利》是马克思主义具体化尖锐化的斗争文学的长篇创作”,那完全是一种商业广告。他撰写的《中国普罗文学运动的危机》,满纸革命、主义,实际上是躲在马克思主义的虚伪曲解人——反对派之后所作的一篇令人作呕的文字,因为他自己并不明白中国革命的真相。文章尖锐地指出“在他的文章内,找不出一句理论实际的说活,骂人家右倾,根据是说不出,仅仅是指出有老作家参加最近产生的无产阶级文学运动,便是右倾”[32]。文章问周毓英,为什么不从左联运动的纲领及行动来检讨,只是唯心的空喊右倾左倾,周“子”的用心,究竟何在?

现在看来,秋士的文章也应是文委的态度。周毓英把自己与左联对立起来,以马克思主义理论权威和普罗文学正宗自居,不自我检讨,为老板帮腔,用种种措辞攻击组织的行为,肯定会引起组织的关注。因为《从列宁到鲁迅》一文涉及“普罗诗人”冯乃超,作为新当选的左联常委与左联第一届党团书记,冯乃超即时在6月1日出版的《新地月刊》上刊发《无产阶级文艺运动与左联成立的意义》一文,批评周毓英的“中国普罗文学运动危机”论。冯乃超指出谁不从文学运动的发展过程去理解左联成立的意义,他便不能理解中国无产阶级文学运动。用过去的小团体的对立来评价目前的运动,他便是宗派主义者。他说:“左联这个组纷犯了‘右倾’么,那末,请用事实来证明,用理论来批判。”[33]针对鲁迅加入左联一事,冯乃超说,我们谁都不能保证那一个人的过去与未来。谁能够在左联的旗帜下面,左联的纲领下面斗争,他就是左联的同志。不管他过去有过怎样的文艺观,只要他现在能够理解革命,理解社会变改的必然,能积极地替革命做工作,他就是革命文学团体左联的同志。最后,冯乃超指出,周毓英虽然满口革命的辞句,但实际上他连无产阶级文学运动的ABC也不懂。

四

这次左翼阵营内部的严厉反驳,周毓英再也没有写文章回答。余绪未尽之际,周毓英于6月份自费出版了《新兴文艺论集》,把自己"连新带旧只看了很少的三十来本文艺理论书"[34]写成的《马克思主义文学论》的两章收进集子,也把半年来同潘汉年论争双方的文章全部收进集子,附上《附言和驳注》,同时加了《我的自白》《磨盘下底悲鸣》两篇自传性文章,集成出版。在这本论集中,周毓英说他看过的左翼文艺理论译书,有两个共同的错误倾向:"第一是把无产文学误为'为无产阶级消遣品的文学';第二是把无产文学误为讴歌无产阶级的文学,有的是跳去一个时代提倡'社会主义'的文学。"[35]再次申明了自己的马克思主义艺术观:"文学没有本身的价值,她的价值是做无产阶级革命工具的社会价值,她是笼罩着全社会而参加无产阶级革命的。"[36],从现在的观点看来,周毓英虽然理论偏激,教条主义色彩严重,但他对马克思主义文艺理论还是作了一些当时条件下的个人思考的,持有这种文艺观的左联盟员也不止他一个。

周毓英同张资平的矛盾早在1929年下半年就因经济纠葛产生起来,根本原因是周毓英认为自己为书店辛劳太多却得不到回报。这年年底张资平邀请陆一远来乐群书店做编辑,周毓英埋头创作《最后胜利》不愿多做事是其中原因之一。因为《新兴文艺论集》的出版,张资平同周毓英的矛盾更加激化和公开化。之后不久,周毓英被迫离开乐群书店。"顺从着资平的意思,一切股款和版税等都不取现金，拿了一些书作抵，便算退出乐群书店了。”[37]

失去了周毓英的乐群书店，一下子没有了主心骨，出书量急剧萎缩，很快就萧条下来。事实上，《洛浦》创刊号出版后，乐群书店再也没有把它续办下去。1930 年下半年开始，国民党政府加紧了对于左翼书刊的查禁力度，由于上半年的激进色彩，乐群书店早已被国民党当局所关注。这年第三季度中，乐群书店就有 5 种图书被审查，向省吾译的布哈林《转形期经济学》被查禁。10 月之后，在中原大战中取得胜利的蒋介石集团，开始抽出时间和精力围剿红军，国民政府对左翼文艺运动的压迫日益严厉。1931 年 1 月 23 日，鲁迅写信给李小峰说“昨报又载搜索书店之事”[38]，乐群书店门市部即在这次被搜之列。到了 3 月，乐群书局终于被国民党江苏省高院第二分院查封，原因是出版“反动书籍”。但对于乐群书店来说，江苏省高院的查封并不是导致书店破产的唯一因素，因为法院对乐群书店的查封令因书业公会的申诉 2 个月就解除了，5 月份之后乐群书店又开始了出版活动。导致乐群停业的决定因素是乐群书店缺乏有能力的专职经理人来经营。张资平、陆一远[39]等人都是文化人，各自忙于自己的文化事业，加上 1930 年上半年上海各书店大肆出版社会科学理论书籍，导致社会科学译著漫溢为患销售不出去，这样，乐群书店就不可避免地走上破产道路。

五

乐群书店创办之初，其目的是“希望我们的著作家要自己独立，自己印卖自己的作品，不要再屈伏在书贾的脚下”。[40]但书店一旦创办，尤其是乐群书店这样由多个股东集股而成的书店，它就免不了拥有现代企业的种种特性——追求成本的最小化和利润的最大化，否则书店的经营就难有出路。发生在乐群书店与左翼文化阵营之间的系列事件，事实上与书店的企业经营没有多大关系，但它展示出来的却是左联成立前后一群以左翼文化人面目出现的机会主义者同真正无产阶级革命作家之间的较量。

不可否认,尽管“左”倾教条色彩严重,周毓英在左联成立前后对于普罗文学确实是作了一些努力的,不单在创作上,在理论上对马克思主义文艺也有一点自己当时条件下的理解,但这并不能遮盖其本人的机会主义本性。周毓英在书店里“同谁都合不来”,把个人的一点得失看得比什么都重,自然无法被乐群书店所容。陆一远来到书店不久,张资平就给周毓英下了逐客令。相对来说,因为《新兴文艺论集》中的坦诚态度,尽管马宁写信反对周毓英加入左联,但左联和潘汉年还是宽容的。周毓英脱离乐群书店之后,组织上以左联执委的身份把他安排到中央机关报《红旗》工作,在当时的条件下说明组织对他还有信任。尽管鲁迅对自己的盟员偏爱有加,始终在周毓英的问题上不着一字,但对这种以纸上极“左”面目出现的文艺青年的秉性,鲁迅早在左联成立大会发言中就有预见。1930年9月他写信给曹靖华说:“新的文人,都是一转眼间,忽而化为无产文学家的人,现又消沈下去,我看此辈于新文学大有害处。”[41]事实证明,鲁迅的说法是有洞察力的,秋士、马宁、冯乃超等人的眼光是正确的。《最后胜利》后集不但没有了下文,“左联五烈士”事件发生后,这位以无产阶级文艺“正宗”自居的周毓英,也因过不了无产阶级革命的艰苦生活,放弃责任信仰,参加民族主义文学,最终被左联开除,走上了左翼文化阵营的对立面,继而在日伪时期事敌,成了历史的罪人。

另一方面,鲁迅同张资平在乐群书店开展起来的这场笔墨官司,其论争的实质是在那样一个“转换”的时代,一个风雨飘摇的“大时代”,作家要不要承担社会责任,为广大贫困大众说话的问题。张资平作为一个体制外的知识分子,一个人肩负全家六七个人的生计,来上海后利用自己的专业能力开书店,搞创作,出任大学教职本身无可非议。但如果真正有志于左翼文化事业,他本也可像郭沫若和钱杏邨一样,为左翼文化、为苦苦挣扎中的贫困老百姓说说话，而不是以家累为借口推脱责任。他同鲁迅的这场笔墨之争，终因鲁迅对左翼文化事业的担当和无限忠贞，映衬出了张资平作为一位现代文化人人格的缺陷与操守的缺失——一会儿“普罗”，一会儿“民主”，一会儿“民族”。张资平在北四川路的这段日子，是最接近左翼文化的，但就是发生在乐群书店的这一系列事件，使得张资平迅速“疏离”了左翼阵营，加入第三党，再次回归到了创作市场化的胡编乱撰本性，走上了另一条道路。鲁迅与张资平之间的这场笔墨官司，并没有因乐群书店的倒闭画上句号，及至《申报》副刊腰斩张资平事件发生，两者的矛盾再次激化。

2019年3月20初稿，5月24日修订。

（中国左翼作家联盟成立大会会址纪念馆）

注释

① 鄂基瑞、王锦园:《张资平——人生的失败者》，复旦大学出版社1991年版，第32页。

② 周毓英:《记后期创造社》，原载1945年5月16日《申报月刊》，转引自《创造社资料》，福建省人民出版社1985年版，第799页。

③ 1929年乐群书店出版了陈豹隐的《经济学大纲》（译）、《科学的宇宙观》（译）、《经济现象的体系》（编）、《新政治学》（编）和陈勺水的《日本新写实派代表作集》（译）、《酱色的心》（著）、《高尔基回忆琐记》（译）等7部著作，其中《经济学大纲》（河山肇著）再版两次，及至1931年出版8000多册。陈豹隐和陈勺水是陈启修的两个笔名。

④ 张资平:《编后并答辩》，《乐群月刊》第一卷第2期，1929年2月。

⑤ 周毓英:《我的自白》，《新兴文艺论集》，上海胜利书店出版社1930年版，第180、181页。

⑥ 潘汉年:《内奸与周毓英》，《现代小说》第三卷第4期，1930年1月15日版，第339页。

⑦⑧《乐群》月刊（第十二期），1929年12月，第170页。

⑨《乐群》月刊(第十二期),1929年12月,第163—164页。

⑩《乐群》月刊(第十二期),1929年12月,第174页。

⑪ 北四川路的新宇宙书店是中国归国留学生托派活动的大本营,书店的负责人史唐、张师和陆一远均是从莫斯科中山大学遣散回来的托派分子,他们依托书店翻译出版了一大批托派理论著作。1929年12月中国第一个托派小组织“中国布尔什维克列宁主义反对派”,即是在上海陆一远家里召开成立的。张资平1928年4月到新宇宙书店出任编辑,之后认识了这批托派骨干。

⑫《编者随笔》,《现代小说》三卷一期,1929年10月,第27页。

⑬《乐群》月刊第十二期,1929年12月,第149、150页。

⑭ 同上,第151页。

⑮《乐群》月刊第十二期,1929年12月,第153页。

⑯ 周毓英:《校后》,《最后胜利》,上海乐群书店,1930年3月版,第2页。

⑰《乐群》月刊(第十二期),1929年12月,第153页。

⑱ 潘汉年:《普罗文学运动与自我批判》,《拓荒者》第一卷第二期,1930年2月10日,第780、781、782页。

⑲ 潘汉年:《内奸与周毓英》,《现代小说》第三卷第四期,1930年1月15日,第337、336页。

⑳ 潘汉年:《普罗文学运动与自我批判》,《拓荒者》第一卷第二期,1930年2月10日,第781页。

㉑《乐群月刊》第十三期,1930年3月1日,第167页。

㉒ 周毓英同郁达夫感情十分不和。1926年郁达夫从广州回上海整顿创造社出版部,周毓英逃婚企图追随周全平去接收创造社出版部北京分部工作,但遭郁达夫太太多次拒绝,身无分文,回上海时一度穷困潦倒。

㉓ 鲁迅:《〈奔流〉编校后记》,《鲁迅全集》第七卷,人民文学出版社2005年版,第172页。

㉔《鲁迅全集》第十二卷,人民文学出版社2005年版,第195页。

㉕ 鲁迅:《流氓的变迁》,《萌芽月刊》第一卷第一期,1930年1月1日,第185页。

㉖ 黄棘:《张资平氏的“小说学”》,《萌芽月刊》第一卷第四期,1930年4月

1 日。

㉗ 盛岳:《莫斯科中山大学与中国革命》,东方出版社 2004 年版,第 171 页。

㉘《乐群月刊》第十三期,1930 年 3 月 1 日版,第 2 页。1929 年是下半年是北四川路托派活动相当活跃的一年,作为归国留苏学生托派活动大本营的新宇宙书店,专注于托派理论。由于陆一远的关系,乐群书店的编辑出版方针深受其影响,1930 年前后乐群书店的出版方针已同其初创期相当不同。

㉙ 倪墨炎:《一份〈审查全国报纸杂刊物的总报拮〉》《现代文坛灾祸录》,上海书店出版社 1996 年版,第 173 页。

㉚ 周毓英:《中国普罗文学运动的危机》,《洛浦月刊》创刊号,1930 年 5 月 1 日,第 208 页。

㉛ 周毓英:《中国普罗文学运动的危机》,《洛浦月刊》创刊号,1930 年 5 月 1 日,第 208、209 页。

㉜《巴士底山旬刊》第一卷第五号,1930 年 5 月 21 日,第 12 页。

㉝ 冯乃超:《无产阶级文艺运动与左联成立的意义》,《新地月刊》1930 年 6 月 1 日,第 44 页。

㉞ 周毓英:《给乃超的信》,《新兴文艺论集》,第 79 页。

㉟ 周毓英:《给乃超的信》,《新兴文艺论集》,第 80 页。

㊱ 周毓英:《机会主义者与“文艺大众化”》《新兴文艺论集》,第 68 页。

㊲ 周毓英:《记后期创造社》,《创造社资料》下,福建人民出版社 1985 年版,第 799 页。

㊳《鲁迅全集》第十二卷,人民文学出版社 2005 年版,第 252 页。

㊴ 陆一远原是莫斯科中山大学第一期毕业生,1927 年底因参加莫斯科中山大学托派组织活动被遣返,他是“中国布尔什维克列宁主义反对派”全国总干事的宣传部长,主要精力在托派理论上。是一位学者型文化人,性格软弱,不久就退出了托派组织,追随张资平加入第三党。

㊵ 乐群书店同人:《另一种革命》,《乐群半月刊》创刊号,1928 年 10 月 1 日,第 2 页。

㊶《鲁迅全集》第十二卷,第 242 页。

漫谈《芒种》半月刊

张　阳

在20世纪30年代前期，有一本曾被时人誉为"与《人间世》《太白》鼎足而三……并且是专为了和《人间世》对垒而发刊的"[①]的小品文半月刊——《芒种》。它针砭时弊，借古讽今，是左翼文坛上的重要刊物。虽由徐懋庸、曹聚仁主编，且颇受鲁迅关心和支持，但数十年来，学界对《芒种》的研究兴趣和成果仍显寥寥。今年是左联成立90周年，本文拟以鲁迅与《芒种》半月刊为切入点，对左翼文学史上这一重要刊物作一些基础的史实梳理与分析。

一

《芒种》半月刊创刊于1935年3月5日，由徐懋庸和曹聚仁担任主编，编辑部设于上海市金神父路花园坊107号。1935年10月停刊，共发行二卷十一期（其中第一卷十期，第二卷一期）。第一卷一至八期由上海群众杂志公司发行，第一卷第九期起改由北新书局发行。

徐懋庸与曹聚仁在编辑《芒种》前就已因同住上海金神父路花园坊而交往甚密。据曹聚仁回忆，当年"我住107号，他住106号，每天傍晚就在前栏隔墙倾谈，每至夜半"。[②]曹聚仁欣赏徐懋庸的才华，认为他"是杂文作家中的一支健笔"[③]，其"犀利观察，和丰富的知识，可以成为第一流的批评家。他是研究唯物史观的人，作为新现实主义的批评家，并不在'冯雪峰'之下"。[④]

1935年初，上海群众杂志公司拟办一小品文刊物，其创始人方东亮因与曹聚仁有着多年的友谊[5]，遂请徐懋庸和曹聚仁合编，这本刊物就是后来被时人誉为与《人间世》《太白》鼎足而三的《芒种》。

据徐懋庸回忆，《芒种》这一名称产生于他任《太白》杂志编委会成员时：

> 在《太白》定名的次日，我忽然想起律历志上的二十四节气的名目，觉得其中的"惊蛰"和"芒种"等几个颇可作为刊物名之用。后与曹聚仁先生谈起，他也以为很好，而且特爱《芒种》这一个。但《太白》既已定名为《太白》，这个好名称可白想了，我们当时颇有一点惋惜之意，而实未想到真要办起一个《芒种》半月刊来。……直到最近，群众杂志公司要办一个刊物，请我和曹先生合编；我稍稍考虑了一下，就答应了，并且和曹先生商定，乘机就把《芒种》两字用了出来。[6]

《芒种》创刊号以一幅春牛图做封面，画中柳枝低垂，农夫赶牛耕耘，寓意夏交春别，秋收好年景。关于杂志的风格定位，徐懋庸称"现在的刊物除了一些低级趣味的，多取庄重严肃的态度……因此，我想另办一种态度比较放纵的刊物起来，让大家可以不必矜持，随便说话……"[7]。曹聚仁更是将《芒种》比作"丑角"，主张无视绅士的尊严，以小瘪三式的态度正面批判现实，希望它能"把光明面的袋儿和黑暗面的袋子一起翻给台下人看"，成为"使生旦们头痛的角色"。[8]

《芒种》提倡大众语，不仅与《太白》构成了左翼进行大众语运动的主要阵地；还注重对小品文即散文的宣传，投稿者有鲁迅、聂绀弩、乔木、姚雪垠、方之中、陈子展、沙丁、韩滔、盛公木、李辉英、林焕平等。刊登内容涉及大小评论、长篇论文、半月读报记、国外消息、文化界消息、历史小品、讽刺小品、随笔、诗歌、书评、游记、短篇小说、长篇小说、连环画图、木刻、写作、语录等。第九期改由北新书局发行后，《芒种》的编辑委员会成员更是调整为清一色的杂文家，包括黎烈文、周木斋、唐弢、魏猛克、夏征农、何家槐、曹礼吾、徐懋庸、曹聚仁等，以全力提倡富有现实性的、战斗的小品文。在与《太白》互动，和《人间世》及右翼刊物循环敌对、争辩中，《芒种》迤逦展露了左翼作家自觉交融文学兴趣与政治需要的探索和实践过程，是现代散文发展史上的重要刊物。

二

鲁迅先后在《芒种》上发表过四篇文章，分别是《〈集外集〉序》《从"别"字说开去》《徐懋庸作〈打杂集〉序》和《"题未定"草》（五）。翻看鲁迅日记和书信可以发现，鲁迅对《芒种》的关心和支持并不仅限于投稿，而是体现这本杂志刊行的多个方面。

1935年1月，徐懋庸致信鲁迅，请教是否有《春牛图》可用作《芒种》半月刊的封面。鲁迅复信道："《春牛图》我没有，也不知道何处可买，现今在禁用阴历，恐怕未必，有买处罢。"[⑨]虽复信如上，但鲁迅却把找寻《春牛图》惦记于心。2月初逛报摊有所发现后，随即致信徐懋庸："懋庸先生：偶在报摊上看见今年历本，内有春牛图，且有说明，虽然画法摩登一点，但《芒种》上似乎也好用的，且也连说明登上。"[⑩]这张随信附后的《春牛图》最终出现在了《芒种》创刊号的封面上。

1935年初，曹聚仁为《芒种》向鲁迅约稿。鲁迅回复："《芒种》开始，来不及投稿了，因为又在伤风咳嗽，消化不良。我的一个坏脾气是有病不等医好，便即起床，近来又为了吃饭问题，在选一部小说，日日读名作及非名作，忙而苦痛，此事不了，实不能顾及别的了。"[⑪]而此时，鲁迅的《集外集》正委托上海群众杂志公司出版。[⑫]为扩大《芒种》这一新刊的影响，曹聚仁在征得鲁迅同意后将

《〈集外集〉序》登在了《芒种》的创刊号上,以光篇幅。3月5日创刊当天,曹聚仁将《芒种》送至鲁迅手中,鲁迅邀其与家人、萧军等共进晚餐。[13]

此后,曹聚仁继续向鲁迅发出稿约。鲁迅曾回信:"《芒种》文极愿做。但现在正无事忙,所以临时能否交卷,殊不可必。在此刻,却正想能于下月五日以前寄出一篇。"[14]据鲁迅日记记载,3月31日,鲁迅完成了为徐懋庸《打杂集》作的序,并补完《从"别字"说开去》。次日便寄信曹聚仁,投稿《从"别字"说开去》,同时请曹聚仁转交致徐懋庸信及《打杂集·序言》。[15]这两篇后来都发表在了《芒种》上,《从"别字"说开去》登载于第4期,《打杂集·序言》刊印在第6期。1935年8月17日,鲁迅再次向《芒种》投稿《"题未定"草》(五)。这篇文章见于1935年10月5日《芒种》第二卷第一期即最后一期上。

鲁迅除在稿件上给予《芒种》以力所能及的支持外,在期刊的内容和发展上也给予过真诚的指导和建议。1935年4月10日,鲁迅致信曹聚仁称:"《芒种》三期也读过了,我觉得这回比第二期活泼些。广收外稿,可以打破单调,是很好的……"[16]而当《芒种》出版八期后,徐懋庸和曹聚仁拟将其改由北新书局出版,曹聚仁就此事向鲁迅请教。鲁迅也基于自身经历,在复信中表达了对北新业务能力的不信任:"北新书局发行起来,恐怕也是模模糊糊,供曹聚仁诸君研判。"在与增田涉的通信中,鲁迅还主动推介寄送过《芒种》,希望他知道"上海除了色情漫画之处,还有这种东西"[17]。

1935年10月5日,《芒种》在发行第二卷第一期后终因"销路欠佳"[18]停刊。虽然徐懋庸在创刊号上表达过自己平和的办刊心态:"《芒种》这个名称,我们虽然很爱它,却并不用以表示希望收获丰富之意。"[19]但这一曾经被寄予厚望、为反对林语堂而创办的刊物停刊,依旧令人惋惜。

三

在波诡云谲的20世纪上半叶,“革命与运动”一直是文学界争相解说且聚讼不已的话题。鲁迅称五四时期的作者为“文学革命者”,而20世纪30年代前后“阶级意识觉醒了起来,前进的作家,就都成了革命文学者”[20]。胡适则以1923年为界,将中国现代思想划分为“维多利亚思想时代”和“集体主义时代”两个时期。前者“从梁任公到新青年,多是侧重个人的解放”,在后一个时期,“无论为民族主义运动,或共产革命运动,皆属于这个反个人主义的倾向”。[21]在以徐懋庸为代表的左翼文学创作者看来,文学不应囿于纯文学领域,而应该成为一个现实的社会导向工具,能够呼应当下的政治与文化斗争态势,具有指向中国往何处去的作用。

在主编《芒种》杂志前,徐懋庸曾是《论语》和《人间世》的投稿人,然而其创作却频频受到林语堂编辑立场的掣肘。

> 《人间世》办起的时候,林语堂寄给我的约稿信中,原说是因为嫌《论语》的范围太狭,所以要另办一个较为宽广的小品文杂志,我以为这是好的,就答应撰稿,不过我写的是我自己的意思。谁知我的意思竟轶出了《人间世》的范围,那编者便常常给了“太革命了”“太那个了”等等的批语而删削我的稿件中的文句。[22]

因此,在《芒种》创刊号上,徐懋庸坦言想借此“给大家多一点说话的机会”[23]。《芒种》也的确以其批判辛辣的文风及丰富的刊行内容取得了较大的影响,业界一度出现“芒种种刺”式赞誉。曹聚仁顺势提醒道:“绅士们的外套要自己当心,不要挂在刺上,给裂开了。”[24]

通读《芒种》不难发现,这本刊物从刊名、《春牛图》封面,到活泼生动、亦庄亦谐的刊行内容，无不热切地呼应着20世纪30年代前后兴起的对农村题材热情礼赞的文学风潮。曹聚仁也在创刊号上直白地表明了《芒种》的目标受众及文化立场："……拖着这样一双泥草鞋，敢于踏进那富丽明洁的客厅书斋吗？然而也有人既没工夫坐在桌上打牌，睡在床上抽烟，也没这样雅兴坐在书斋里吟哦，又没机会背着书包上洋学堂念书，这样，《芒种》就准备塞在他们的袋里了，褶皱惹污都不要紧，反正不是什么仿宋精印的。"[25]

很显然，《芒种》将其读者预设为被压迫的劳苦大众。基于我国庞大的劳工群体，这一定位本应该为其赢得广泛的受众。然而令人遗憾的是，《芒种》不仅刊行期间的影响力远谈不上与其"对手"《人间世》齐轡并进，最后还以更早停刊的方式退出文坛。以笔者的后见之明看，《芒种》的销量欠佳或许与其对于目标受众——"拖泥草鞋"群体智识能力和经济水平的错误考量有关。

鲁迅在《文艺的大众化》一文中说过："读者也应该有相当的程度。首先是识字，其次是有普通的大体的知识，而思想和情感，也须大抵达到相当的水平线。否则，和文艺即不能发生关系。"[26]我国虽然自清末便开始推行通识教育，但因平民教育和经济基础薄弱、战乱频仍，直至20世纪40年代末文盲率仍高达80%左右。[27]对于未接受过教育的底层劳工群体而言，不识字是他们阅读的最大障碍。同时，《芒种》上频繁出现的形而上的文艺讨论，诸如《文学与科学》《艺术创作上的意识问题》《论浪漫主义》等，也大大超出了劳工群体的认知范围。对此，茅盾曾直言不讳："说一句扫兴的话，中国的读者界，倘使除了'坐在桌上打牌，睡在床上抽烟'的公子哥儿，'坐在书斋里吟哦'的'士大夫'之流，'背着书包上洋学堂念书'的青年而外，再要找读者，那么最大的对象恐怕就是前任的'洋学堂念书'的学生而现在则分散在各种职业界的青年；如果《芒种》认真要找'拖泥草鞋'的看客，'拖泥草鞋'的朋友们一看封面倒还合意，翻开封面却又觉得仍然是秀才相公的酸话罢哩。”[28]

其次,从可支配收入方面看,上海底层劳工群体事实上也缺乏购买文艺期刊的经济能力。以收入较为稳定的产业工人为例,1935年上海工人平均每月工资仅12.988元,平均每日实际收入0.572元。家庭收支相抵后普遍存在亏空,需通过各种名目的借贷来弥补。[29]可想而知,其余收入不稳定劳工群体的经济窘迫程度。因此,曹聚仁所谓的读者将《芒种》塞进口袋、不管褶皱惹污,或许更像是对“拖泥草鞋”群体的诗意描述,而不是基于现实的考量。广大劳工群体既在客观上缺乏阅读《芒种》的知识水平和购买《芒种》的经济实力,也在主观上缺少看文艺期刊的动机,《芒种》的销路欠佳便也不难理解。

根据邓集田的研究,晚清民国时期文学期刊速生速朽,约有75.6%的文学期刊存活时间不超过一年。[30]照此看来,《芒种》的成绩显然不能算差。虽然只刊行了七个月,但《芒种》通过绾合《人间世》的幽默和《太白》的严肃,以婉讽的方式揭露社会黑暗面,在左翼文学史和现代散文史上留下了难以磨灭的印记。在二十四节气中,芒种前后正值农事忙碌之时,收获与播种并存,辛劳与希望相交。鲁迅谓杂文“第一是使中国的著作界热闹,活泼;第二是使不是东西之流缩头;第三是使所谓‘为艺术而艺术’的作品,在相形之下,立刻显出不死不活相”。[31]而《芒种》的意义即在于此。

注释

① 朱潜:《从〈人间世〉到〈芒种〉》,《清华副刊》第43卷第8期,1935年,第19页。

② 曹聚仁:《谈徐懋庸》,《听涛室人物谭》,生活·读书·新知三联书店2007年版,第159页。

③ 曹聚仁:《我与我的世界》,人民文学出版社1983年版,第405页。

④ 陈敬之:《三十年代文坛与左翼作家联盟》,台北成文出版社1980年版,第

124页。

⑤ 福尔:《文坛通讯:曹聚仁与群众杂志公司老板》,《礼拜六》第610期,1935年,第184页。

⑥ 徐懋庸:《编辑的话(一)》,《芒种》创刊号,1935年,第3页。

⑦ 徐懋庸:《编辑的话(一)》,《芒种》创刊号,1935年,第3页。

⑧ 曹聚仁:《编辑的话(二)》,《芒种》创刊号,1935年,第4页。

⑨ 鲁迅:《致徐懋庸》(19350117),《鲁迅全集》第十三卷,人民文学出版社2005年版,第347页。

⑩ 鲁迅:《致徐懋庸》(19350207),《鲁迅全集》第十三卷,第377—378页。

⑪ 鲁迅:《致曹聚仁》(19350129),《鲁迅全集》第十三卷,第364页。

⑫ 见鲁迅:《致曹聚仁》(19341213)、《致杨霁云》(19341214),《鲁迅全集》第十三卷,第293—294页。

⑬ 见1935年3月5日鲁迅日记,《鲁迅全集·日记》第十六卷,人民文学出版社2005年版,第520页。

⑭ 鲁迅:《致曹聚仁》(1935329),《鲁迅全集》第十三卷,第425页。

⑮ 见1935年3月31日、4月1日鲁迅日记,《鲁迅全集》第十六卷,第524—525页。

⑯ 鲁迅:《致曹聚仁》(19350410),《鲁迅全集》第十三卷,第435页。

⑰ 鲁迅:《致增田涉》(19350323),《鲁迅全集》第十四卷,第349页。

⑱《芒种将停刊》,《文化前哨》第1卷第2期,1935年,第56—57页。

⑲ 徐懋庸:《编辑的话(一)》,《芒种》创刊号,1935年,第3—4页。

⑳ 鲁迅:《〈草鞋脚〉(英译中国短篇小说集)小引》,《鲁迅全集》第六卷,人民文学出版社2005年版,第21页。

㉑ 胡适日记(19331222),曹伯言整理:《胡适日记全编》(6),安徽教育出版社2001年版,第257页。

㉒ 徐懋庸:《打杂集·作者自记》,转引自王尔龄:《"左联"时期的徐懋庸》,《聊城师范学院学报》(哲学社会科学版)1987年第1期,第84—85页。

㉓ 徐懋庸:《编辑的话(一)》,《芒种》创刊号,1935年,第3页。

㉔ 曹聚仁:《芒种种刺》,《芒种》第1卷第6期,1935年,第203页。

㉕ 曹聚仁:《编辑的话(一)》,《芒种》创刊号,1935年,第4页。

㉖ 鲁迅:《文艺的大众化》,《鲁迅全集》第七卷,人民文学出版社2005年版,第367页。

㉗ 李华兴主编:《民国教育史》,上海教育出版社1997年版,第807—808页。

㉘ 惕若(茅盾):《杂志"潮"里的浪花》,《文学(上海1933)》第4卷第5期,1935年,第775—776页。

㉙ 张忠民:《近代上海工人阶层的工资与生活——以20世纪30年代调查为中心的分析》,《中国经济史研究》2011年第2期,第8—11页。

㉚ 邓集田:《中国现代文学的出版平台——晚清民国时期文学出版情况统计与分析(1902—1949)》,华东师范大学博士学位论文,2009年,第77页。

㉛ 鲁迅:《徐懋庸作〈打杂集〉序》,《鲁迅全集》第六卷,人民文学出版社2005年版,第302页。

在左联“文艺大众化”旗帜下的文学创新
——以周文为例

谢 明 曾 婵

1930年代，以鲁迅为首的中国左翼作家联盟（下称“左联”）倡导的文艺大众化运动，倡导文艺为工农大众服务，直接催生了大众文艺，对毛泽东《在延安文艺座谈会上的讲话》和毛泽东文艺思想的形成发展产生了较大的影响，对现代和当代文学艺术的创作繁荣影响持久而深远。

一、“文艺大众化”方针的提出

2019年是五四运动一百周年，我以为，在中国现代史上影响深远的左翼文化与文学运动的萌发、发展与壮大，是五四精神影响的结晶与延续。

五四运动前后，以鲁迅为代表的新一代知识分子，认识到“凡是愚弱的国民，即使体格如何健全，如何茁壮，也只能做毫无意义的示众的材料和看客。要救中国，必须改变他们的精神，拯救国民的灵魂”。[①]为此，陈独秀、李大钊、胡适、鲁迅等人发起了新文化运动，新文化运动最主要的标志是白话文的广泛推广。这也可以说是“文艺大众化”的先声。

1927年第一次大革命失败后，国民党反动派在加紧对革命根据地进行军事围剿的同时，也加强了对国统区实行文化“围剿”。为了进一步唤起民众的革命热情，一大批革命作家和文艺工作者先后提出了“革命文学”“无产阶级文学”等概念和论争。革命文艺运动的发展及其由于论争而暴露出来的弱点，引起中共中央的重视，从而加强了对文艺工作的领导，帮助和引导革命作家成立联合的团体。在筹备过程中，左联就认为“目前文学运动的任务”“最重要的有三点”中是“新文艺理论的建立。”[②]1930年，在左联成立的前一天，鲁迅先生发表了《文艺的大众化》，提出“文艺本应该并非只有少数的优秀者才能鉴赏，而是只有少数的先天的低能者所不能鉴赏的东西”。[③]3月2日，在“左联”成立大会上，鲁迅先生作了题为《对于左翼作家联盟的意见》的讲话，第一次提出了文艺要为“工农大众服务”的方向。1930年8月4日，“左联”执委会通过《无产阶级文学运动新的情势及我们的任务》，号召“左联”“全体盟员到工厂到农村到战线到社会的地下层中去”，“这样，我们的文学才能够从少数特权者的手中解放出来，真正成为大众的所有”。[④]至1931年11月，“左联”执委会通过《中国无产阶级文学的新任务》的决议，明确“中国无产阶级文学必须确定新的路线。首先第一个重大的问题，就是文学的大众化”“只有通过大众化的路线，即实现了运动和组织的大众化，作品、批评以及其他一切的大众化，……才能创造出真正的中国无产阶级革命文学，”[⑤]并从文学创作的题材、方法、形式、体裁等等，都提出了明确的要求和努力的方向。在此前后，鲁迅、瞿秋白、冯雪峰等人还以马克思主义理论为武器，对“民族主义文艺运动”“自由人”“第三种人”等资产阶级文艺观点进行了批评，对国民党当局的反动文艺政策进行了批判和斗争。他们很重视文艺大众化的问题，先后在《大众文艺》《拓荒者》《文学导报》《北斗》等报刊发表文章，展开热烈讨论，形成很有声势的文艺大众化运动，尤其瞿秋白在1932年《文学》第1卷第1期发表的《普洛大众文艺的现实问题》，从大众文艺“为什么写”“写什么东西”“用什么话写”“怎么去写”“要干些什么”等五个方面对大众文艺的题材、体裁、语言、内容、创作原则和当时的任务，全面系统地进行了阐述。至此，我认为，“文艺大众化”方针趋于成熟。

二、“文艺大众化”作品内容的开拓

中国左翼文艺兴起初期，领一时风骚的是革命罗曼蒂克小说创作，蒋光慈、洪灵菲、阳翰笙等“革命+爱情”“性+政治”类题材风靡一时。为此，《中国无产阶级文学的新任务》的决议第一点就要求，“作家必须注意中国现实生活中广大的题材，尤其是那些最能完成目前新任务的题材”。[6] 1932 年，周文发表的《文艺的形式与内容》明确指出，要创作“为大众所懂得的文艺”“首先要把内容平凡化，要写出真正的大众生活”。[7]在左联的倡导下，文学家的视野宽阔了，题材也变得广泛了。1935 年 8 月 11 日，萧三在给左联的信中，对左联成立五年多来创作的题材虽然有所不满，认为其在写“工人领导农村革命及反帝反封建”等“差不多完全没有”，但也总结出左联作家在“反帝”“反战争”“农民文学”“苏维埃运动”“无产阶级世界观的成长”[8]等题材方面有了较大的突破，在创作方面取得巨大成就。革命作家在左联刊物和其他进步刊物上发表了大量作品，鲁迅的《故事新编》、他和瞿秋白的杂文、茅盾的《子夜》《林家铺子》、柔石的《二月》、丁玲的《水》、艾青的《大堰河，我的保姆》、夏衍的《包身工》，以及巴金的《家》、老舍的《骆驼祥子》、曹禺的《雷雨》《日出》、蒋光慈的《咆哮了的土地》、张天翼和叶紫等人的小说、田汉和洪深等人的剧作、中国诗歌会诸诗人的诗歌，都以其思想上艺术上新的拓展，显示了左翼文艺的成绩，产生了广泛的影响。在左联的培养下，涌现了周文、沙汀、艾芜、叶紫、蒋牧良、艾青、蒲风、聂绀弩、徐懋庸等一批文学新人。他们给文坛带来许多生气勃勃的作品，成为 1930 年代文坛上活跃的力量。

作为左联最重要的作家之一，周文是鲁迅先生指出的“文艺大众化”之路的坚定执行者。他不但从理论上加以充实，更是在创作上践行理论。

在理论上，周文先后用王刚和司马疵等笔名发表了《内容与形式：文言文—白话文—大众语—方言土语—罗马字》《建设“大众语”并不反对“白话文”》《再论建设“大众语”并不反对“白话文”》《建设大众语不应该放松了反对复古运动》《什么是大众语》等文章，对“文艺大众化”从语言、形式等方面进行了探讨。鲁迅先生逝世后，他又写作了《鲁迅先生与文艺大众化》等文章，希望广大文艺家继续沿着鲁迅开拓的大众化的道路继续努力。在延安，他还创办了大众读物社和《边区群众报》《大众习作》，为文艺大众化提供了平台。为了总结文艺大众化运动的成果，他写作了《大众化运动历史的鸟瞰》《大众化的写作问题》等文章，并编辑发行了论文集《大众化工作研究》，从文艺大众化的内容、形式、方法、技巧等方面进行了深入的探讨。

在文学创作中，周文力戒左翼文学中常见的那些毛病——满嘴口号，观念先行，内容单薄，人物脸谱化，狂热，教条，偏执，功利，廉价的浪漫主义，空洞的鼓动宣传，甚至直接用文学来组织群众发动革命……他在《〈在白森镇〉后记》中说：“一个忠实于现实的作者所应该遵守的一个创作上的铁则，就是：应该写他自己所熟悉的生活和人物。”周文熟悉川康边境、康藏高原那“边荒地方”的大山和风霜雨雪的景象，熟悉“边荒一隅的人”，特别是那些“戍边”的“老边兵”和背茶包的脚夫，那些争权夺利的大小军官。他利用这种优势，写熟悉的生活，写市井百态，写眼里的中国——雪域高原、羊肠古道、险关狭谷，挑夫马帮、军阀土匪、山民烟客，家族倾轧、同仁暗斗、帮派火并、青年知识分子的追求、家庭伦理……作品有血有肉，没有意识形态的痕迹，他真实地写出他少年时代熟悉的军阀部队生活，对人性的贪婪、自私和残酷都有很深入的洞察。正因为这样，周文为中国现代文学留下了《救亡者》《山坡下》《在白森镇》《烟苗季》《父子之间》《分》《多产集》《爱》《周文短篇小说集》

等一大批内容独特、风格迥异的周文式小说,为后代留下了一幅幅二十世纪二三十年代独特的社会生活画卷:

“第一个背茶包子上来的人不当心,马上就看见他把拐子抛在空中,仰翻着背上的茶包翻了一个又一个的筋斗就滚下深不见底的深谷迷雾底下去。老头子走到这上面,如果遭受不着,纵不致飞下崖,但马上你可以看见他眼珠子一怔,胡子下面的嘴唇就立刻乌白,一缩一缩地露着齿,像是笑嘻嘻,直直地就躺到雪地上了。暴风平静后,就有乌鸦们来啄去他的眼珠,豹子们来啃去他心脏。”(《茶包》)

小说《第三生命》把具有“双枪”“声誉”四川军阀部队稀奇古怪的战争场面写得活灵活现,又令人哭笑不得,真可谓“世界战争史上的奇观”:

“那边的兄弟!我们这边有白米饭呵,过来么!”这边这么说。

“我们这边有腊肉呢,你们过来好了!”那边又这么说。

“弟兄,讲好的呵!等老子们抽口烟呵!不要开玩笑呵!”

“好的,抽好了。”

大家于是躺着抽了起来。如果谁先抽足了,就把枪端好,瞄着桥那边的烟灯,叭……!就可以登时听见两方都乱嚷起来了。

“妈的!要打么!”

于是噼啪噼啪又开始。(《第三生命》)

在鲁迅鼓励下,周文创作的成名作《雪地》,结合他早年在川康军阀部队谋生,目睹、体验乱世军旅曲折生活的经历,暴露了军阀的腐败和吏治的黑暗。同有少年军旅经历的作家沈从文、呼兰河畔的萧红在题材开拓方面也都有了崭新的突破。1934年,美国伊罗生想要编一本中国的短篇小说集《草鞋脚》并译成英文,请鲁迅帮助选编,鲁迅就选了《雪地》。在向伊罗生介绍左翼文学的新进作家时,鲁迅推荐的第一个人就是周文。

三、"文艺大众化"作品形式的创新

以"左联"为核心的无产阶级文学运动十分重视创作方法和形式的革新,"作家必须成为一个唯物的辩证论者"[⑨],主张社会主义现实主义与浪漫主义相结合,注意创造"典型环境中的典型性格","在发展中、运动中去认识和反映现实","把为人类的更好的将来而斗争的精神灌输给读者",这是"为大众的文学"[⑩]。

为了使文艺能够为大众所接受,许多人都主张采用大众所熟悉的旧形式。瞿秋白则认为,在旧形式中应加入新成分。他说:"革命的大众文艺在开始的时候必须利用旧的形式的优点——群众读惯的那种小说诗歌戏剧,——逐渐的加入新的成分养成群众的新的习惯,同着群众一块儿去提高艺术的程度。"[⑪]鲁迅在《论"旧形式的采用"》一文中指出既不能一味搬用旧形式,也不能全盘加以否定。他认为:"旧形式的采取,必有所删除,既有删除,必有所增益,这结果是新形式的出现,也就是变革。""左联"执委会通过《中国无产阶级文学的新任务》的决议明确要求:"作品的体裁也以简单明了、容易为工农大众所接受为原则。现在我们必须研究并且批判地采用中国本有的大众文学,西欧的报告文学,宣传艺术,壁小说,大众朗读诗等等体裁。"[⑫]因此,包括鲁迅在内的左联作家,也写了一些大众文学作品,如鲁迅的《好东西歌》《南京民谣》,瞿秋白的《东洋人出兵》《上海打仗景致》等。

1920年代至1930年代,普罗大众识字的人不多,文化水平还相当低,“一般的县份,一百个人中,难以找到一个识字的人,有些县份(如华池、盐边等)里两百个人中只能找到一个识字的”。[13]在一个底层民众受教育程度低且普遍难以接受贵族化的文艺作品时,文艺不但要内容大众化,形式的大众化更有必要。周文认为,“一个文艺工作者,最要紧的是要注重他的技术”,“如果作者描写的技术不好,纵有一个好的内容也会被他白糟蹋了”。[14]

作为大众文艺的倡导者和实践者,周文以鲁迅“拿来主义”的精髓,充分利用旧瓶装新酒的作用,灵活运用民众喜闻乐见的旧形式“装新酒”。他采用章回小说形式,将苏联作家法捷耶夫的长篇小说《毁灭》和绥拉菲莫维支的长篇小说《铁流》分别改编成缩写通俗本。将四川民间文学整理,注入全新的思想和内容,依照民间文学样式改编成为儿歌、童话、民歌、民谣、唱本,以通俗易懂的白话文形式发表,编录成《民间文学》《四川民歌》,受到了民众的欢迎。刊发在《文艺后防》的《民歌四首》广为流传,唱本《血印和尚》出版后再版发行。

在文学创作形式方面,周文的小说,有浓郁的地方特色,广泛地运用心理描写,时时闪烁出讽刺的火花,形成了别具特色的小说风格,特点主要有三。

一是“速写”“杂糅性”体裁。“速写”不是严格意义上的小说,而是“为适应特殊的社会需要的杂糅性文体”[15],兼具新闻的真实、准确和小说的生动、传神。在《多产集》的序言中,周文写道:“这里收集的十五篇是前年去年和今年杂凑起来的一点微薄的东西。如果全都说他是‘速写’也可以。”作品《在军需室》《无题》两篇“速写”便是典型。

二是平实的叙说方式,如小说《红丸》《烟苗季》《山坡下》等,以平实自然的笔触,生活化的描写与对话,展示一幕幕人生的场景。小说《赖老太婆》(后改名《山坡下》)中先是叙述了赖老太婆在军阀们的战火马上就要烧到村子里来了,在逃与不逃的紧迫问题上，她和儿子媳妇的看法不同。随着战乱的来临，她的心理发生了变化。开始时，她反对全家人逃走。实在没法时，她让儿子们走，儿子、媳妇、孙子都走了，受到炮火教训之后她这才产生后悔："唉，我怎么要让他们走呵，连拉我一把都没有一个人！"等到她的大腿被炸断，她才绝望。继而小说这样描写：

> 可是就在这同时她面前正出现一群成千的黑色大蚂蚁，在向着她手上的血红小腿奔来，在小腿的脚管骨边，正有两个大黑蚂蚁在那儿凸出的一块碎肉边转圈子。那碎肉周围的血水还是湿腻腻的，两个蚂蚁的细脚便洗澡似地在里面乱动，染成亮亮的红色。……赖老太婆市委两耳嗡的一声，牙齿一咬，眼前顿时变得黑暗，高高伸出去的两手向地上一搭，惨白的脸便慢慢地搁在地面，鼻尖埋在土里。

周文对赖老太婆死亡过程的描写，冷峻中弥漫着冷酷，从而达到无声讨伐军阀、咒骂不义战争的目的。周文研究专家李浩认为，"这种平实的叙说有时会形成一种具有原始态冲击力的自然叙说。"诚然如此！[16]

三是侧重通过心理描写和对话来完成人物形象的塑造。小说《冬天到春天》，通过对主人公秀青和流峰细腻的心理刻画，塑造了追求进步的男女青年不同的个性；《薛仁贵征东》里的老农民宗伯伯，连年不断的天灾人祸，使他由村里的积极分子、活跃分子，一变而为神经麻木的人：

> 人家问他：
> "宗伯伯，你今年种了多少田？"
> 他只是懒懒地坐在门槛上怔着两眼答道：
> "唉。"

“宗伯伯,陈艾水医什么病?”
“唉。”
“宗伯伯,今年的天气不好吧。”
“唉。”

哀莫大于心死。心冷了,心死了,则世间一切也与他无关了。

四、“文艺大众化”作品的语言创新

“左联”执委会通过《中国无产阶级文学的新任务》的决议明确要求作家:“必须用工人所听得懂以及他们接近的语言文字,在必要时容许使用方言。”[17]“文艺大众化”运动提倡的语言创新,笔者认为是“文艺大众化”运动最重要的贡献。

1930年,在《文艺大众化》一文中,鲁迅指出“倘若此刻就要全部大众化,只是空谈”。他认为,“读者也应有相当的程度。首先是识字,其次是普通的大体的知识,而思想和感情,也许大抵达到相当的水平线。否则,和文艺即不能发生关系”。[18]在鲁迅这儿,“大众”并非铁板一块,而是依其知识水平的不同,可以分为不同的层次的。“大众”的文化素质不可能在很短的时间内迅速提高,尤其是这些“大众”还处在饥寒交迫的时代。因而,首先是文艺适应大众,而不是大众适应文艺。“左联”重要作家的家庭背景主要有两类:一是破落家庭;二是农民。左联作家出生的这样一个阶层,决定了“左联”作家天生就和社会下层比较接近,对于社会下层的痛苦与悲惨生活比较同情,也掌握社会底层的语言。瞿秋白更是利用他在党内的特殊地位,要求左翼作家“都用现代中国活人的白话来写,尤其是新兴阶级的话来写”。[19]作为左联的组织部长,周文自然受到瞿秋白的影响,认为“大众化通俗化的工作,最主要的是语言问题”。[20]要求语言要通俗,要符合群众的阅读趣味,要向大众学习活的语言。在大众读物社任社长期间,周文经常要求编辑把待发的稿子念给一个不识字的伙夫听,等到他完全听懂了,才让他发排。

在文学创作中,周文往往通过简洁的语言,就能恰如其分地刻画出鲜明的人物形象。如《一幢房里》仅仅通过一个片段的对话,就生动地揭示了一个妓女的惨状和那个靠妓女赚钱生活的男人的横蛮和凶残:

> “哼!他没有另外给你钱吗?这骗不了我的耳朵?拿出来!”
>
> “没有!”女人斩钉截铁的叫着。“妈的!你真的不拿出来?”
>
> “没有!”
>
> “你再敢说一句‘没有’看!”
>
> “没有就没有!”
>
> “你妈的!——咚……”
>
> “哎呀!我的妈呀……!”

在延安期间,周文与丁玲、雷加、刘白羽、吴伯箫等一起参加劳动,周文在散文《生产日记》中朴实、口语化地记述了大家争先恐后干活的场面:

> 我的锄头又被一个同志抢去了。大家都说,工具太少了,这样不行的,太耽搁了时间,请生产委员无论如何要赶快设法再买些锄头来。雷加说:“我们不要抢,分班来,十五个人分为三班,一班一班的来,每次五分钟。”大家都赞成,于是就照这样的次序工作起来,每五分钟一到,第二个班的同志就抢上前去夺下锄头来。

这样的语言,既没有学生腔,又没有欧化句式,也没有故意追逐俗语土话,就把所要表达的事件描述得明白如话,这实在是高超的语言艺术。它不是迎合大众,而是通过自己的文章潜移默化地提高大众,所以"周文的确是一位清醒的有主见的大众化的宣传家"。[21]

还要一提的是,作为大众化文艺运动的领导者与实践者之一的周文在文学的根本问题与原则问题上,都继承了"五四"新文学的精神。他提出文学要面向大众,要使用"活"的语言,而且还利用自身在边区政府的领导地位,完成了公文改革。今天,我们能够有比较完善的公文写作体系,有比较口语化的公文,我们得感谢大众化文艺运动,感谢周文的不懈努力。

1941 年,周文在《大众化运动历史的鸟瞰》中对"文艺大众化"运动进行了总结式"鸟瞰",提出文艺大众化的中心意义就是"应该以大众的意识为意识""应该学习大众的世界观和世界感使之成为自己的东西"。[22]一年之后的 1942 年 5 月,毛泽东在《在延安文艺座谈会上的讲话》中明确指出:"什么叫做大众化呢?就是我们的文艺工作者的思想感情和工农兵大众的思想感情打成一片。而要打成一片,就应当认真学习群众的语言"[23]周文的大众化见解与毛泽东的讲话精神是相当吻合的。由此也可见到,文艺大众化运动,对于毛泽东文艺思想的形成有一定的影响,对中国现当代文学艺术繁荣发展的作用是不可磨灭的。

注释

① 鲁迅:《呐喊·自序》,《鲁迅全集》第一卷,人民文学出版社 1981 年版,第 439 页。

②《上海新文学运动者底讨论会》,1930 年 3 月 1 日《萌芽月刊》第一卷第三期。

③⑱ 鲁迅:《文艺的大众化》,1930 年 3 月 1 日《大众文艺》第二卷第三期。

④ “左联”执委会:《无产阶级文学运动新的情势及我们的任务》,1930年8月15日《文化斗争》第一卷第一期。

⑤⑥⑨⑫⑰ “左联”执委会:《中国无产阶级文学的新任务》,1931年11月15日《文学导报》第一卷第八期。

⑦⑭ 周文:《文艺的形式与内容》,《安徽学生》1932年第1卷3期。

⑧ 萧三:《给左联的信》,《中国现代文学运动史料摘编》(上册),北京出版社1985年版,第252页。

⑩ 周起应(周扬):《关于“社会主义的现实主义与革命的浪漫主义》”,《中国现代文学运动史料摘编》(上册),第262—265页。

⑪ 瞿秋白:《关于革命的反帝大众文艺的工作》,《文学导报》第1卷第6、7期合刊。

⑬《陕甘宁边区政府工作报告(28—30)》,《再论周文》,中国文联出版社,2005年8月第1版,第44页。

⑮ 朱晓进:《政治文化与中国二十世纪三十年代文学》,北京人民出版社2006年版,第322页。

⑯ 李浩:《周文画传》,上海社会科学院出版社2007年版,第66—67页。

⑲ 瞿秋白:《大众文艺的问题》,《文学月刊》1932年第1期。

⑳ 周文:《大众化的写作问题》,《大众化工作研究》,陕甘宁边区新华书店1941年版。

㉑ 刘建勋:《周文与延安文艺大众化》,《人文杂志》1997年第6期。

㉒ 周文:《大众化运动历史的鸟瞰》,《再论周文》,中国文联出版社2005年版,第49页。

㉓ 毛泽东:《在延安文艺座谈会上的讲话》,《毛泽东著作选读》,人民出版社1986年版,第527页。

鲁迅与左联中共党员的交往初探

高方英

鲁迅与左联的关系一直是中国现代文学研究的一个焦点，也是一个重点，研究的成果非常丰硕。笔者计划从人物交往这方面着手，特别是左联中的积极分子、重要成员——中国共产党党员与鲁迅的交往为切入口，试图对鲁迅与左联的关系有一个整体性的概况并对一些问题作进一步的研究探讨。

笔者之所以能够做这样的整理研究，是基于众多的左联成员在20世纪下半叶陆续有很多的回忆文章发表，提供了第一手的史料。还在于已经有很多学者在左联研究方面取得了很大的成就，站在前人的肩膀上，希望可以就鲁迅与左联中共党员这个切入点进行资料梳理，明晰其关系发展的脉络以及对中国现当代文学的影响。

鲁迅与左联中共党员的交往不仅仅局限于见面交谈，有的素未谋面却已经心心相通，有的虽然经常见面但却尽在不言中。据史料整理和不完全统计，鲁迅至少与64位左联中共党员有过交往，并且都有具体事例。左联是中国共产党直接领导的第一个文艺团体，研究鲁迅与左联中共党员的交往能够主要把握鲁迅对左联的情感以及左联对鲁迅的依赖，从而了解鲁迅对于中国共产党的态度，了解鲁迅对于中国无产阶级革命文学的作用。

一

第一，从年龄看，这64位左联成员的年龄与鲁迅相差是比较大的。和鲁迅年龄相差最小的是杜国庠，笔名林伯修，他们之间相差8岁；然后是郭沫若，他们之间相差11岁；其次是茅盾、萧三，他们之间相差15岁；再次是田汉，相差17岁；瞿秋白，相差18岁。这几位尚与鲁迅属于同一个世纪，即19世纪出生的人，而其他同志则都是属于20世纪的小青年了，但他们却都是左联的中坚力量，左联正是由这么多年纪比鲁迅要小一个辈分至两个辈分的相对鲁迅来说是青年和小青年组成的。左联成立时，鲁迅49岁，即将近知天命之年。而与鲁迅交往的左联主要成员中，如党团书记们的年龄与鲁迅相差也很大。据周国伟《"左联"组织系统史实考》一文和王锡荣《"左联"与左翼文学运动》"左联的组织系统"一章，可获知左联共有六任党团书记，具体情况如下：左联的第一任党团书记是冯乃超，比鲁迅小20岁；第二任是冯雪峰，比鲁迅小22岁；第三任是阳翰笙，比鲁迅小21岁；第四任是钱杏邨，比鲁迅小19岁；第五任是丁玲，比鲁迅小23岁；第六任是周扬，比鲁迅小27岁。

从年龄差距来说，鲁迅被这帮青年人尊为"导师"，或者被贬为"落伍者"都是正常的，他们之间关于文艺理论和思想方面会产生分歧或者彼此理解上有误差也都是正常的。

左联成立前，鲁迅与年轻文艺工作者们在文艺思想和文艺理论上有统一，同时也有分歧。这些分歧在1928年开始的"革命文学论争"中得到了集中呈现。1928年至1929年，鲁迅、茅盾等人与创造社、太阳社率先展开了关于无产阶级革命文学的论争，创造社元老成仿吾作《从文学革命到革命文学》发表于1928年2月《创造》月刊，正式揭开了这场论争的序幕。《洪水》《北新》《文学周报》《语丝》《流沙》《战线》《洪荒》《文化批判》《新月》《摩登》

《现代文化》《思想》《山雨》《文艺生活》《泰东月刊》等期刊都纷纷刊载关于无产阶级革命文学论争的文章。论争在整个文艺界引起了强烈的反响,进一步扩大了无产阶级革命文学的影响。论争也激起了文艺工作者们的好奇心和热情,广泛而集中地学习苏联文艺理论,学习无产阶级革命精神,学习无产阶级革命文艺思想。由此,以苏联文艺理论为主的无产阶级革命文艺理论在中国广泛传播,并且从模糊、概念化、生搬硬套逐渐向清晰、准确、因地制宜的方向发展,不断消化和吸收。

冯雪峰在《回忆鲁迅》中也特别提到了 1928 年创造社、太阳社等与鲁迅的文学论争。冯雪峰在《无轨列车》杂志上发表了题名为《革命与知识阶级》的文章。鲁迅看到后是觉得反感的,并怀疑冯雪峰是创造社一派的。鲁迅与魏金枝、潘汉年、蒋光慈、冯乃超等也是在这次"革命文学论争"中开始彼此关注和交往的。从附表中可见,魏金枝比鲁迅小 19 岁,潘汉年比鲁迅小 25 岁,蒋光慈比鲁迅小 20 岁,冯乃超比鲁迅小 20 岁。20 岁的年龄差距,意味着成长时代、生活环境、个人经历、社会阅历、政治环境等的不同,这些都促成了各人对同一事物、同一境遇、同一思想、同一理论产生不同认知,从而产生不同的见解。

第二,左联成立标志着中国共产党领导的第一个文艺团体团结在鲁迅身旁,以鲁迅为主将、导师,开始进行革命的文艺活动。在中国共产党的指示下,在中共党员坚决有力的执行下,中国左翼作家联盟于 1930 年 3 月 2 日成立,简称"左联"。这标志着鲁迅与这批青年人为着发展中国无产阶级革命文学这个目标而团结起来,共同奋斗。1930 年 9 月,全国左翼文化总同盟成立。在联席会议上出席的团体有:左联、左翼艺术家联盟、左翼戏剧家联盟、社会科学家联盟、书店店员协会、社会问题研究会、文艺研究会。据左联国际代表萧三撰写的《十五年来的中国革命文学》一文可知,至 1931 年 11 月,上海已经有 12 个左翼文艺团体,人数约在 200

人上下。萧三说:“最伟大而最有权威的一个中国作家,被称为中国的契诃夫的鲁迅,曾经有过一个长时期怀疑有在中国创设一种普洛文学的必要,在整个的1925—27年的革命中,他总是与革命运动远离的;1930年初,他才完全转向普罗列塔利亚,成为中国左联的一个建立者与指导者。”[①]

无独有偶,关于左联与鲁迅的关系,冯雪峰在《回忆鲁迅》中也作出相似的论断,他认为:“说鲁迅是‘左联’的首脑和当时革命文化战线的主帅和主将,并非说说的话,而是根据事实的评定。因为实际上,那时候在上海的我们的党中央,也只是通过了我们这些年轻的党员来执行党的领导的,而我们却都是一些不仅很少政治斗争的经验,而且马克思列宁主义的理论以及关于文学艺术的知识也是都非常薄弱和幼稚的人。那时候,大概说来,我们这些人唯一可取的,只是都还比较地纯洁,相当勇猛,很有些所谓‘乳犊不畏虎’的气概。我相信,鲁迅先生喜欢我们的,也就是这一层。”[②]从鲁迅与左联成员的年龄来看,冯雪峰的分析是有道理的。再细细品读鲁迅与这些左联青年之间的交往事迹,我们都将发现,冯雪峰的论断是准确的。

当然,鲁迅能够在这一团体中起到很大的指导作用,具有很大的影响力,也离不开当时中共中央的决策,更不能忽略积极执行这一决策的党员。

在“无产阶级革命文学论争”中,潘汉年、冯雪峰听从党中央的指示,及时团结鲁迅,与太阳社、创造社商谈。当时的“文委”(中央文化工作委员会)第一任书记潘汉年主要负责左联的筹备工作,他指派已经与鲁迅建立了友谊的冯雪峰具体与鲁迅商谈筹备左联。并且,他还当面向鲁迅道歉,作自我批评。当左联成立时,潘汉年代表党在左联成立大会上讲话,即后来发表在《拓荒者》第1卷第3期上的《左翼作家联盟的意义和任务》[③]。文中指出:“在这样一个阶段上的文学运动——无产阶级的文学运动,无疑义的它应当加紧完成革命斗争的宣传与鼓励的武器之任务!”这是1930年代无产阶级革命文学的一大特征。这是和鲁迅的无产阶级革命文学思想相吻合的。

第三,左联的成立表明鲁迅与中国共产党的文化方针一致。从附表中也可以看出,这些中共党员在左联成立后,与鲁迅一起编杂志、出版左翼书刊、从事左翼文学和艺术活动,其文化宣传与当时中共的社会政治活动方向一致。《左翼作家联盟消息》一文中提到“左翼作家联盟除派代表参加五一筹备总会,一方面组织分会以外,并发动以下种种纪念五一的活动:一,召集上海各左翼杂志联合出版纪念五一的号外;二,发表五一宣言;三,漫画研究会出版五一画报;四,制作五一歌”。[④]

“五一”的种种行动鲁迅虽然没有直接参与,但应该可以视作鲁迅认可中共党组织、认可中共的文化政策、愿意以自己的文化优势与青年党员们一起担负起社会的责任,以文艺为武器进行抗争,共同发展无产阶级革命文艺事业。事实上,鲁迅培养了大批的左翼文学青年和热忱的艺术学徒,其中是左联中共党员的如附表所示。另外要特别提出的是,鲁迅与冯雪峰在“左联五烈士”牺牲后迅速出版了《前哨》“纪念战死者专号”,这是鲁迅与左联党团书记冯雪峰一起编辑出版的左联机关刊物,也是鲁迅以实际行动公开表示对国民党反动派的愤懑、抗议以及对战死者的沉痛悼念。在这期杂志上,不仅发表了诸如《为国民党屠杀同志致各国革命文学和文化团体及一切为人类进步而工作的著作家思想家书》《中国左翼作家联盟为国民党屠杀大批革命作家宣言》这样的吼声;而且发表了鲁迅自己的战斗檄文《中国无产阶级革命文学和前驱的血》。这是作为左联成员的鲁迅与中共党员采取的一致行动,也是作为长辈的文学大师鲁迅为尚未成名的文艺小辈们所作的纪念与抗争。

冯雪峰回忆说:“他晚年的著作最深刻和充分地反映着那十

年的人民革命斗争，其中也就明显地反映着我们党的领导所给他的思想上的影响。但是，达到了这种关系，当然就有实际的接触和联系。鲁迅先生没有加入我们党；主要的是他参加了我们党所策动和领导的人民团体，经由在人民团体中工作的个别党员同他来往，一面把我们党的意见传达给他，一面向他请教，同他商量。同时，在和他接近而且取得了他相当深的友谊的青年中也有共产党员，于是经过这种党员的联系，也使他和我们党的关系更容易地密切起来；例如我就是起这种作用的党员之一。此外，跟我们党的个别著名人物的友谊的接触，也增加了党和他之间的密切关系，例如他同瞿秋白同志的往来。”⑤的确，鲁迅在上海的十年，文学创作呈现的政治色彩最为鲜明；鲁迅在上海的十年，参加了多个革命性的社会团体，营救革命同志，怒斥国民党反动派……这些都是与以往不同的。那么为什么会有如此变化呢？我想除了鲁迅自身的因素外，也与冯雪峰所提到的鲁迅与中国共产党的接触、与中共党员的交往有密切关系。

第四，年龄差距也是后期左联成员思想与鲁迅分歧的原因之一。1936年，鲁迅在《答徐懋庸并关于抗日统一战线问题》一文中第一次提出“四条汉子”的称谓。鲁迅《答徐懋庸并关于抗日统一战线问题》，其中描写道：“胡风我先前并不熟识，去年的有一天，一位名人约我谈话了，到得那里，却见驶来了一辆汽车，从中跳出四条汉子：田汉、周起应，还有另两个，一律洋服，态度轩昂，说是特来通知我：胡风乃是内奸，官方派来的……”“周起应”即周扬，这里的“一位名人”指夏衍，有嘲讽之意，也是被鲁迅称为“四条汉子”的人之一，另一位是阳翰笙。《答徐懋庸并关于抗日统一战线问题》一文中，鲁迅明确表达了对周扬的反感：“而对于周起应之类，轻易诬人的青年，反而怀疑以至憎恶起来了。”

在同一阵营内，不可避免地也会存在着一些矛盾。鲁迅也曾对当时的一些左联中共党员、进步作家进行过尖锐的批评，但无论出发点还是批评方式，跟他对敌人的批判和斗争是截然不同的。鲁迅在《答徐懋庸并关于抗日统一战线问题》中，又以茅盾、郭沫若为例，说明自己同他们“或相识，或未尝一面，或未冲突，或曾用笔墨相讥，但大战斗却都为着同一的目标，决不日夜记着个人的恩怨”。这其实正是他对待无产阶级革命阵营内部矛盾的态度。

周扬曾说：“我们在处理同鲁迅的关系问题上有过差错，但我们是革命者。我们这一些人当时虽有不少人已经是共产党员，但思想上政治上还不成熟，有这样那样的缺点错误，但是对革命是忠诚的，坚决的。在这一个基本点上，我们和鲁迅是站在一条战线上的，是革命的同志。我们曾经有过对鲁迅不够尊重的地方，鲁迅对我们中的一些人，包括我在内，也曾有过批评和指摘，但我们之间这种革命同志的关系，却是基本的，这是历史事实，并将被历史所继续证明。”⑥

二

鲁迅与左联成员的交往，其实早在左联成立之前就开始了。与鲁迅初次交往最早的左联成员、中共党员是茅盾。鲁迅与茅盾的交往是从《小说月报》开始的。茅盾1920年底接任《小说月报》主编，他开始积极向鲁迅约稿。鲁迅日记1921年4月11日记：“得伏园信，附沈雁冰、郑振铎笺。”这大概是两人通讯的开始。鲁迅译作《近代捷克文学概观》《疯姑娘》《战争中的威尔珂》《小俄罗斯文学略说》先后发表于《小说月报》“被损害民族的文学”专刊，支持茅盾的编辑工作。

鲁迅翻译了俄国阿尔支拔绥夫的小说《幸福》，并在1920年12月1日出版的《新青年》第八卷第四号上发表后，茅盾在《新文学研究者的责任与努力》一文中说：“不朽的译本一定是具备这些条件的，也惟是这种样的译本，有文学的价值。……以我个人的眼光看来，周作人先生所译柯罗连科（Korolenko）的玛加尔的梦和古卜林的晚间来客、鲁迅先生译的阿尔支拔绥夫（Artzybashev）的《幸福》，……是可以作个代表的。”[⑦]鲁迅的译作《工人绥惠略夫》陆续发表于1921年《小说月报》第十二卷第七至十二期（第十期未载）。1922年7月号的《小说月报》最后一页上，沈雁冰有意识地引导读者对《工人绥惠略夫》展开讨论。鲁迅小说《端午节》发表于1922年9月出版的《小说月报》第13卷第9号上，此后还有《社戏》《在酒楼上》等作品交《小说月报》发表。

茅盾的长篇小说《子夜》初版时，茅盾第一时间赠送鲁迅。据鲁迅日记，1933年2月3日："茅盾及其夫人携孩子来，并见赠《子夜》一本，橙子一筐，报以积木一合，儿童绘本二本，饼及糖各一包。"沈雁冰和夫人及孩子到鲁迅家做客，将刚刚印出的《子夜》亲自送给鲁迅，而其版权页上标明的出版时间是1933年4月[⑧]，可见，两人的关系非同一般。鲁迅对茅盾这部著作多有赞誉。1933年2月9日鲁迅致曹靖华的信中说："但我们这面，亦颇有新作家出现，茅盾作一小说曰《子夜》（此书将来当寄上），计三十余万字，是他们所不能及的。"1933年12月给吴渤的信中，再次提到《子夜》。不仅鲁迅对《子夜》的评价这么高，其他评论文章也都是赞誉不断。《子夜》出版面世的当年，就有评论这样称赞："于形式既能趋近于大众化，而内容尤多所表现中国之特性，所以或者也简直可以说是中国的代表作。"[⑨]据1933年《出版消息》报道："茅盾近作《子夜》，销数之惊人，超出意外，闻只上海复旦大学一处，十天内共售去四百本，按复旦学生共有一千余人，平均每三人购一本《子夜》云。"[⑩]

在反对法西斯的侵略战争中，两位文学大师也是并肩奋斗，不仅用他们的笔，进行着民族抗争的社会活动。1932年"一·二八"事变中，日军对上海市民大肆虐杀，闸北一带几成焦土。2月4日，鲁迅与茅盾、叶圣陶、胡愈之等43人联名发表《上海文化界发告世界书》，坚决抗议日军的侵略暴行。1933年9月，世界反对帝国主义战争远东会议在上海举行，鲁迅捐款资助，并与茅盾、田汉等知名作家联名发表宣言，坚决反对法西斯的侵略战争。1936年10月1日，鲁迅与茅盾、郭沫若、巴金等21位文化界人士联名发表宣言，号召全国文艺界为抗日救国而联合起来。鲁迅与茅盾在中国无产阶级革命的文化事业中并肩奋斗，他们的文学活动、社会活动和由此建立的深厚友谊是值得我们深入研究的。

左联党团书记冯雪峰与鲁迅的交往，不仅密切了鲁迅与左联的联系，也使鲁迅的文艺思想、文化主张在左联中得到很好的渗透。冯雪峰在《回忆鲁迅》中说："1928年12月的一天晚上，柔石带我去见了鲁迅先生，从此我就跟鲁迅先生接近，一直到他逝世之日为止。"[11]这是冯雪峰继北京时期之外的又一次拜见。拜见的原因是向鲁迅先生求教马克思主义文艺理论著作日本文译本上碰到的疑难。据冯雪峰1951年《党给鲁迅以力量》的片段回忆可知，当时鲁迅"并不知道我是共产党员；而且当初我也并不是承受党的意思去找他的。那时我初到上海，还没有和党的负责文艺上领导工作的同志接上关系；我当时发动编辑一个马克思主义文艺理论的翻译丛书，也是我个人自动搞的，所以我就抱着同鲁迅先生商量这丛书以及请他帮助我解决在翻译上碰到的疑难的目的，由柔石介绍去见他的。"[12]当时冯雪峰正酝酿编辑的翻译丛书就是之后与鲁迅共同编辑出版的"科学的艺术论"丛书。其实鲁迅与冯雪峰的交往可以追溯到1926年。当时冯雪峰翻译的日本短篇小说《花子》在鲁迅主编的《莽原》第11期上发表。而后，冯雪峰的散文《月灾》、诗歌《朋友的信》、译文《新俄文坛的现势漫话解说》等，也先后都在《莽原》杂志上发表。他们的第一次见面是1926年8月5日。《鲁迅日记》1926年8月5日有："晚冯君来，不知其名。"的记载。据冯雪峰1974年2月26日给包子衍的信可知，1926年8月冯雪峰和潘漠华等人想创办一个刊物，想请鲁迅介绍给北新书局，于是冯雪峰于8月5日拜访鲁迅。[13]结果未能如愿。

在之后多次触到彼此心灵的交谈和实际行动中，鲁迅和冯雪峰惺惺相惜，成为了彼此的真朋友。

1929年，冯雪峰与鲁迅同住景云里，交往更为密切，两人一起参加中国左翼作家联盟的筹备。1931年起，冯雪峰任“左联”党团书记、中共上海文化工作委员会书记。为抗议国民党杀害左联五作家和其他革命志士的暴行，鲁迅与冯雪峰等秘密编印了《前哨》“纪念战死者专号”。1931年4月20日，编完《前哨》“纪念战死者专号”后，鲁迅与冯雪峰两家合影留念。《鲁迅日记》1931年4月20日：“午同广平、海婴、文英及其夫人并孩子往阳春馆照相。”即为此。

《十字街头》是左联机关刊物之一，由鲁迅和冯雪峰主编，是发表实事、文艺的综合性刊物，仅存在三期，从1931年12月11日创刊，1932年1月5日停刊。为了尽量避开国民党对出版物的审查和对左翼文艺工作者的迫害，在此刊刊头下，只印出了第几期和出版时间及通讯处，却没有编辑者和出版者。鲁迅确实支持和领导了这个刊物，报头“十字街头”四个字，是鲁迅题写的，同时鲁迅还发表了多篇文章。如《沉滓的泛起》（它音）、《知难行难》（佩韦）是在第一期发表的；《“友邦惊诧”论》（明瑟）是在第二期发表的；《关于小说题材的通讯》（L·S）、《“非所计也”》（白舌）等则发表在第三期上。而鲁迅先生那几篇著名的讽刺打油诗：《好东西歌》《公民科歌》《南京民谣》《“言词争执”歌》，均刊于《十字街头》，其中三篇署名“阿二”。

随着两人在工作中的交往越来越多，生活中的来往也日益密切。1932年，冯雪峰赠送给鲁迅一座玻璃绿罩台灯；1933年，据鲁迅日记3月12日载“夜雪峰来并赠火腿一只”。鲁迅53岁生日时，又赠送给鲁迅一支康克令金笔；相应的，鲁迅也经常邀请冯雪峰及其夫人一起到饭店吃饭，或到家里用餐，给冯雪峰家赠送礼物。如1930年10月6日《鲁迅日记》载：“是日为旧历中秋，煮一鸭及火腿，治面邀平甫、雪峰及其夫人于夜间同食。”又，《鲁迅日记》1931 年 4 月 4 日“午请文英夫妇食春饼。”鲁迅日记中的文英即冯雪峰。1931 年 5 月 8 日日记载“下午同增田、文英及广平往上海大戏院观《人兽世界》。”1931 年 10 月 15 日日记载“夜邀方璧、文英及三弟食蟹。”1933 年 9 月 22 日，日记载：“是日旧历八月三日，为我五十三岁生日，广平治肴数种，约雪方夫妇及其孩子午餐，雪方见赠万年笔一枝。”雪方即冯雪峰，万年笔即日语自来水笔，指的就是上文提到的康克令金笔。

左联成立后，由附表可见，与鲁迅交往的左联中共党员来自五湖四海，其唯一的共同特征是参加了左联。这是鲁迅对左联信任的一个表现，他将左联视为自己的“阵营”，即中国无产阶级革命文学阵营。鲁迅在《中国无产阶级革命文学和前驱的血》中说：“这一面固然在证明他们是在灭亡中的黑暗的动物，一面也在证实中国无产阶级革命文学阵营的力量，因为如传略所罗列，我们的几个遇害的同志的年龄，勇气，尤其是平日的作品的成绩，已足使全队走狗不敢狂吠。”⑭

冯雪峰在谈到鲁迅与瞿秋白的关系时提到：“两人的接近开始于 1931 年下半年，在这以前他们没有见过面。他俩的相互认识和接近，是因为有一个左联，而秋白同志来参加领导左联的工作，并非党所决定，只由于他个人的热情；同时他和左联的关系成为那么密切，是和当时的白色恐怖以及他的不好的身体有关系的。”⑮又提到：“最初我把秋白同志对于鲁迅先生从日本文译本转译的几种马克思主义文艺理论著作的译文的意见，转达给鲁迅先生的时候，鲁迅先生并不先回答和解释，而是怕错过机会似地急忙说：‘我们抓住他！要他从原文多翻译这类作品！以他的俄文和中文，确是最适宜的了。’鲁迅先生说这话时的兴奋和天真的情态，我实在无法形容，但总之我以为这正足以说明鲁迅先生的精神。接着，又平静地说：‘马克思主义的文艺理论，能够译得精确流畅，现在是最要紧的了。'"[16]1931年10月,鲁迅的《毁灭》译稿以"三闲书屋"名义再版。瞿秋白看到鲁迅译《毁灭》出版后十分高兴,即于1931年12月5日用J.K.署名致函鲁迅,表示敬贺:"敬爱的同志,你译的《毁灭》出版,当然是中国文艺生活里面的极可纪念的事迹。翻译世界无产阶级革命文学的名著,并且有系统的介绍给中国读者,……这是中国普罗文学者的重要任务之一,……应当认为一切中国革命文学家的责任。每一个革命的文学战线上的战士,每一个革命的读者,应当庆祝这一个胜利……所以我也许和你自己一样,看着这本《毁灭》,简直非常的激动:我爱它,像爱自己的儿女一样。"[17]

瞿秋白出生于江苏常州,1917年秋考入北京俄文专修馆学习,1920年8月,被北京《晨报》和上海《时事新报》聘为特约通讯员到莫斯科采访。鲁迅与瞿秋白的交往从翻译开始,关系逐渐密切。杨之华回忆文章《秋白和鲁迅》有这样的记述:"有一次我和秋白坐了黄包车在夜里两点钟到鲁迅家,因为车夫速度有快慢,一个拉到他家的前门,一个拉到他家的后门,以至同时敲着他家的前后门。进屋后我们深愧惊动了鲁迅,感觉非常不安。但是鲁迅安然的接待我们,又一次替我们找房子,又一次送书和笔给我们。"[18]事实上,瞿秋白夫妇曾经四次到鲁迅家里避难,与鲁迅夫妇建立了深厚的友谊。鲁迅日记1932年9月18日"得文尹信并赠海婴金铃子壹合,叫呱呱二合,包子一筐。"文尹是杨之华的笔名。1932年12月9日,鲁迅日记载"下午维宁及其夫人赠海婴积铁成象玩具一合"。积铁成象玩具是铁材制成的可搭成各种形象的玩具。鲁迅对它这样命名,是非常贴切的。"我仔细一看,匣盖面呈黄色,里为白色,何先生还亲自以清晰秀丽的笔迹,按顺序写明零件的名称,各有多少种,多少件,连有多少颗螺丝、螺母都写得一清二楚,毫无遗漏。"[19]1932年12月11日夜晚,在上海北四川路拉摩斯公寓3楼4室,鲁迅设家宴招待客人。据当天的《鲁迅日记》载:

"治馔六种邀乐扬、维宁及其夫人夜饭，三弟亦至。""维宁"，即瞿秋白，而"乐扬"则是冯雪峰。这次家宴应该是特意为瞿秋白夫妇饯行的。此时，瞿秋白夫妇在鲁迅家中避难已近一个月，继续住下去恐怕不安全。于是，陈云代表党组织，到鲁迅家中将瞿秋白夫妇接出转移到别处。

1933 年春，鲁迅录清人何瓦琴句"人生得一知己足矣，斯世当以同怀视之"书赠瞿秋白，表达相知相惜之情，落款洛文。1935 年 5 月 14 日鲁迅致曹靖华信中提到："闻它兄大病，且甚确，恐怕很难医好的了；闻它嫂却尚健。"正如鲁迅所担忧的，1935 年 6 月 18 日，瞿秋白在福建长汀英勇就义。瞿秋白牺牲后，鲁迅就与郑振铎、茅盾等人商议编印他的遗文。1935 年 9 月 11 日，鲁迅在致郑振铎信中说："关于集印遗文事，前曾与沈先生商定，先印译文。现集稿大旨就绪，约已有六十至六十五万字，拟分二册，上册论文，除一二短篇外，均未发表过；下册则为诗，剧，小说之类，大多数已曾发表。草目附呈。"这就是瞿秋白译著《海上述林》出版的背景。这一通信足可见鲁迅为朋友之事用心良苦。也正是这种彼此坚贞的友谊才催生了《鲁迅杂感选集》《海上述林》这样的著作。

瞿秋白牺牲后，杨之华在中共驻共产国际代表团的安排下前往苏联。杨之华出国后三个月音信全无，鲁迅十分挂念。1935 年 12 月 19 日，他在致当时在苏联工作的曹靖华信中说："史兄病故后，史嫂由其母家接去，云当旅行。三月无消息。兄如与三兄通信，乞便中一问，究竟已到那边否。"这里的史兄指瞿秋白，史嫂指杨之华，三兄指萧三，他当时是中国左联驻莫斯科国际革命作家联盟代表，鲁迅因此希望曹靖华向萧三打听杨之华近况。杨之华得知鲁迅没有收到自己的信件后，委托朋友辗转从法国寄给鲁迅一信。鲁迅收到信后，马上于 1935 年 12 月 23 日把这消息转告了茅盾："顷已接到密斯杨由那边（法国寄出）的来信，内云：'曾发两信,收到否?也许此信比那两封可快一些。'的确,那两封还未到。此外是关于取物件的事。身体是好的,但云有些胃痛。"鲁迅日记1936年7月曾分别于1日和17日有"得文尹信"的记录。文尹即指杨之华。并且7月2日有"得文尹寄石雕烟灰皿二个,亚力舍夫及密德罗辛木刻集各一本"。鲁迅逝世后,杨之华写下了《回忆敬爱的导师——鲁迅先生》,刊登在巴黎《救国时报》上,表达了深切的悲痛。

鲁迅交往的左联中共党员的数量多,地域广。他们的交往时间不仅局限在左联成立及以后,其中至少有16人在左联成立之前就开始与鲁迅交往,占鲁迅交往总人数的25%。左联是由中国的青年文艺工作者为主体与鲁迅结合组成的,它是无产阶级革命文学发展的基础和内在需要。左联的成员有的是鲁迅故交;有的是鲁迅学生;有的是文学论争的对手,团结起来为无产阶级革命文学共同奋斗;有的是鲁迅的粉丝,慕名而来……故而左联的文艺思想、文艺方针也是鲁迅文艺思想与文艺理论的体现,这也是为什么鲁迅对某些左联同志进行严厉批评指正的原因所在,鲁迅是将左联视作自己社会工作的一部分。左联是鲁迅主动组织起来的革命文艺阵营,左联所取得的文学成就离不开鲁迅的悉心指导和热情帮助。鲁迅与左联中共党员的交往及其文学活动,使无产阶级革命文学理论在中国引起了大范围的共鸣,从而孕育了举世瞩目的中国左翼文学。

附表:与鲁迅交往的左联中共党员统计简表[20]

序号	姓　名	籍贯	出生(年)	初次交往时间	入党时间
1	茅　盾	浙江	1896年	1921年	1921年
2	孙席珍	浙江	1906年	1923年	1926年
3	王冶秋	安徽	1909年	1925年	1925年
4	柔　石	浙江	1902年	1925年	1930年

（续表）

序号	姓　名	籍贯	出生(年)	初次交往时间	入党时间
5	冯雪峰	浙江	1903年	1925年	1927年
6	王任叔	浙江	1901年	1926年	1926年
7	魏金枝	浙江	1900年	1927年	1926年
8	应修人	浙江	1900年	1927年	1925年
9	潘汉年	江苏	1906年	1927年	1925年
10	蒋光慈	安徽	1901年	1927年	1922年
11	楼适夷	浙江	1905年	1927年	1926年
12	郭沫若	四川	1892年	1928年	1927年
13	冯乃超	广东	1901年	1929年	1928年
14	殷　夫	浙江	1910年	1929年	1927年
15	阳翰笙	四川	1902年	1929年	1925年
16	张天翼	湖南	1906年	1929年	1927年
17	钱杏邨	安徽	1900年	1930年	1926年
18	冯润璋	陕西	1902年	1930年	1924年
19	胡也频	福建	1903年	1930年	1930年
20	李伟森	湖北	1903年	1930年	1922年
21	田　汉	湖南	1898年	1930年	1932年
22	夏　衍	浙江	1900年	1930年	1927年
23	朱镜我	浙江	1901年	1930年	1928年
24	李一氓	四川	1903年	1930年	1925年
25	杜国庠	广东	1889年	1930年	1928年
26	洪灵菲	广东	1902年	1930年	1926年
27	沈起予	四川	1903年	1930年	1930年前

（续表）

序号	姓　名	籍贯	出生（年）	初次交往时间	入党时间
28	潘漠华	浙江	1902年	1930年	1926年
29	冯　铿	浙江	1907年	约1930年	1929年
30	段雪笙	贵州	1901年	1930年	1925年
31	丁　玲	湖南	1904年	1931年	1932年
32	胡一川	福建	1910年	1931年	1933年
33	沙　汀	四川	1904年	1931年	1927年
34	艾　芜	四川	1904年	1931年	1928年加入缅甸共产主义小组
35	李岫石	四川	1911年	1931年	1931年
36	瞿秋白	江苏	1899年	1931年	1920年
37	陆万美	云南	1910年	1932年	1943年
38	周　扬	湖南	1908年	1932年	1927年
39	张松如	河北	1901年	1932年	1938年
40	王志之	四川	1905年	1932年	1933年
41	潘炳皋	河北	1908年	1932年	不详
42	叶以群	安徽	1911年	1932年	1932年
43	陈　沂	贵州	1912年	1932年	1931年
44	周　文	四川	1907年	1933年	1933年
45	叶　紫	湖南	1912年	1933年	1930年
46	任　钧	广东	1909年	1933年	1933年前
47	黄新波	广东	1916年	1933年	1928年
48	陈企霞	浙江	1913年	1933年	1933年
49	白　兮	上海	1910年	1933年	1937年

（续表）

序号	姓　名	籍贯	出生（年）	初次交往时间	入党时间
50	葛　琴	江苏	1907 年	1933 年	1926 年
51	魏猛克	湖南	1911 年	1933 年	1935 年前
52	草　明	广东	1913 年	1933 年	1940 年
53	郑育之	广东	1913 年	1933 年	1934 年
54	任白戈	四川	1906 年	1934 年	1926 年
55	吴奚如	湖北	1906 年	1934 年	1925 年
56	萧　三	湖南	1896 年	1934 年	1922 年
57	金肇野	辽宁	1912 年	1934 年	1939 年
58	萧　军	辽宁	1907 年	1934 年	1948 年
59	彭柏山	湖南	1910 年	1934 年	约 1932 年
60	聂绀弩	湖北	1903 年	1934 年	1934 年
61	戴平万	广东	1903 年	约 1935 年	1924 年
62	王尧山	江苏	1910 年	1936 年	1931 年
63	许　杰	浙江	1901 年	1936 年	1927 年
64	罗　烽	辽宁	1909 年	1936 年	1929 年

注释

① 萧爱梅:《十五年来的中国革命文学》,江鸿译,发表于 1936 年《泡沫》第一卷。原文最初发表于 1934 年《国际文学》第五号。萧爱梅即萧三。

② 冯雪峰:《回忆鲁迅》,上海鲁迅纪念馆编《回忆鲁迅在上海》,上海书店出版社 2017 年版,第 126 页。

③ 据陈子善:《关于潘汉年在左联成立大会上的讲话》,《中国现代文学研究丛刊》1990 年 2 期。

④《萌芽月刊》1930 年第 1 卷第 5 期。

⑤ 冯雪峰:《党给鲁迅以力量》,上海鲁迅纪念馆编:《回忆鲁迅在上海》,第 148 页。

⑥ 周扬:《学习鲁迅,沿着鲁迅的战斗方向继续前进》,《人民日报》1980 年 2 月 27 日。

⑦ 茅盾(署名“郎损”):《新文学研究者的责任与努力》,《小说月报》1921 年第 12 卷第 2 期。

⑧ 茅盾《子夜》实际出版时间是 1933 年 1 月,参见吴海发《关于〈子夜〉的初版时间》,《人文杂志》,1983 年 1 期。

⑨ 朱明:《读“子夜”》,《出版消息》1933 年第 9 期。

⑩《特别消息:“子夜”之销数》,《出版消息》1933 年第 9 期。

⑪ 冯雪峰:《回忆鲁迅》,上海鲁迅纪念馆编:《回忆鲁迅在上海》,第 120 页。

⑫ 冯雪峰:《党给鲁迅以力量》,上海鲁迅纪念馆编:《回忆鲁迅在上海》,第 148—149 页。

⑬《冯雪峰致包子衍的信》,《新文学史料》1979 年第 4 期,第 142 页。

⑭ 鲁迅:《中国无产阶级革命文学和前驱的血》,《鲁迅全集》第四卷,人民文学出版社 2005 年版,第 289 页。本篇最初发表于 1931 年 4 月 25 日《前哨》(纪念战死者专号),署名“L.S.”。

⑮ 冯雪峰:《回忆鲁迅》,上海鲁迅纪念馆编:《回忆鲁迅在上海》,第 134 页。

⑯ 冯雪峰:《回忆鲁迅》,上海鲁迅纪念馆编:《回忆鲁迅在上海》,第 135 页。

⑰ 瞿秋白:《关于翻译的通信》,《鲁迅全集》第四卷,人民文学出版社 2005 年版,第 379—380 页。

⑱ 杨之华:《秋白和鲁迅》,上海鲁迅纪念馆编:《回忆鲁迅在上海》,第 332 页。

⑲ 周海婴:《重回上海忆童年》,《鲁迅回忆录(散篇)》下册,北京出版社 1999 年版,第 1247 页。

⑳ 本表参考了姚辛《左联词典》《左联史》、彭定安与马蹄疾编著《鲁迅和他的同时代人》(上、下卷)、上海鲁迅纪念馆编《回忆鲁迅在上海》、上海鲁迅纪念馆编《高山仰止——鲁迅逝世五十周年纪念集》、《鲁迅全集》人民文学出版社 2005 年版、郑智与马会芹主编《鲁迅的红色相识》、秦建君著《无限的信赖——鲁迅与中国共产党》、《鲁迅年谱》(增订本)、鲁迅先生

纪念委员会编《鲁迅先生纪念集》等书籍，还吸收了如张小红《左联的中共党员名单初考》、刘传辉《鲁迅先生代拟草明女士启事》、陶柏康《潘汉年与鲁迅的交往》、杜运通《我们社、太阳社对待鲁迅的态度为何不同》、邱汉生《杜国庠传略》、商昌宝《历史现场——被曲解的鲁迅与北方左联》、周七康《周文生平简表》、李成华《对潘漠华生平的两点补正》、锡金《王志之同志离世》、陈吾南《杰出的文艺组织工作者——记作家、画家魏猛克》等，并参考冯雪峰、黄源、王志之、任白戈、魏猛克、林焕平等前贤回忆文章、访问记和通信等。

丁景唐与左翼文艺运动史研究

丁言模

1937年冬天，家父丁景唐17岁，就读上海青年会中学时参加革命，次年11月加入中国共产党，从事地下党“学委”“文委”工作，公开身份是刊物编辑、文艺青年联谊会负责人。中华人民共和国成立后，1949年冬天，经夏衍、姚溱提名，拟将丁景唐调回宣传工作岗位。1950年元旦后，丁景唐到上海市委宣传部正式报到。

此后，丁景唐一直在宣传、出版界工作，利用业余时间长期从事鲁迅、瞿秋白、左联五烈士和左翼文艺运动史的研究，成为学界公认的开拓者、指导者、宣传者、推动者，拓展了广阔的研究新天地，而且以不同方式扶持后学，传递薪火，弘扬左翼文艺运动精神。

丁景唐先后策划和主持影印几批革命文学期刊，主编《中国新文学大系（一九二七——一九三七）》等，都与左翼文艺运动史、中国现代文学史研究有着密切关系，而且成为丁景唐一生编辑生涯中最为倾心的两件事。

一、筚路蓝缕，编写系列专著

中华人民共和国成立后，面临着百废待兴、重建社会的艰巨任务。其中曾为中国现代革命做出重要贡献的左翼文艺运动，留下了大量的珍贵史料，但是散失不全，亟待搜集、整理、筛选、辨别、归纳。而且许多革命文化前辈都还健在，有着说不完的“第一手”故事，这些都是极为宝贵的历史档案和历史财富。

面对众多的研究空白,30岁的丁景唐首先选择了收集有关鲁迅、瞿秋白的资料作为突破口,夯实研究基础,开拓新思路。

抗战时期,丁景唐(丁英)的论文集《妇女与文学》(沪江书屋1946年2月初版),其中《祥林嫂——鲁迅作品中之女性研究之一》(以下简称《祥林嫂》)是丁景唐从事鲁迅研究工作开端的专论,在当时产生了较大的影响。当初雪声剧团编剧南薇看了丁英写的《祥林嫂》后,介绍给袁雪芬,并找来原著《祝福》,念给袁雪芬听。征得袁雪芬同意后,南薇着手改编,于是就有了上演的本子《祥林嫂》。雪声剧团纪念刊上还摘登了丁英论述祥林嫂的文章片段。

1951春,上海鲁迅纪念馆开馆,丁景唐第一次前去瞻仰。几年后(1953年3月),他第一次访问绍兴鲁迅故居,在一个旧书店里购得鲁迅散文诗集《野草》初版本(1927年7月,北京北新书局初版)。回沪后,他送赠给上海鲁迅纪念馆。以后他利用各种机会四处购买鲁迅著作的各种版本书刊,割爱相送给上海鲁迅纪念馆,并立下一个心愿:倘在我的藏书、藏物中有上海鲁迅纪念馆没有收藏的书刊等,我都要捐献出来,以实现“把鲁迅的还给鲁迅”的宏愿。

1954年,经方行、王辛南介绍,丁景唐认识瞿秋白夫人杨之华,得到她的支持,有系统地从事瞿秋白的研究工作。昔日,丁景唐从事地下党工作时,出于对烈士的敬仰之情,已经开始收集瞿秋白等人作品。但是在白色恐怖环境里,收集的材料有限。新中国成立后,随着革命文物大批发现,他才见到了许多过去日夜渴望而见不到的革命报刊书籍和图片,逐渐积累了一部分资料。

在挖掘、收集大量资料的基础上,丁景唐进行严谨考证、分析,不断地调整研究思路,决定着重研究鲁迅与瞿秋白各种交往,在这“交集处”探索时“左右逢源”,努力开拓出一片研究新天地。他撰写了一篇篇新资料、新角度、新观点的研究文章,“以小见大”,同时研究鲁迅、瞿秋白,产生“一石双鸟”的双赢效果。

厚积薄发,终有成果。丁景唐撰写的《学习鲁迅和瞿秋白作品的札记》(以下简称《札记》),是解放后第一部研究鲁迅、瞿秋白及他俩交往的论文集,打破了当时侧重于政治层面和回忆表述的模式,以研究对象的日记、著作等第一手资料为重点的学术思维方式,首次挖掘了大量新资料,变换视角,融会贯通,不断扩展鲁迅、瞿秋白之间关系的课题外延,积极开拓和丰富了其内涵,得出了令人耳目一新的重要结论,至今仍有权威性的指导意义。

《札记》初版本收录作者近几年在报刊上发表过的16篇文章,以及未发表的4篇,共20篇。第一部分是全书最有分量的内容,共有4篇:《瞿秋白在上海紫霞路的时候》《从〈鲁迅日记〉看鲁迅与瞿秋白的友谊》《关于〈第十三篇关于列尔孟托夫的小说〉——鲁迅与瞿秋白友谊的一例》《关于〈引玉集〉——鲁迅与瞿秋白友谊的一例》。

首篇《瞿秋白在上海紫霞路的时候》,第一次比较具体地介绍这件事情的来龙去脉.如果以此作为研究的新角度,那么可以揭示更多鲜为人知的事情和重要结论,半个世纪后,瞿秋白研究的大量成果充分证明了这一点。该书收集的珍贵资料图片,在解放初首次公布让广大读者有幸一览当时的历史场景。

丁景唐陆续编成《瞿秋白文学著作翻译书目》(以下简称“《书目》”)。1955年4月1日,由上海市人民图书馆(后并入上海市图书馆)油印为小册子,仅为50份,如今存世极少,成为珍本。

《书目》是丁景唐编写的第一本专题研究瞿秋白的小册子,记录了他那时的研究活动。当时《书目》油印本仅印50本,如今存世绝少。《书目》主要是介绍瞿秋白文学著译单行本,丁景唐都作了详细介绍,包括书的版式、目录、出版时间和机构,并且摘录序言、跋的部分内容,介绍某些版本的变化,进行了必要的简略考证和分析。《书目》标志着丁景唐研究瞿秋白的一个新起点,也是

《瞿秋白著译系年目录》(以下简称"《目录》")的一个"前奏",或者说已显露后者编写的某些思路和框架。

以后,丁景唐继续扩大搜集范围,着手编写《目录》,并于方行合作。1955年至1957年,丁景唐有系统地整理、研究瞿秋白笔名、别名,最初编写的《瞿秋白笔名、别名集录》,分为两次发表于《学术月刊》1957年第8期、第9期。经丁景唐修改、补充之后,他把这个首创的研究成果编入《目录》。

1959年1月,瞿秋白诞辰60周年之际,经华东局宣传部部长石西民批准,几经波折的《目录》(丁景唐、文操合编)由上海人民出版社正式出版,引起学术界广泛关注。著名翻译家戈宝权遍觅此书不得,来函向丁景唐要了一本。不久香港某出版社未经同意翻印一版,改为平装,封面被另行设计。

继《札记》《目录》之后,1961年7月,为纪念左联五烈士英勇就义30周年,丁景唐、瞿光熙合编《左联五烈士研究资料编目》(以下简称《编目》),作为中国现代文学史资料丛书(甲种),由上海文艺出版社出版。这是第一本比较齐全面的左联五烈士研究资料工具书,提供给有关专业人员,以便进一步研究。

早在两年前(1959年上半年)已经编成《编目》,分为5辑,其中第2辑为主体,分别就左联五烈士的著译系年编排成目录、书目。其中从事过编辑工作的烈士,还列出他们所编辑过的刊物名称。其他4辑里既有鲁迅等人的悼念文章,也有报刊书籍上刊登的有关资料。丁景唐在《后记》里强调指出:这些报刊书籍上的文章,"并非和编者的见解都相一致的,有些事实也尚待作进一步何时。也有一些材料,因来源有可疑之处,经编者有意识地剔除的"。

《编目》与前两本书《札记》《目录》有着内在关系,或者说是三者成为一个系列。形成了初期开拓性的系列研究成果,奠定了今后专题学术研究的基础,至今仍有权威性的指导意义。三者都至少有如下特点:

其一，三者研究的对象都是左翼文艺运动史上的翘楚前辈和革命烈士。丁景唐17岁参加革命，次年加入中国共产党，对于鲁迅、瞿秋白和左联五烈士怀有尊敬之情，把这项搜集工作看作是一项神圣的事业——虔诚的革命情结，也符合党和人民的共同心愿，以此缅怀革命文学前辈。因此，他义不容辞地承担起时代的使命。

其二，三者第一次从不同角度、不同层面、不同时段填补了左翼文艺研究史的重要空白，第一次多方位地揭示了鲁迅、瞿秋白交集史实真相，以及比较全面地收集了左联五烈士的各种资料。

三者都属于资料性的基础工作，都是一笔一画写下来，甘坐冷板凳，逐年积累。丁景唐说："材料是研究工作的基础，离开了大量的、翔实的、经过用正确的观点作了批判分析的材料，这样的研究就会不同程度上存在着架空的倾向，以至会影响观点，影响研究工作中的分析问题。"（《目录·序》）因此，以上三者既是研究工作的基础，也是研究工作的必要条件。

在中华人民共和国成立初期，这项工作尤为重要，也是属于抢救性质的。当时一无现成资料，二来受到"左"倾指导思想的影响，需要巨大的勇气和毅力。在上海宣传部部长石西民等人支持下，丁景唐在紧张工作之余，熬夜写作，筚路蓝缕，攻克艰辛，耗费了大量的精力和时间，他曾经为了研究瞿秋白，受到党内警告处分。随着时间推移，愈益证实了三者的早期重要价值，而且顺藤摸瓜，与时俱进，奋力拓展一个个新兴边缘学科研究的无限空间。

其三，三者都需要四处搜集、辨别、筛选、汇编、校勘、注释，这个过程也是考证、分析、提升、结论的研究过程。因此，每一条资料都凝聚着丁景唐的大量心血和出众智慧，由此不断地扩大他的研究视野，激活他的思路。他把零碎的"死"材料注入新生命，挖掘其中潜在的价值，把看似不相干的各种史料进一步串联起来，形成一个有系统的历史因果长链，并且进一步寻找其中每个因果"节点"，努力探索和破解难解的"密码"，从而得出令人信服的一个个新见解。因此,三者为丁景唐大半辈子的学术研究打下了坚实的基础,奠定了他在这个领域内的重要地位和权威性。

“文化大革命”后,60岁的丁景唐焕发了学术生命的“第二春”,10年间积压的学术研究激情猛然喷发,接连出版几本研究专著。丁景唐的《学习鲁迅作品的札记》,丁景唐、陈长歌合编的《殷夫集》、丁景唐编选的《陶晶孙选集》等,都生动地见证了丁景唐治学的严谨、认真、执着作风,始终贯穿了他的大半辈子。

二、精心策划,主编丛刊丛书

丁景唐作为新中国的现代出版家、资深总编,为了抢救革命文学期刊,延续中国“新文学大系”,做出了杰出的贡献,策划、主编了《中国现代文艺资料丛刊》等。这些不仅填补了中国现代出版界的重要空白,而且也是左翼文艺运动史、中国现代文学史研究工作的重要组成部分。

1958年到1962年,丁景唐在上海市委宣传部(后调到上海市出版局)工作期间,建议广泛搜集现代文学书刊,并与其他同志一起制定了长期规划,包括整理和影印革命文艺史料。丁景唐的建议得到了宣传部领导和上海新文艺出版社(上海文艺出版社的前身)领导李俊民、蒯斯曛等人支持,以及刘金、周天的协助。上海文艺出版社出版了《中国现代文学史资料丛书》甲、乙两种,甲种是有关现代文学历史的编选、整理、编目等专题丛书,丁景唐的《编目》便是其中一种。乙种是五四以来的革命文学期刊的影印本,先后影印了两批40余种即一大批1920年代末、1930年代初的革命文学期刊,其中包括已成为海内孤本《前哨》《文学导报》《文艺新闻》,以及其他罕见的珍贵文献。

1962年后,丁景唐又选定了第三批影印目录,范围较大,除了第二次国内革命战争期间的刊物之外,还有抗日战争时期国统区和解放区的文学期刊,另外一部分是解放战争时期的解放区刊物,但是遭到错误地干扰,第三批书目只印了几种,不得不中止了。

“文化大革命”后,丁景唐复出工作,担任上海文艺出版社社长兼总编辑、党组书记,又主持影印《语丝》《光明》等刊物。1980年为了纪念左联成立50周年,丁景唐以自己藏书作底本,影印当年瞿秋白编选并作长序的《鲁迅杂感选集》,重印《前哨》《文学导报》等一批影印书刊,不仅保留了已经在战火动乱中散佚无几的珍贵资料,为各层次的研究者和读者提供了一批极有价值的文献珍品,也为后人留下了一份宝贵的精神食粮。

如果进一步研究,那么可以发现这是一项综合性的边缘学科,牵涉到文学史、美学史、美术史、翻译史、编辑史、出版史,以及中共党史、革命文化斗争史、国际左翼文艺运动史等。从中不仅可以挖掘大量的新史料,包括鲁迅、瞿秋白、茅盾、郭沫若等佚文、佚信等,辨析、纠正、质疑过去各种权威观点,而且可以得出耳目一新的新看法,由此延伸出无数的研究新课题,产生令人惊喜不已的“滚雪球”效应。

当初按照长期规划,丁景唐把收集资料的范围进一步扩大,希望现代作家和家属提供各种传记、回忆录、访问记等。1962年5月,丁景唐与孔罗荪、叶以群、方行等人一起创办了《中国现代文艺资料丛刊》(以下简称“《丛刊》”)。《丛刊》第1辑说明这期发表的文章和资料,大部分是未定稿,经过征求意见及补充、修订、核实之后,纳入该社《中国现代文学史资料丛书》甲种出版计划。丁景唐生前保存了8辑《丛刊》,先后发表了大量现代文学资料,其中有丁景唐撰写的各种文章,都与左翼文艺运动史有关。

其中《丛刊》第1辑刊登丁景唐的《关于参加中国左翼作家联盟成立大会的盟员名单》(以下简称“《左联名单》”),这是根据夏衍讲述的有关资料,查找了一些资料,整理写成,并请夏衍校阅此文草稿。

“文化大革命”后,丁景唐还未立刻平反。1977年春,他“重遭春温上笔端”，撰写了有关文章，悄然开启了他后半生学术研究“第二春”的序幕。他为了修订、补充《左联名单》一文，征求夏衍、冯乃超、许幸之等人意见，反复删改、增补，终于揭示了左联成立大会过程的真相，填补了一个重要空白。此文最终发表于《丛刊》第5辑，这时距离《丛刊》创刊号竟有18年之久，足见他的学术研究作风之严谨，令人感叹、钦佩。以上提及丁景唐反复修订的《左联名单》，前后长达18年之久。冯乃超收到《左联名单》修改稿后，1978年2月1日，写给丁景唐的信中，不由得称赞他：“你抓住一方面的问题，认真地、孜孜不倦地工作，我向你致敬。”

丁景唐还主持影印抗战前赵家璧主编的10卷《中国新文学大系（1917—1927）》，老友许觉民给予高度评价：“使这部不易买到的重要典籍得以普及，实在是一件功德无量的事。”

接着，丁景唐干了引以为豪的一件大事，即主持编纂20卷《中国新文学大系（1927—1937）》（以下简称“大系”），这是中华人民共和国成立后在中国现代文学史上的一项重大工程，也是一次重大的阶段性的总结。除了在上海组织编选班子认真编选之外，丁景唐还在京沪等地组织有分量的序言。他曾到北京，邀请周扬、吴组缃、艾青、聂绀弩、夏衍等给“大系”各卷写序。他那时紧张、忙碌的神情比做他自己的书还要认真，令人感慨无已。

丁景唐亲自负责各卷的编目文选，并为编选作品定下一条重要原则：坚持从最初的版本中选择作品，力求保持作品的原始面目。这是鲁迅在编“大系”第一个十年的《小说二集》时采用的，半个世纪后，丁景唐重提此原则，旨在保持“大系”的基本原则和特色，为此要付出更多的心血，耗费更多的时间，这个过程也是艰辛、繁复的研究过程。

“大系”第2辑问世后，引起国内外媒体的广泛关注，新华社及时发布了消息，《人民日报》《光明日报》《文艺报》等十几家报刊发表了报道和介绍文章，香港和美国、日本等有关媒体也作了介绍和宣传。同时引发了上海文艺出版社关于编辑出版“大系”的长期规划。丁景唐虽然离休了,但是继续为此后的“大系”奉献自己的力量。

丁景唐特地撰写了专题文章《我与〈中国新文学大系〉》,指出这是一个重大工程,“为中国现代文学史、文化史,以至思想史、出版史的研究,提供了重要的文化积累的珍贵史料。第二个十年和第三个十年《大系》的编纂出版,也可以说是我国社会主义初级阶段的一项科学研究的重大成果”。“大系”作为文化积累工作,“对开创现代文学研究的新局面具有重要性和紧迫性”。

对此,丁景唐列举了大量事实用以证明,笔者在研究“现代文学刊物和作家”的课题时,深切地体会到这一点。这个“大系”不仅收入了现代文学史上众多有影响的作家代表作,而且特地策划、编排了第19卷的《史料·索引》,这是一部重要工具书,包括1927年至1937年期间的社团、刊物史料,社团简介,作家小传,史料特辑,新文学运动纪事等,真所谓“一书在手,纵观天下”。这些资料的收集过程,就是一个重要的研究课题,需要渊博的知识,甘愿忍受寂寞、枯燥,不断地思考、探索、挖掘,发扬坚持不懈的钻研精神。

如果说以上提及丁景唐的《札记》《目录》《编目》是搜集史料和研究的最初重要成果,那么丁景唐策划、主持影印的革命文学期刊和“大系”的重要工程,则是他长期在新闻出版界工作所积累丰富经验的结晶,并为他的编辑生涯留下最为光辉的一页。丁景唐离休后,他的学术研究工作并未停止,一直延续到他的晚年。

三、灵活多变,填补空白,治学标杆

《札记》《目录》《编目》等属于早期开拓性、奠基性的研究成果,体现了丁景唐灵活多变的思路,以填补空白为标杆,这其中凝聚着丁景唐的才华和智慧,以及辛勤的汗水。对此,至少有如下六个特点。

其一,“大题小解”,举一反三,“疏远”抽象思维,一切以事实为准。

丁景唐在《祥林嫂》一文开头作了解释:“茅盾先生在一篇题作《大题小解》的短论中,曾经指出中国新文学作品中人物的单纯,认为倘能将文学作品中各种人物的类型,按照行业、出身、阶层列表作一比较分析的研究,未始不是一桩学术的大事,其意义和效用并不次于创作。”这成为丁景唐打开学术研究殿堂大门的一把钥匙——林林总总钥匙之一。

“大题小解”,举一反三,逐渐形成了丁景唐进行学术研究的基本思路:从学术问题的细微处入手,接壤周边相关的诸多问题,由此观审出发点的问题,搞深搞透,“以小见大”,往往能收获意外的惊喜效果。丁景唐的《祥林嫂》短文引出沪剧经典剧作诞生,便是一个生动的例证。

丁景唐认为:“自以与其高谈空论,还不如切实地先择短篇入手分析”,凸显务实精神,这也与他的主观因素“相接轨”。

丁景唐具有诗人情怀,联想丰富,形象思维活跃。对于学术研究,往往凭借着直觉的感知,加以梳理、归纳、提升,倾泻于笔端。继而久之,此特点加速他“疏远”抽象思维,特别是枯燥乏味的经院式的理论研究,并不符合他的秉性和心理,虽然他也翻看过有关理论书籍,但并不刻意作专题研究。

而且,当时丁景唐从事地下党的宣传工作,必须采用浅近如易懂的语言,述说众多“接地气”的事例,适应广大民众的心理需求,这个特点“潜意识”地影响了他早期进行学术研究的思路,并呈现在他今后的学术活动里。

其二,“大题小解”的基本思路,促使丁景唐收集大量文史资料,并随时思考,他在不同场合面对纸资材料,如当事人的文章、信件、说明、合同、画片等,或者当时人留下的各种器物,他凭着平时积累的丰富文史知识,慧眼识宝,敏锐地发现其中潜在的研究价值。事后，他查阅大量资料，并对其进行梳理、分析、研究。有时草拟文章后，并不急于发表，继续留心查找新资料，注意同人的研究成果，反复修改，直到确认无误，才谨慎地送稿出去。文章发表后，他还是一如既往地留心有关资料，有待增补史料。因此，他写的许多文章后面，往往都有“续记”，甚至几个“续记”，为的是将事情来龙去脉说个清楚，对广大读者有个交代。

类似情况甚多，如《重新发现的一批鲁迅研究资料——关于鲁迅的稿费单和名片的档案》《中日两国人民战斗友谊的丰碑——关于日译〈中国小说集《阿Q正传》〉》《关于〈乱弹及其他〉的出版——附录〈鲁迅的一张“借书单”〉（上海鲁迅纪念馆供稿）》《从老舍〈骆驼祥子〉原稿的重新发现谈起》《记柔石的一批日记和遗稿》等，仅仅从标题上便可看出其中包含的丰富内容，“以小见大”，辐射有关文史料，衍生出许多课题，甚至是大课题。

其三，持之以恒，集腋成裘，产生研究众多研究专集。

以上提及的各种专著足以证明这一点，同时值得注意的是丁景唐与王保林合作的《鲁迅和瞿秋白合作的杂文及其它》（以下简称“《合作》”），陕西人民出版社1986年10月初版，1993年5月第一次印刷（这前后时间竟有7年）。这是一本出版“难产”多年的学术专著，深入探讨鲁迅、瞿秋白合作的14篇杂文等。其中凝聚了两位作者长期合作研究的大量心血，从而产生的一项重要成果，至今仍有重要指导意义。

鲁迅、瞿秋白合作的14篇杂文中有两篇未收录鲁迅自己的杂文集，即《〈子夜〉和国货年》《“儿时”》。

茅盾创作《子夜》时，瞿秋白曾提出不少重要意见。《子夜》问世后，瞿秋白、鲁迅都作了高度评价，同时从不同角度观审，也认为《子夜》有不足之处，这是瞿、鲁合作杂文《〈子夜〉和国货年》的基本共同点。该文是瞿、鲁合作杂文中最长一篇，比其他千字杂文字数多出一倍。而且此文还是一篇书评，兼有杂文和书评的特点。

丁景唐和王保林仔细分析后，发现一个重要问题，即瞿秋白、鲁迅合作的杂文，大多是鲁迅修改后很快就向报刊投稿，但是《〈子夜〉和国货年》从写作到发表时间相隔近1个月，这是什么原因呢？丁、王并没有武断下结论，而是认为"可能是瞿秋白写出后交给鲁迅，鲁迅将它放了若干时日"，这是该文的特点所决定的，鲁迅需要再思考一下；修改之处比较多，这可以看看瞿、鲁两文并列的比较结果，便可发现许多问题。

1933年秋天，瞿秋白早已离开东照里，再次遭到党内"左"倾无情斗争，被迫写了长达3 000多字的书面检查。第2天(9月28日)，瞿秋白难以抑制心中的复杂感情，提笔写了400多字的短文《"儿时"》，曲折地表达了真实思想感情，即置身于渴望与担忧、积极与消极、前进与后退等交织的思想感情漩涡里。

对此，鲁迅还能说什么呢？他仅仅改了一个标点，署上自己的笔名"子明"，投给《申报·自由谈》，3天后见报(12月15日)。鲁迅写给该报副刊编辑黎烈文的信中默认此文是自己写的，把瞿秋白"安全"地隐藏在身后，免得该文发表后引起某种后果。

这几个简单的例子可见此书的严谨、认真、执着，都是来自"细微处"，特别推崇"唯本主义"，将"咬文嚼字"研究方式推向极点。这里牵涉到现代汉语、著作版本学、现代文学史等，需要多层次、多元化的视野，并改变狭窄、扫描式的表层化研究，持之以恒，才能开拓新天地。

其四，善于从看似不相干的不同学科的不同史料"交集处"发现问题。

左翼文学运动史研究需要以多学科的思维方式，改变直线性、机械性的思维方式，如中共党史与现代文学史相结合，现代美学史与左翼(进步)文艺作品相结合，国际文学潮流与中国左翼文艺运动相结合等。

著名学者李何林的专著《近二十年中国文艺思潮论》(生活书

店1939年初版)第一次明确称誉鲁迅、瞿秋白为“现代中国两大文艺思想家”。这让资深的瞿秋白研究专家丁景唐甚为钦佩,同时对该书刊登的一张瞿秋白遗像产生了浓厚兴趣,因为这是当时首次发表,此书问世后即被查禁,另后世难觅。中华人民共和国成立后,发行第一套冯雪峰主编的《瞿秋白文集》(4卷本)也未收入此照片。李何林撰写此书时,地处偏僻的四川江津白沙镇,搜集参考书籍甚为困难,不知他从何处寻觅到此照片。

“文化大革命”后,在中国文学艺术工作者第四次代表大会之后,丁景唐与李何林共同参加了冯雪峰的追悼会,丁景唐当面请教李何林,便引出一段鲜为人知的佳话。回沪后,丁景唐撰写了《一幅宋阳先生照片的由来——记李何林先生的一次赐教》。一本书、一张照片,却串联起李何林、曹靖华、邓颖超、杨之华之间的故事。这需要见识广、思维敏捷,对于党史等学科都保持浓厚的兴趣,才能“以小见大”得出新成果。

潘汉年是一个传奇人物,早年参加从事左翼文学活动,留下许多足迹。因众所周知的原因,潘汉年的研究一直属于敏感的禁区。但是,丁景唐一直关注潘汉年的有关材料,不动声色,悄然行事。

“文化大革命”后,潘汉年被平反了,有关的研究成果猛然爆发。丁景唐欣喜不已,终于吐露长期埋在心底的一件事。丁景唐早年搜集、研究中国左翼文化史料时,发现《出版月刊》第4期(1930年4月10日出版)上,有一篇潘汉年的一篇重要佚文(关于郭沫若的生死),“这为潘汉年三十年代负责中央文委工作,开展文化、出版、文艺界的联络统战工作提供了一个有力的新证”。丁景唐经过分析、研究,得出了这个重要结论。

当时潘汉年刚被平反,长期以来的负面舆论掩盖了他过去的光辉足迹,广大读者并不知情,有些人知道的也只是“片言断句”。于是丁景唐撰写了《从潘汉年的佚文谈到一些新的文化史料》一文,拂去半个多世纪的历史尘埃,重新恢复一个执行中央决议指示、扮演早期左翼文艺运动“主将”的真实面貌。

丁景唐把潘汉年的一篇佚文与早期左翼文学运动史、中共党史相结合,再次证实了他对于“交集处”研究的一个成果例子。类似的例子相当多,在丁景唐后半生的学术研究中随处可见。

其五,整体把控,视野开阔。

丁景唐长期搜集左翼文艺史料,同时也注意与此相关的形形色色的史料,其中有互相矛盾的、反面的、暂存疑问的,甚至是有很大分歧的,等等。这些都是研究、分析的范围,便于从整体上把控,尽力避免以偏概全,从一个倾向掩盖另一个倾向,否则得出的结论难以令人信服。

以上提及的《左联名单》,夏衍和冯乃超的回忆有所不同,丁景唐妥善处理,将他俩的不同看法一并列出,让读者自己去判断,并能希望同人挖掘新史料佐证。1977年11月14日,他写给荣太之、陈漱渝信中说:《名单》一文已作了较多的修改。我的写法全有事实根据,而且是照他们自述的。

笔者在研究1920年代、1930年代左翼、进步文学刊物和作家时,家父丁景唐生前再三叮嘱:“多看看书,家里的各种资料很多。”现在再看看家父在有关书刊上的批语——串联起各种书刊上的有关史料,才逐渐明白“联想”在分析、研究史料时所发挥的巨大作用,这是必须在掌握大量史料的基础上,不断开阔视野,才能深深体会到的。

其六,扶持后学,传递薪火。

丁景唐在长期研究左翼文学运动中,研究范围比较广泛,察看了大量的书刊和有关资料,积累了丰富的经验,无论是万余字的长文,还是千余字的短文,都具有内容丰富、考证翔实、科学性较强的特点,反映了他的治学的一贯严谨作风。

“文化大革命”后,涌现了众多颇有水平的研究者,给左翼文学运动史研究带来了勃勃生机,丁景唐感到很欣慰,以各种方式为他们“铺路架桥”，撰写序言便是一个生动的例证。

“文化大革命”前，丁景唐邀请上海鲁迅纪念馆姚庆雄、周国伟和上海旧书店的刘华庭等到他家里，商谈编撰《鲁迅著译版本研究编目》（以下简称“《版本》”），并写了3份样稿。但是，这项工作在“文化大革命”中被迫中断，原来已经编撰的有关稿子散失。“文化大革命”后，周国伟拟重新编撰《版本》，得到丁景唐的大力支持，并帮助周国伟在此对鲁迅著译版本逐册进行研究、编写。《版本》基本定稿后，丁景唐有帮助审稿，提出许多颇有见解的意见。同时，撰写了《版本》序言，欣慰地写道：此书“实现了我多年从事鲁迅研究和编辑出版工作的宿愿，而且对建立现代、乃至鲁迅著译版本学，均有重要意义。”

为同人的学术专著撰写序言，必须熟悉该研究领域的“纵横”情况，结合该专著的具体内容做出比较准确、客观的学术评估，既要指出该著作的特点和不足，前瞻性地指出该专著还具有提升的空间，鼓励和批评两者兼顾。丁景唐撰写序言时，认真思考，反复修改，他写的每篇序言都具有较高的学术价值，并竭力扶持后学者。类似的例子甚多，这些专著的作者后来都成为各自研究领域里的佼佼者，完成了许多很有影响的专著，做出了应有的贡献。

丁景唐因其严谨治学、灵活开拓、勤奋工作、勇于进取，且他热情帮助后学，得到了许多同人的尊敬。茅盾去世前写下一首七绝诗《赠丁景唐》：“左翼文坛两领导，瞿霜鲁迅各千秋。文章烟海待研证，捷足何人踞上游。”后两句也是对丁景唐等同人勤勉治学的一种褒奖，足矣。

许幸之与1930年代左翼文化运动

许国庆

许幸之早年留学日本，在日本期间就积极参与左翼文化活动，组织了“青年艺术家联盟”，经常参加活动的有沈西苓、司徒慧敏、周起应(周扬)等人。从1929年秋天回到上海投身“中华艺大”教学，到1935年拍摄抗战故事片《风云儿女》，许幸之在短短的五年多时间里，虽然经历了起起伏伏，但这是他革命人生的最初洗礼，也为他后来几十年的艺术生涯奠定了思想和学识的基础。

一、参加“中华艺大”的教学和革命活动

许幸之在东京美术学校高年级时，进入到著名画家藤岛武二的画室就读，毕业前曾经打算去法国继续深造。但在1929年秋初，他突然接到夏衍的电召，要他接受上海“中华艺术大学”的聘约，担任该校西洋画科教学工作。

本应在1930年春季毕业的许幸之，当即决定接受这一邀约，提前肄业回国教书，并与学校方面商定，将他的毕业创作——油画《工人之家》，带回国内继续完成，然后再寄回东京，以换取学校颁发的毕业证书。

上海的“中华艺术大学”最早创办于1925年，但是到了1929年上半年，由于经济的原因，这所学校濒临倒闭。在这种情况下，中共地下组织决定出手接办“中华艺术大学”(以下简称“中华艺大”)。

许幸之曾经回忆,该校是在"共产党上海地下党组织领导下创立的一所新型的艺术大学。它在政治经济方面,由当时上海地下党负责人潘汉年领导与筹划,而教育行政方面,则是由沈端先(夏衍)、冯乃超主持与指导,是一所新兴的、进步的党办大学。学校由中国共产党创始人之一、著名语文学家陈望道任校长,夏衍任教务长,下设中国文学科和西洋画科两门专业。中国文学科主任由夏衍同志兼任,西洋画科主任则由我(指许幸之自己)兼任。中国文学科除夏衍本人教学外,还拥有著名的文学家和文艺理论家郑伯奇、冯乃超、李初梨、彭康、朱镜我、李铁声、王学文、钱杏邨(阿英)、沈起予等,都在艺大任教,或开设专题讲座。西洋画科阵容较弱:有我、叶沉(沈西苓)、王一榴、卢炳炎等任教。艺大除本校的专任或兼任的师资外,还向外界邀请社会名流、学者、文学艺术名家前来作专题讲演或学术报告"。[①]

"中华艺大"为经济状况所限,故对于教学楼和学校设施,既未加以扩建,又未加以修缮或刷新,倒是实事求是地、精心尽力地办学。表面上自然不能和那些富丽堂皇的国立大学相比,但实质上却远远超过那些官办大学,如在师资声望上、教学内容与教学质量上,远非官办大学所能比拟。至于学生成分,有些是专业专修生,有些是在各院校兼读的走读生,有些是甚至因贫困而交不起学费的旁听生。教师不仅认真授课、因材施教、自由发挥;学生也很守纪律、专心听讲、用功笔录。艺大虽是党办学校,但并非全是党员,也有党外人士参加。授课也并非全讲马列主义,而是各抒所长,兼容并蓄。学生从不抱怨教学设施简朴,而倾注于教学内容和教学思想。每逢国际节日或革命纪念节日,则不分师生自觉地参加各项纪念活动。由于校风开放,师生团结,故"中华艺大"一时成为自由园地、民主学府。[②]

许幸之当时年仅25岁,刚刚从日本学成归来,就担任该校西洋画科主任、副教授,这不但体现了中共地下组织对他的信任,也是对其本人政治思想和艺术才能的一次考验。许幸之全身心地投入到教学和工作之中去，他租住在学校附近的余庆坊，所以每日上、下午都在校内授业，几乎忘记了休息和其他事务。经过他和几个同事的共同努力，短短数月就取得良好的教学效果，根据当时上海《申报》的记载，他们曾经在1929年10月、11月、12月三次举办了“中华艺大习作展”，社会反响不错。年青的许幸之团结了校内外一批进步师生，在1930年2月20日成立了左翼美术团体“时代美术社”，并自任社长，社址就设在“中华艺大”校内。不久，他又发表了一系列激进的美术专题文章，为后来建立“中国左翼美术家联盟”营造了理论基础。[③]

1930年3月2日，许幸之接受了安排、布置“中国左翼作家联盟”（以下简称“左联”）成立大会会址的任务。几十年之后，他还在文章中回忆起自己带领自己的学生，精心地在教学楼一层中厅布置会场的细节，并细心地绘制了三幅草图予以说明。除此之外，当天他还安排了不少学生在学校周边站岗放哨，以防止当局派出的便衣暗探前来捣乱。鲁迅先生在“左联”成立大会上作了《对于左翼作家联盟的意见》的演讲，与会作家们也表达了团结一心、共同推动左翼文化运动向更深入发展的决心。许幸之由于几年前就持续在《创造》月刊和《洪水》上发表过文学作品，所以也以左翼作家的身份参加了成立大会。

令人没有想到的是：几个月后，许幸之与同一批在“左联”成立大会上签名的进步作家，包括：鲁迅、冯乃超、沈端先（夏衍）、柔石、殷夫、潘汉年、田汉、郁达夫等40余人，以及“左翼作家联盟”组织本身，都上了国民党当局的“黑名单”。根据近年来“解密”的档案材料，所谓《中国国民党中央执行委员会秘书处第15889号公函》，就是对革命进步势力进行“文化围剿”的铁证。[④]

许幸之在其回忆录中指出：“中华艺大”在当时不仅成为左翼文化活动的中心，同时也成为上海各大学学生运动的基地。后来

"中华艺大"教师也都相继成为左联、社联、剧联、美联等核心人物。这不断开展的革命活动,必然会引起租界和国民党当局的注意,并开始对"中华艺大"实行打压、封闭措施。

据记载,1930年5月24日,当局出动大批军警突然将"中华艺大"包围,因搜查到学校中藏匿有纪念"五卅运动"的标语,将几十名师生拘捕关押,上海市教育局也趁机"查封"了这所学校。[⑤]但是到了5月29日,"左联"就召开全体会议,并决议:"左联"全体一致参加"中华艺大护校委员会"的自行启封行动。5月30日,"中华艺大"一百多名师生一道,参加了南京路上的大游行,他们一路呼喊口号、散发传单,并把大批群众引领到窦乐安路校址周边,将校舍自行启封。革命师生还在学校大门外举行集会,发表演讲,张贴布告:"绝不无耻地屈服于统治阶级的白色恐怖之下。"[⑥]

在师生们的英勇斗争和社会舆论压力之下,当局暂时没有立刻采取行动,但是到了1930年8月的一天,当局又出动大批反动军警,再次封闭了中华艺大校门,并逮捕了包括许幸之在内的师生36人。从此,这个新兴的、进步的、向往自由与民主、向往共产主义理想的艺术学府,仅仅开办不到一年而告结束,但却给中国左翼文化运动和革命艺术教育史上,留下了光辉的一页。

二、左翼美术运动的领军人物

早在日本留学期间,许幸之就在自己的绘画作品中展现了进步的思想倾向:1928年他先后在国内《流沙》杂志上发表的插画《解放的囚徒》和《血轮》两幅作品,充满了对社会黑暗统治的强烈不满和愤恨之情。

1929年9月,许幸之执教于"中华艺大"之后不久,在三次组织展出学生们的课堂作业外,许幸之自己还将在日本创作的《失业者》(1928年创作)和即将交付的毕业作品《工人之家》进行了展示,前者是以日本街头的失业工人为题材创作的油画,揭示了经济大萧条给劳动者带来的悲惨遭遇。而后者虽以一个普通日本工人家庭中的生活用品作为绘画主题，但却将具有左翼倾向的《战旗》杂志放置在最醒目的位置。这些大胆揭示社会问题的主题性绘画，引起了前来参观的其他美术院校进步学生的关注，许幸之也借此结识了这些新朋友并且开始与他们的交往。

随着 1927 年“大革命”的失败，国民党当局在文化领域实施了高压政策，进步文坛曾经一度显得比较“沉寂”。但到 1928 年之后，随着以往分散在全国各地的进步文化人陆续迁居到上海，各种左翼的文学思潮在报刊、杂志上逐渐显露出来，一度出现比较活跃的景象。但在比较激进的美术青年们看来，当时的美术界却是死水一潭，“拜金主义”“艺术至上主义”还是占据绝对的统治地位，他们已经到了必须起来反抗的关口。

以许幸之为代表的进步美术青年们，要打破这种“沉闷”的艺术氛围，冲出一条属于自己的、新兴美术的道路。根据《申报》记载：“时代美术社”于 1930 年 2 月 20 日在“中华艺大”正式成立了，讨论了章程，并决定社员每月举行两次研究会和举办展览等工作。这个新兴的“普罗美术”团体，成员有：冯乃超、沈西苓、王一榴、张谔、汤晓丹等二十多人，由许幸之任社长。⑦

在左翼的《拓荒者》杂志（1930 年第 1 卷第 3 期）上，许幸之发表了《时代美术社宣言》，在宣言中他大声疾呼：

> 阶级分化既是这样的明显，那么，在我们面前只有两条道路：一是新兴阶级的高塔，一是没落阶级的坟墓。诸君既是新时代的青年，决不愿意向没落阶级的坟墓前进吧？时代的青年应充当时代的前驱，时代的美术应该向着时代民众去宣传。中国的美术既是这样落后，那么新兴美术运动的机轮便不得不负担在我们的肩上了。团结起来吧！青年美术家诸君！团结是我们的唯一出路！个人生活是自己的灭亡。起来！把我

们的新兴美术运动扩大起来！大家一致团结在时代美术社的旗帜之下，把拜金主义画家们的假面撕破！

此外，许幸之短短的几个月内，相继在夏衍主办的《艺术》和《沙仑》两个刊物上，先后发表了《新兴美术运动的任务》和《中国美术运动的展望》两篇文章，比较系统地阐述了“新兴美术运动”的性质、任务和斗争方式，这些文章被评论家称之为“具有开拓性意义，被视为国内左翼美术运动的纲领性文件”。

他写道：“我们的美术运动，决不是单纯的美术运动，而是阶级意识的美术运动了。所以，我们可以果断的宣言，我们的美术运动的任务，是阶级性的新兴美术运动的任务。”

他还强调：“新兴美术运动，绝不是美术上一种流派的运动，而是拥护无产大众利益的一种革命的手段。而美术家也绝不是一个超人，而是无产阶级的社会中的一员。美术家不能离开无产阶级而超然独立，新兴美术运动也不能离开新兴的阶级的革命运动而独自发展。所以，最后的我们的结论是：新兴美术运动，要和新兴阶级的革命运动合流才是唯一的出路。唯有促成革命成功，然后才能开劈新兴美术的大道。”

许幸之在主持“时代美术社”的运作的过程中，深感到必须团结那些志同道合的青年美术家共同奋斗，才能使这场“新兴美术运动”发展壮大，他曾经乘着带学生去杭州西湖写生的机会，与“一八艺社”的成员秘密会晤，共商联合大计。随着“左联”“剧联”等组织的相继成立，也给美术界的志士仁人们以极大的鼓舞，以“时代美术社”为基础，广邀上海美专、新华艺专、上海艺大、白鹅画会、杭州一八艺社等部分师生和进步青年，成立“左翼美术家联盟”的时机已经到来。

1930年7月26日，“中国左翼美术家联盟”（以下简称“美联”）成立大会在上海环龙路（即雁荡路）暑期讲习班楼上秘密举行，参加的有来自各个左翼美术小组的代表约40多人，夏衍代表“左联”、石凌鹤代表“剧联”致辞祝贺，“上海反帝同盟”也派代表参加。大会选出胡一川、夏朋(姚馥)、张谔、刘露、沈西苓、于海、许幸之等九人为执委会委员，并选出许幸之、沈西苓分别担任联盟主席、副主席，于海担任秘书(实际上是中共地下组织安排在联盟工作的党书记)，主持联盟的日常工作。大会还通过了十项决议：一、组织参加一切革命的实际行动；二、借给各友谊团体画材；三、组织工场、农村写生团、摄影队；四、组织研究会、讲演会；五、组织美术研究所；六、领导各学校团体；七、推动文化团体协议会；八、出版美术上的言论刊物；九、开大规模的普罗美术展览会；十、开多量的移动展览会。⑧

以上介绍的“十项决议”在后来“美联”的活动中，大多没有能够贯彻执行。现在分析起来主要原因是以下三点：一、“美联”成立之后，其领导层和成员小组接连按照上级的指示为参加街头游行、飞行集会这些“左倾盲动”活动做抄写传单、画漫画等准备工作，几乎没有开展正常美术活动的机会；二、“美联”成立才不到一个月，“中华艺大”即遭到当局的再次查封，许幸之等师生横遭逮捕、拘押，由此“美联”的公开活动就完全处于瘫痪、停滞状态；三、随着中共中央实行的“立三路线”的失败和国民党当局的加紧打压，上海文化界的革命局势又再次转入低潮。

1931年年初，由于执教的“中华艺大”早已被彻底查封，许幸之已经失业了将近半年，为了赡养年迈的老母亲，他不得不离开上海，由恩师吕凤子推荐去南京中央大学艺术系谋取教职。但由于他是上了国民党当局开列的“黑名单”中的人物，所以在艺术系主持工作的李毅士、徐悲鸿等人迫于当局压力不敢录用他，只好辗转在苏州一家女子中学担任美术老师。

在随后的1931年至1932年，许幸之虽然人在苏州教学、创作，仍旧关注着上海左翼美术运动的发展，他不但组织了“美联”

苏州小组进行活动，还利用寒暑假期赴上海探访“一八艺社”“春地画会”等老战友，与于海、江丰、艾青等人继续保持着联系。

三、参加“艺术剧社”的讲习和演出

许幸之早在日本留学期间，就对戏剧艺术发生了兴趣，他曾经去拜会著名日本戏剧艺术家村山知义先生，请他来给“青年艺术家联盟”的成员作讲演，以了解日本戏剧的历史与现状。他还接受了村山先生的建议，与沈西苓、司徒慧敏等一同参加村山组织的暑期戏剧讲习班，学习戏剧艺术理论知识与导、表演技巧。1929年春天，他还参与日本“新筑地剧团”《怒吼吧，中国!》的排演工作，这是一部描写中国码头工人斗争的话剧。这些活动都为他归国后，二十多年的戏剧生涯作了最初的铺垫。

1927年“四一二”事变之后，国内政治形势急转直下，白色恐怖席卷全国，广大知识阶层和市民阶层都生活在精神压抑、思想苦闷的氛围中。1928年冬天，以田汉、欧阳予倩为代表的“南国剧社”上演了《名优之死》等一批进步剧目，打破了的文艺舞台的沉闷局面，在社会中下层上引起热烈反响。

到了1929年春天，郑伯奇、夏衍、陶晶孙等一批文化人已经在酝酿组织一个新的戏剧演出团体，以促进左翼戏剧运动的发展。据上海《申报》报道：经过一番筹备之后，“艺术剧社”在6月5日正式成立，郑伯奇为社长，社址在北四川路永安里文献书房。报道说，参加的男女社员达六十多人，分成文学、音乐、美术等不同部门。其宗旨是：提高演剧运动、培养演剧人才和促进中国文化发展。从透露的学员名单来看，有王莹、陈波儿等后来的著名一线演员，不过当时她们都是“上海艺术大学”被封闭后失学的文艺青年。[9]

许幸之在1929年9月归国后，一开始在“中华艺大”执教美术课程。但随着“艺术剧社”将“中华艺大”作为自己的活动基地，本校和其他学校都有不少学生对戏剧艺术的热爱和追求，许幸之和随后也从日本归来的沈西苓、司徒慧敏、石凌鹤这些骨干分子都纷纷加入到“艺术剧社”队伍中来，经常在一起活动还有：钱杏邨、孟超、吴印咸等人。

根据许幸之的回忆：1929年冬天，“艺术剧社”借用“中华艺大”的校址，举办了为期两个月的讲习班，先后参加听课的学员人数在一百人以上，后来大都成为左翼文艺演出队伍的骨干力量。除了郑伯奇、冯乃超、沈起予之外，许幸之和沈西苓都去讲过课。根据他自己后来的描述：就是把从日本老师那里学到的一些戏剧知识和技能，传授给刚刚接触这门艺术的年轻人，为随之而来的“艺术剧社”的第一期、第二期公演进行准备。几个月后，神州国光社出版了由艺术剧社主编的《戏剧论文集》，许幸之的两篇文章：《近代舞台装置论》和《舞台化妆论》都被收入其中，这都是他在讲习班的演讲稿。[10]

1930年春天，“艺术剧社”假借宁波同乡会礼堂进行了第一次公演，演出的剧目有德国米尔顿的《炭坑夫》（夏衍导演）、美国辛克莱尔的《梁上君子》（鲁史导演）和法国罗曼·罗兰的《爱与死的角逐》（沈西苓导演）等三个剧目。观众大多是地下工会组织来的工人和各院校的进步师生。在这次公演时，许幸之担负的工作是舞台设计，他清楚地记得和好友吴印咸一起，在宁波会馆外的墙角边，冒着凛冽的风雪严寒，用各种颜料和油粉，绘制了这三出戏的布景的情景。当时由于缺少演出的经费，社员们演出不但分文不取，还纷纷自己掏腰包进行捐献，许幸之本身经济上就不宽裕，干脆就把他在日本留学时，一位同乡赠送的御寒短大衣送到当铺当了，用于演出捐款。[11]

首次公演的成功，使“艺术剧社”初露锋芒，这是在国民党当局的文化封锁下打开了的一个“缺口”。像南国剧社、辛酉剧社、复旦剧社等进步社团都前来观看演出和进行交流，创造了左翼戏剧团体大融合的有利局面，这也给后来建立“左翼剧团联盟”（即“左翼戏剧家联盟”的前身）奠定了基础。

在第二次公演之前，许幸之和沈西苓联手导演了由冯乃超、龚冰芦合编的独幕剧《阿珍》，并由夏衍担任舞台监督，这是一部反映中国工人生活的话剧，陈波儿在戏中饰演了角色，这应该是许幸之在导演工作方面的初试身手。

在1930年4月，“艺术剧社”又进行了第二次公演，演出的剧目是雷马克编剧的《西线无战事》，这是一部反思第一次世界大战给人民带来深重苦难的作品。夏衍作总的领导和舞台监督，由沈西苓导演。许幸之仍是担任舞台设计工作，为此他精心绘制了一套舞台置景图。这次公演取得很大的成功，当时上海著名的戏剧家和各友好剧团的负责人如田汉、洪深、应云卫等都来观看演出，给“艺术剧社”的成员以莫大的鼓舞。

第二次公演的成功，在社会上赢得很大的反响，也迅速招来了国民党当局的打压，就在公演之后十多天的4月24日，“艺术剧社”被反动当局彻底封闭。这朵刚刚绽放在话剧艺术舞台上的“鲜花”，就被这黑暗之中的狂风暴雨彻底摧毁了。[12]

许幸之在短短几个月中，就在话剧舞台上初显身手，虽然还很稚嫩，但这却是他后来在戏剧领域进行编剧、导演工作和大量撰写戏剧理论文章的开始。他后来在二十多年间，编写过近十部话剧剧本，其中最著名的是他在1937年将鲁迅的名著《阿Q正传》，改编成六幕话剧发表，并在延安和全国各地都有上演；后来由他编著的《舞台导演初程》，成为新中国建设初期，许多青年导演登上戏剧舞台的工作指南。

四、导演著名抗日题材故事片《风云儿女》

1930年代初期，中国国内矛盾日趋激化，蒋介石为代表的国民党当局在“军事”和“文化”两条战线上对共产党展开“围剿”。

面对这种残酷、复杂的斗争局面，1933年3月，中共上海地下组织成立了“电影小组”，成员有阿英（钱杏邨）、司徒慧敏、石凌鹤等人，由夏衍担任组长。这表明：中国共产党要以电影艺术为武器，在这个新型的艺术领域中扩大进步文艺思想的影响、宣传党的政治主张，并以此团结广大进步电影人士，与国民党的“文化围剿”进行不懈的斗争。

1933年秋季，许幸之辞去苏州的美术教职重新返回上海，担任邵氏旗下天一影片公司的美术设计及置景工作，这是他后来从事电影行业的开始。这时左翼的“中国电影文化协会”业已成立，他的好友沈西苓作为协会负责人之一，经常与许幸之进行联系。许幸之也参与了对电影和时局发表宣言等各项活动，并与同在天一公司的老朋友吴印咸等一起，推动本公司也拍摄了几部进步倾向的影片。

对于左翼电影人逐步活跃的事态，国民党当局采取了极其粗野的暴力手段进行镇压。在1933年11月12日，发生了受雇于反动当局的流氓打手们，公然开着卡车冲进有进步倾向的“艺华公司”，将摄影设备和场地捣毁的事件。其后没有多久，刚刚进入1934年，1月20日上海《申报》就刊登出所谓《中国青年铲共大同盟宣言》，公然恫吓进步电影人，声称如果不按照他们的要求取缔有进步、爱国思想倾向的电影，就以“炸弹轰炸”各个进步影院和摄制机构。更有甚者，这个“宣言”直接在开列了一个“黑名单”，列出“田汉、沈端先（夏衍）、钱杏邨（阿英）、茅盾、沈西苓、许幸之”等左翼作家的名字，警告各个电影厂不得采用他们编写的剧本，聘用他们为导演者必须立即解除合同云云。[13]

面对这些政治上的打压，许幸之并没有被吓倒，他在从事电影置景设计工作的同时，根据自己对电影学识的认知和了解，陆续在报刊上发表一系列电影理论文章，如《对于中国现在电影的不满》《普特符金给中国导演家的提示》《〈吉诃德先生〉的导演和音乐》

《苏俄电影旅行记》等等，他还应邀在上海八仙桥青年会，对世界各国电影发展的概况进行多次演讲，受到热爱电影艺术的进步青年的欢迎。

1934年11月11日，经过认真的筹备，许幸之和吴印咸一起在上海八仙桥青年会，联合举办了“绘画、拍摄联展”。在参观了展览之后没有几天，担任中共电影小组组长的夏衍亲自秘密约见许幸之，动员他与吴印咸一起离开天一公司进入到电通影片公司，由许幸之担任导演、吴印咸担任摄影师，携手进行中国电影史上著名的一部抗日题材的故事片——《风云儿女》的摄制工作。这是许幸之个人电影事业的第一个高峰时期。

自1931年“九一八”事变东北三省沦陷和1932年“一·二八”淞沪抗战之后，在国民党当局实行的“不抵抗”政策纵容下，日本帝国主义除了占领整个东北、建立伪满洲国之外，又进一步侵吞了热河与察哈尔两省。它的侵略铁蹄已从东北三省，直逼到长城脚下，华北和平津危在旦夕，国家和民族的存亡已经到了生死危急的紧要关头。

为了积极地宣传中国共产党的抗日主张，唤起广大爱国民众的抗日热情，1934年初秋，夏衍、田汉等人一起秘密策划，拍摄一部反映爱国知识分子投笔从戎，走向抗日战场的故事片。并商定由田汉执笔写出电影故事，再由夏衍改编为电影文学剧本，并由受中共地下组织影响的电通影片公司来摄制。

1934年12月初，许幸之接到夏衍改编的《风云儿女》电影文学剧本之后，就赶往苏州改写拍摄脚本(或称“分镜头剧本”)，并在12月中旬完成。1935年1月20日，故事片《风云儿女》位于上海斜土路的电通公司的摄影棚正式开拍，领衔男女主角是袁牧之和王人美，他们都是夏衍亲自挑选的进步演员，其他主要演员还有顾梦鹤、谈瑛、陆露明等。首次执导电影拍摄的许幸之，很幸运地遇到经验丰富的老导演蔡楚生也在同一个摄影棚作业，他给予许幸之许多关爱和指导。

不久,摄制团队迁入荆州路电通公司新建的拍摄棚继续拍摄。正当紧张的拍摄工作进行之时,传来了编剧田汉就被反动当局以“宣传赤化”的罪名横遭逮捕的消息,许多左翼文艺界活跃人物也都转入了隐蔽斗争。在这乌云压顶的时刻,对于年仅30岁的许幸之来说也是一场严峻的考验,继续完成拍摄《风云儿女》的任务,就意味着要冒再次坐牢的政治风险,而他本人就曾在1927年和1930年两次蹲过国民党的大牢,饱尝身陷囹圄、惨遭迫害的滋味。

夏衍曾经对许幸之说:“田汉和华汉(即阳翰笙)被捕,大概你已经知道了。《风云儿女》是田汉入狱以前写好的剧本,是以号召文艺青年起来抗战为题材的,对当前的政治斗争有推动和鼓舞作用,我们要尽快把它拍出来,以配合当前的革命形势。”许幸之本人虽不是共产党员,但组织上对他如此的信任,使他下决心克服一切困难,完成这一光荣任务。[14]

鉴于当时国民党当局电影检查制度的限制,田汉编剧时不能直接写东北抗日义勇军在战场上与侵略者搏杀,只能通过三个流落在上海的东北青年人曲折的生活经历,来表达一个抗日救亡的政治主题。所以屡遭不幸的生活磨难和花前月下的浪漫故事,占了整个电影的很大篇幅。但是最终,由袁牧之饰演的男主角——诗人辛白华,面对国家危亡、战友牺牲的悲壮局面,终于冲破个人情感的藩篱、身披戎服,与千千万万爱国的民众一起,高唱着《义勇军进行曲》,拿起武器奔赴抗日救亡的战场。

许幸之曾经回忆说:1934年底,当他接手《风云儿女》的拍摄时,手头拿到的电影文学剧本中,有关主题歌《义勇军进行曲》和插曲《铁蹄下的歌女》的歌词部分都是空白的。但不久,去监狱里探监的同志,辗转带来了由田汉在狱中写在香烟盒包装纸背面的一段歌词,这就是《义勇军进行曲》的原始手稿。

1982年,许幸之曾写过一篇题为《忆聂耳》的回忆录,以深情

的笔触回忆自己与聂耳一起共同工作的那些日子,他记述道:

在通宵拍片后的一天清晨,睡梦中,我听到重重的扣门声。打开宿舍门一看,原来是聂耳。他一跨进门就举起乐谱兴高采烈对我说:“好啦!老兄!《义勇军进行曲》谱好了!”

“好极了!”我高兴地说:“你能不能试唱一下?”

他便一手拿乐谱,一手在我的书桌上打着沉重的拍子,连续唱了好几遍。曲调激昂、轻快,仿佛催人跨着矫健的步伐前进似的。它打动了我的心灵。我沉浸在他的嘹亮的歌声里,忘记了一切。突然,他停下打拍子,问我对他所谱的歌曲有什么意见。

“对音乐我可是一窍不通啊!”我支吾其词。

“你就干脆把你的意见说出来,我好修改啊!老兄!”

我这才消除了顾虑,说“整个曲子谱得很好,激昂、轻快,但‘起来,不愿做奴隶的人们’的起句显得低沉了一些,而最后一句‘冒着敌人的炮火前进!’还不够坚强有力。是否应当减少一些装饰音,形成一个坚强有力的煞尾?”

聂耳经过一番思索之后,便拿起桌上的铅笔,修改起来。修改后,我们两个人不约而同地合唱起来。起始句比原来激昂得多了。末尾原句式是:“我们万众一心,冒着敌人的炮火前进!前进!前进!前进!”改为:“我们万众一心,冒着敌人的炮火前进!前进!前进!进!”

由于增加了叠句,最后三个“前进”以铿锵有力的休止符来煞尾,把坚决、勇敢、跨着轻快步伐挺身前进的情绪,表现得更加明快、强烈。这就是日后成为家喻户晓、人人传唱的《义勇军进行曲》。[15]

由于田汉的被捕,使得原本应该由他所写的《铁蹄下的歌女》

的歌词,只好改为由导演许幸之代为完成了。好在许幸之本人也是一位诗人,此前也曾发表过大批爱国主义诗作。

1935年3月下旬,聂耳在完成《义勇军进行曲》之后约两周,便完成了《铁蹄下的歌女》的谱曲工作。由于他对歌女飘零四方的生活有着较深刻的感受,加之对国家前途民族命运的担忧和悲愤,使得他以最哀婉、最激愤的曲调完成了他短暂生命中的绝笔之作。

由于国民党当局惧怕有进步倾向的电影公司,拍摄其所忌惮的左翼电影,就采取了现场监督的方式来管控电影摄制工作。许幸之和他的摄制团队,白天要面对腰间挎着盒子枪,在摄影棚里转来转去的特务,所以只能拍一些无关紧要的生活场景。真正有政治内容的片断,只能等夜深人静、特务下班走人之后,才能进行拍摄。

许幸之还回忆说:聂耳当时还领导着一支业余歌咏队,自任歌咏队的指挥。这个歌咏队几乎每个星期都来电通影片公司排练,参加合唱的除了当时影剧界的明星外,还有工人和职员。许幸之还记得,在拍摄最后举着火把、高唱《义勇军进行曲》的群众大场面时,已经接近半夜时分,由于合唱队来的人太少,唱完以后听录音时,大家都觉得声音略显单薄、气势不够,于是聂耳就让许幸之动员剧组里的演职员们一起来重新演唱,最后连导演自己也成了合唱队员之一。为了不惊扰电影厂周边的百姓,他们在扩大演唱的气势的同时,又要压低自己的嗓音,真是费尽了心机。

经过四个多月的艰苦努力,在1935年5月24日,上海金城大戏院(即现在的黄浦剧场)举行了《风云儿女》的首映,《义勇军进行曲》和《铁蹄下的歌女》也与广大观众见了面。随后,《风云儿女》中的这两首歌曲,都刊登在电通公司出版的《电通画报》第1、2期上,紧接着其它电影方面的杂志也都陆续进行了转载,于是很快就引起社会各界的广泛注意。

随着电影在全国的公映和歌曲唱片的发行，它们马上就在全国流行传唱开来，其传播的速度之快和范围之广，是人们始料不及的。这其中最主要的原因，就是它们唱出了全国人民爱国抗日的心声。

据说，在当年的"一二·九运动"和后来的"西安事变"中，爱国学生在游行队伍中都不约而同地把《义勇军进行曲》作为鼓舞自己斗志的战歌。在后来的抗日战争的漫长岁月里，《义勇军进行曲》不但激励着爱国将士奋勇杀敌、保卫祖国，而且还流传到国外，成为中国人民英勇不屈、浴血斗争的形象代表。如今，它作为我们伟大的中华人民共和国国歌，更是鼓舞亿万炎黄子孙建设祖国、复兴中华伟业的战歌而响彻云霄。

（2019年6月26日初稿，2020年2月3日改稿）

注释

①② 许幸之：《关于"中华艺大"校址和"左联"成立大会会址》，《左联纪念集1930—1990》，百家出版社1990年版，第147页。

③ 许幸之：《时代美术社宣言》，《拓荒者》1930年第1卷第3期，第8页，《萌芽月刊》1930年第1卷第4期。许幸之：《新兴美术运动的任务》，上海《艺术月刊》1930第1卷第1期，第21页。许幸之：《中国美术运动的展望》，上海《沙仑》1930年第1卷第1期，第21页。

④《国民党取缔左联等文化团体、通缉左联成员的第6039号密令》影印文件（上海鲁迅纪念馆档案照片），上海鲁迅纪念馆编：《纪念与研究》第2辑，第192页。

⑤⑥ 王震：《二十世纪上海美术年表1900—2000》，上海书画出版社2005年版，第278、279页。

⑦ 乔丽华：《"美联"与左翼美术运动》，上海人民出版社2016年版，第14页。许幸之：《左翼美术家联盟的成立》，《中国新兴版画运动五十年》，辽宁美术出版社1982年版，第122页。

⑧ 方德育:《有关艺术剧社史实的几点辨正》,《新文学史料》1991 年第 2 期,第 189 页。

⑨ 许幸之:《艺术剧社主办的中华艺大戏剧讲习班(1929 年冬)》,阎折梧编:《中国现代话剧教育史稿》,华东师范大学出版社 1986 年版,第 80 页。

⑩ 许幸之:《近代舞台装置论》,艺术剧社编《戏剧论文集》,神州国光社 1930 年版,第 149 页。许幸之:《舞台化妆论》,艺术剧社编《戏剧论文集》,第 161 页。

⑪⑫ 许幸之:《友爱与温暖的回忆——为上海艺术剧社诞生二十七周年纪念而作》,《中国话剧五十年史料集》(第一辑),中国戏剧出版社 1958 年版,第 161 页。

⑬《中国青年铲共大同盟宣言》刊登在《申报》1934 年 1 月 20 日第 11 版。

⑭⑮ 许幸之:《忆聂耳》,发表于《人民日报》1982 年 2 月 15 日,收入聂耳、冼星海学会编《永生的海燕——聂耳、冼星海纪念文集》,人民音乐出版社 1987 年版,第 79 页。

鲁迅作品与生平研究

圆形：鲁迅《伤逝》的文本结构

苏 冉

任何一个经典文本都有着无限丰富的解读与阐释空间，而《伤逝》作为中国现代短篇小说的精品，自诞生以来就一直受到读者和批评家的广泛关注。对于《伤逝》的文本解读，许多学者都有着自己独到的见解。茅盾写于 1927 年的《鲁迅论》是其中极为有名的一篇，他认为《伤逝》的主题是“或者是在说明一个脆弱的灵魂（子君）于苦闷和绝望的挣扎之后死于无爱的人们的面前”①。李长之的《鲁迅批判》一书是唯一经过鲁迅本人批阅的批评鲁迅的专著，在书中李长之认为“这篇托名为涓生的手记，就是作者自己，因为，那个性，是明确的鲁迅的个性故。他一种多疑、孤傲、倔强和深文周纳的本色，表现于字里行间”②。同时，李长之还指出，《伤逝》“有对于女性最深切的了解”③——“女性在理智上，意志上的脆弱”④。除了对文本主题或思想研究之外，还有一部分重视考证的索引研究、中西比较视野下的研究、性别视域下的女性主义研究等。按照韦勒克关于文学“内部研究”与“外部研究”的两分法，以上提到的研究成果几乎都属于对《伤逝》的外部研究，相较而言，《伤逝》文本的“内部研究”则相对薄弱。本文旨在对《伤逝》文本的圆形结构进行分析，主要从空间、时间与人物思想情感三个方面，由表及里，深刻地把握文本主题。

一、圆形:空间的闭合

《伤逝》中的圆形结构首先体现在子君与涓生两人的命运在空间上构成了两个封闭的圆环。

涓生最初在会馆的破屋子与子君惺惺相惜,产生爱情的萌芽,在大胆而热烈的表白之后他们二人一同前往吉兆胡同组建自己的小家庭,然而在这里他们却并没有收获自己理想中的幸福。涓生被辞退,翻译也卖不成钱,这个家庭陷入了贫穷的漩涡。正如老舍在《骆驼祥子》中写到的:"爱与不爱,穷人得在金钱上决定,'情种'只生在大富大贵之家。"在生活的重压下,涓生不愿再"负重前行",他无情地抛下了子君,向她说出"不爱了"的谎言,自己带着无限的内疚与忏悔又重新回到了会馆。

子君也同样逃不开"绕圈子"的命运。她受涓生的启蒙与易卜生笔下娜拉的影响,勇敢的喊出"我是我自己的,他们谁也没有干涉我的权利"[⑤]。然后毅然从父亲的封建家庭出走,与涓生在吉兆胡同结合。然而,子君的爱太大胆也太热烈,从一开始便走在了涓生的前面,在子君盲目的爱的拖拽下,涓生不堪重负,他惊觉:"大半年来,只为了爱,——盲目的爱,——而将别的人生的要义全盘疏忽了。第一,便是生活。人必须生活着,爱才有所附丽"[⑥],于是涓生撇下子君狼狈地跑了。正如鲁迅先生自己所认为的那样,娜拉的出走,其结局不是堕落,就是回来。子君最后被父亲接走,重新回到了封建家庭的怀抱并最终死在了这无爱的人间。如图 1 所示。

子君像《玩偶之家》中的娜拉那样毅然从旧式家庭出走,读者敬佩她告别过去的勇气之余,也不由惋惜子君的结局。子君与涓生都只是绕了一个圈子,然后又回来了。从封建旧家庭到吉兆胡同再到封建旧家庭,从会馆到吉兆胡同再到会馆,两人的区别只是一个回来后死去而另一个回来后心中装满了悔恨,子君与涓生正

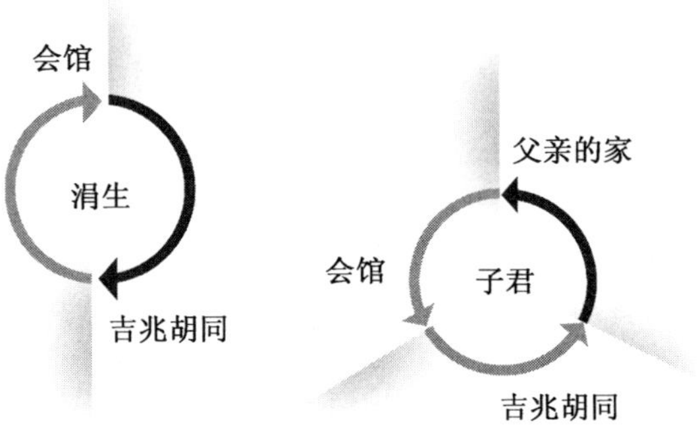

图1

是当时社会年轻知识分子的人生写照。鲁迅的深刻就在于他充分地展现出了现实的严峻,作为一个清醒的现实主义者,鲁迅更多的是在《伤逝》中强调知识分子可能会面临的种种困难,而不是盲目的乐观。像子君与涓生这种仅仅打着个性解放的旗号,靠着一套半生不熟的西方理论和主义,是无法改变社会也无法拯救自己的。

鲁迅早期在《文化偏至论》中曾说道:"况人群之内,明哲非多,伧俗横行,浩不可御,风潮剥蚀,全体以沦于凡庸"⑦,这是当时社会中的"人"的状态,"明哲"淹没在了横行的"伧俗"之中,导致全体沦为了平庸。在这样的社会下,子君与涓生这样清醒的、追求个人自由的青年成为了社会中"孤立的个体",站在他们对面的"社会的大多数"却近乎残忍的等同于"正确",力量薄弱的五四青年知识分子只能像子君与涓生那样退回原点。鲁迅清醒地到了五四时期知识分子身上的优点和缺点,也深刻地揭示出他们所处的时代环境,《伤逝》正是鲁迅对当时社会道路的探索。梦醒了是否真的无路可走?新生的道路如何跨出第一步?希望在哪里,路又在何方?涓生茫然,鲁迅也在思索。

二、圆形:时间的循环

在故事发生的时间层面也存在着一个大的圆形结构。子君与涓生的爱情在一年中经历了萌芽到死亡的过程,小说从春天开始到春天结束,形成了一个春夏秋冬时序交替的圆环。如图 2 所示:

图 2

春天正是万物复苏的好时节,子君与涓生爱情的萌芽也在春天悄悄地萌发,他们在会馆小小的屋子里"谈家庭专制,谈打破旧习惯,谈男女平等,谈伊孛生,谈泰戈尔,谈雪莱……"。[⑧]两颗火热的心慢慢靠近,不顾世俗的眼光毅然结合,"去年的暮春是最为幸福,也是最为忙碌的时光"[⑨]。他们找房子、搬家、不顾旁人的讥笑与异样的眼光也要在一起,子君更是"对于这些全不关心,只是镇静地缓缓前行,坦然如入无人之境"[⑩]。这爱情是盲目、热烈而纯真的,子君抛下了一切与旧式家庭诀别,为了新家卖掉了她惟一的金戒指和耳环。对于这样大胆而热烈的子君,鲁迅无疑是赞赏的。

"爱情必须时时更新,生长,创造。"[⑪]然而子君与涓生的爱情却并没有因为夏天的来到而升温,日常生活的鸡毛蒜皮拖住了子君,也让涓生备受折磨。子君终日忙于操持家务,喂鸡饲狗成为她生活的重心,并为此和隔壁小官太太暗斗。"常见她包藏着不快活的颜色,尤其使我不乐的是她要装作勉强的笑容"[⑫],此时涓生与子君的爱情已经开始出现了裂缝。

秋天本应是硕果累累的季节,但是子君与涓生的爱情却颗粒无收。涓生失业使得两个人的小家庭摇摇欲坠,家庭收入入不敷出。在这样艰难的日子里,子君却因受不了房东太太的奚落而将涓生还未吃的饭与珍贵的羊肉拿去饲养阿随。这也使得涓生觉得“自觉了我在这里的位置:不过是叭儿狗和油鸡之间”⑬。随着生活的日益拮据,油鸡们逐渐成为佳肴,阿随也是留不住了,只能“用包袱蒙着头带去西郊放掉了”。没有油鸡与阿随的家使涓生感到清净,但是子君却露出了凄惨的神色,在家庭经济危机的重压下,子君与涓生出现了严重的情感危机。

严冬将至,两人的感情似乎也将要走到尽头。曾经温暖的小家庭已不再温暖,子君冰冷的神情与屋中的寒冷迫使涓生不能在家中安身,他逃离了这半死不活的家庭,来通俗博物馆“避难”。虽然图书馆并没有书可读,但是涓生满足于可以在这里静心思考,然而他思考后的结果却是放弃子君。“已不知道人的生活的第一着是求生,向着这求生的道路,是必须携手同行,或奋身孤往的了,倘使只知道槌着一个人的衣角,那便是虽战士也难于战斗,只得一同灭亡。”⑭他将自己同子君的分离看作人生新的希望,将子君当作了自己生活的累赘,所以他向子君宣布“不爱了”。可怜的子君兜兜转转之后又回到了父亲的家,并最终死在了这无爱的人间。也许,涓生真的迎来了新生,但却把子君推向了死亡。

三、圆形:思想的退返

在《伤逝》这部小说中,除了时间与空间这两个较为明显的圆形外,在人物的思想上也存在着圆形。

涓生虽然接受过新思想的洗礼,想要冲破封建礼教,争取自由,但是在他内心深处对世俗传统的眼光仍是在意的。当他和子君一起走在路上,面对讥笑与轻蔑时,“一不小心,便使我的全身有些瑟缩,只得即刻提起我的骄傲和反抗来支持”⑮,可见,他胆怯于他人的看法,对于世俗社会他在潜意识中是妥协的。然而,受过的五四文化洗礼的涓生并不甘于向这社会屈服,他决心反抗。为了爱情,为了自由,他不顾他人的劝阻,毅然与子君组建自己的小家庭,涓生为此甚至陆续和"几个自以为忠告,其实是替我胆怯,或者竟是嫉妒的朋友绝了交"[16]。可悲的是,在故事的最后,涓生却向曾经他奋力反抗的世俗世界再次妥协。失业造成的经济压力使得他在物质生活中难以得到满足,与子君的精神世界也已经无法沟通,于是他决定抛下爱情,在这无爱的人间寻找新"希望",最终向子君说出"不爱了"的谎言。

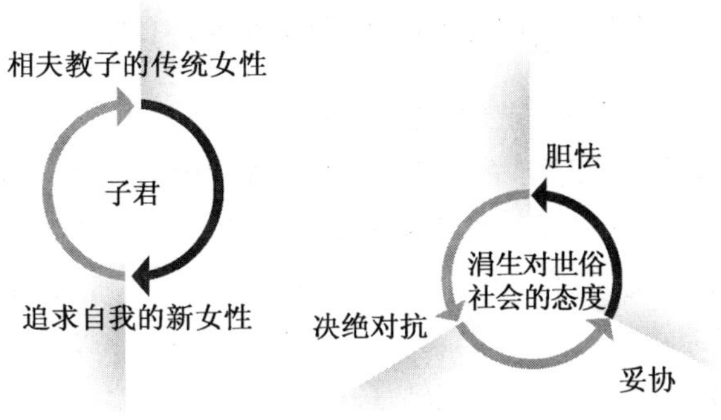

图 3

子君本是封建旧家庭中的一员,从小接受"父母之命,媒妁之言",以家庭为生活重心的封建思想教育,所以当她开始接触新思想时"她总是微笑点头,两眼里弥漫着稚气的好奇的光泽"[17],当涓生把雪莱的半身像指给她看时,"她却只草草一看,便低了头,似乎不好意思了"[18]。在这些地方,子君还没有走出旧思想对她的影响。但是,在涓生的启蒙下,子君大胆地喊出了"我是我自己的,他们谁也没有干涉我的权利"[19],她毅然从封建旧式家庭出走寻找自己的幸福,面对讥笑轻蔑的眼光也无所畏惧,仍然镇静地缓缓前行,俨然已经是一位新式女性了。然而,当子君与涓生结合后却失去了自己,她整日忙于喂鸡饲狗操持家务,"子君的功业,仿佛就完全建立在这吃饭中"[20],"她似乎将先前所知道的全部忘掉了”。[21]她将自己与涓生的爱情当作人生自由追求的终点，在新思想的刺激下绕了一圈，又回归到家庭中去了。

虽然鲁迅也肯定子君这种勇于离开家庭走上社会的行为，但却也为她们出走后的命运而忧心——整个社会不改变，一切仍然是徒劳的，人们还是会绕一个圈，走回原点。这正是辛亥革命后包括子君、涓生等几代知识分子悲剧的根源，也是鲁迅对知识分子生活道路长期思考的结果。

四、圆形新解：现代圆形的打破

无论是回归小家庭的子君还是最终又向社会妥协的涓生，他们都在抗争过后又走向了自己最初的道路，仿佛命运跟他们开了一个玩笑一般，一切都又回到了原点。王富仁先生曾指出：“几乎鲁迅的每篇小说，都有一个严密的封闭系统。”[22]从原点出发，绕一圈，再回到原点。不仅仅是《伤逝》中的子君与涓生，《在酒楼上》的“我”与吕玮甫也是在外兜转了一圈后回到了故乡，还有《孤独者》中的魏连殳，《故乡》中的“我”以及《狂人日记》中的狂人……我们所公认的鲁迅小说“离去—归来—再离去”的小说模式与鲁迅小说的圆形结构在某种程度上是有一定的相似性的，也可以说，“离去—归来—再离去”的小说模式正是圆形结构的一种变形。

鲁迅的《在酒楼上》中有这样一段发人深省的对话：“我在少年时，看见蜂子或蝇子停在一个地方，给什么来一吓，即刻飞去了，但是飞了一个小圈子，便又回来停在原地点，便以为这实在很可笑，也可怜。可不料现在我自己也飞回来了，不过绕了一点小圈子。又不料你也回来了。你不能飞得更远些么？”[23]“这难说，大约也不外乎绕点小圈子罢。”[24]《伤逝》中的子君与涓生正如那飞来飞去的蜂子与蝇子，被外来文化与“五四”新思潮“一吓”便“飞”了，然而却不能“飞”得远一些，最后都只能又回到了原地。

这种“被什么一吓”便“飞”去而后然绕圈子回来的社会现象，

不仅存在于“五四”一代的知识分子当中，也存在于一部分21世纪成长起来的青年中，他们成为了新时代的“子君”与“涓生”。《伤逝》这样一个封闭的圆形结构就是要告诉我们，如果人物想要突破这个小圈子不能仅仅依靠个人的奋斗，要打破黑暗，就要站得更高，看得更远，既要突破自我又要改造社会。青年必须成为推动社会进步的力量，投入社会变革的洪流中去并不断在斗争中完善自我，超越自我。只有社会变革，自我超越，才能避免“飞回来”的命运。

总而言之，以结构主义的圆形理论审视《伤逝》，由表及里，为更准确地理解这篇小说深刻的思想意义提供了另外一种思路。通过这种对文本内部进行分析的方法，促使我们更进一步走进子君与涓生，了解当时的社会背景，同时也在文本分析中更切实地把握社会现实生活。

（绍兴文理学院）

［本文是2019年绍兴文理学院校级《〈伤逝〉改编作品的类型与风格研究》阶段性研究成果］

注释

① 茅盾：《茅盾代表作·下·林家铺子》，华夏出版社2010年版，第212页。

② 李长之：《鲁迅批判》，北京出版社2003年版，第83页。

③④ 李长之：《鲁迅批判》，北京出版社2003年版，第89页。

⑤⑲ 鲁迅：《伤逝》，《鲁迅全集》第2卷，人民文学出版社2005年版，第115页。

⑥ 鲁迅：《伤逝》，《鲁迅全集》第2卷，人民文学出版社2005年版，第124页。

⑦ 鲁迅：《文化偏至论》，《鲁迅全集》第1卷，人民文学出版社2005年版，第52页。

⑧⑰⑱ 鲁迅：《伤逝》，《鲁迅全集》第2卷，第114页。

⑨ 鲁迅:《伤逝》,《鲁迅全集》第2卷,第116页。
⑩⑮⑯ 鲁迅:《伤逝》,《鲁迅全集》第2卷,第117页。
⑪⑫ 鲁迅:《伤逝》,《鲁迅全集》第2卷,第118页。
⑬ 鲁迅:《伤逝》,《鲁迅全集》第2卷,第122页。
⑭ 鲁迅:《伤逝》,《鲁迅全集》第2卷,第126页。
⑳㉑ 鲁迅:《伤逝》,《鲁迅全集》第2卷,第121—122页。
㉒ 王富仁:《中国反封建思想革命的一面镜子》,北京师范大学出版社1986年版,第361页。
㉓㉔ 鲁迅:《在酒楼上》,《鲁迅全集》第2卷,第27页。

鲁迅散文的特质及在文学史上的地位

刘扬烈

鲁迅先生在一生仅写过一部散文集，出版时命名《朝花夕拾》，但这本文集却是中国现代文学史上划时代的作品，为现代散文标新立异，永垂不朽。他发自内心，情真意切，既有历史的回顾，又与现实斗争紧密相联，抒情写意，随笔成章，是我国现散文的典范，值得深入研究，弘扬光大。

一

他在《朝花夕拾·小引》中曾说："前天，已将《野草》编定了，这回便轮到陆续载在《莽原》上的《旧事重提》，我还替他改了一个名称，《朝花夕拾》。带露折花，色香自然要好得多，但是我不能够。便是现在心目中的离奇和芜杂，我也还不能使它即刻幻化，转成离奇和芜杂的文章。或者，他日仰看流云时，会在我的眼前一闪烁罢。"在《且介亭杂文·忆韦素园君》一文中，他又说："我的《朝花夕拾》，在那时候，也都还是相当可看的作品。"这充分说明，先生自己非常看重他精心创作的散文，让我们眼前光辉闪烁。

这十篇散文，是在一年内创作的。"前两篇写于北京寓所的东壁下，中三篇是流离中所作，地方是医院和木匠房，后五篇却在厦门大学的图书馆的楼上，已经是被学者们挤出集团之后了。"(《朝花夕拾·小引》)

先生的坦诚之言，说明他难以忘怀少年时代的那段既娱悦又痛苦的磨难生活。往事并不如烟，回首自然情真意切。《从百草园到三味书屋》可以看到他儿时在后花园的玩乐嬉戏，在三味书屋的苦读，既有童心的欢愉，又有对封建教育的强烈反感。桑椹、鸣蝉、叫天子、"美女蛇"等构成的美景，与沉闷、枯燥、死板的教学恰成鲜明的对比。童趣与恶感同现，天壤之别，爱憎分明。儿童的口吻，真实可信，行文自然流畅，闪闪生辉。"三味书屋"有对迂腐的厌恶，也有对师长的尊敬，相得益彰，一目了然。真情实义，尽在其中。

《父亲的病》是对封建社会缺医少药、庸医害人的愤怒控诉，渴望推翻旧制度，解救众生。他在《呐喊·自序》中曾说："我有四年多，曾经常常——几乎是每天，出入于质铺和药店里，年纪可是忘却了，总之是药店的柜台和我一样高，质铺的是比我高一倍，我从一倍高的柜台外送上衣服或首饰去，在侮蔑里接了钱，再到一样高的柜台上给我久病的父亲买药。回家之后，又须忙别的事了，因为开方的医生是有名的，以此所用的药引也奇特：冬天的芦根，经霜三年的甘蔗，蟋蟀要原对的，结子的平地木，……多是不容易办到的东西。然而我的父亲终于日重一日的亡故了。"病逝时才37岁，死于肺结核。庸医害人，正暴露了整个旧中国的黑暗和愚昧。父亲的死是成千上万的牺牲者的典型，不推翻封建统治，中华民族就永远处于危亡之中。因而此文意义重大，是在为全国敲响警钟。先生选材独辟蹊径，思想发掘很深，父子亲情，煎熬多年，由希望变为绝望，沉重的打击，带来的是觉醒，要寻求民族复兴之路。鲁迅由此而学医，又由学医而学文，都是为民族寻找复兴之路。本文沿着两条线索和布局，一条是父亲的病和死，一条是批判和控诉封建思想、封建礼教的吃人。前一条顺时形成文章的骨架，后一条凝聚成全文的灵魂，层次清楚，脉络分明。人物情志，精辟的议论，扩大和深化了思想意义，震动人心。

二

鲁迅的散文，款款道来，真挚情深。那不是闲情余兴，而是心血的凝聚，滴血成文。《父亲的病》《范爱农》《藤野先生》……几乎篇篇如此。

且看《范爱农》。这是一篇叙事写人的回忆性散文，通过与范君的交往追述，表现了范爱农的朴实、正直、狷傲，有爱国热忱，渴望和追求革命，决不与旧势力同流合污的思想性格，控诉了造成范爱农不幸遭遇和悲惨结局的黑暗社会，批判了辛亥革命的不彻底性。他们一起在日本留学，又一起回国任教，但却看不到光明和民主自由，愤世嫉俗，终于溺水自亡。鲁迅十分悲愤和惋惜，《哀范君三章》有诗云："风雨飘摇日，余怀范爱农。世味秋茶苦，人间直道穷。海草国门碧，多年老异乡。故里寒云恶，炎天凛夜长。"愤慨之情，剑拔弩张，充分显示了"我于爱农之死，至今未能释然"之遗憾与惋惜。

把范爱农的生平事迹，放在辛亥革命的背景下来叙述，既有利于表现人物性格，又深化了作品的思想意义。范爱农从革命前的消沉、苦闷，到革命胜利时的喜悦、振奋，再到复陷入艰困、潦倒，他的思想性格在不幸遭遇的"之"字路中得到了极好的体现。他的不幸，正是辛亥革命不彻底的悲剧性的体现。文中有许多对老朋友的批评，但更多的是对人才的爱惜和哀叹。作品布局巧妙，结构严谨，以徐锡麟的维新被杀起首，到范爱农的冤死结束，是一种精心安排，两个悲剧证明，封建王朝必须推翻，民族复兴希望在前。

《藤野先生》一文则是记述他留学日本，在仙台医科专门学校，与解剖学教授的师生情谊。藤野勤于教学，没有民族偏见，对他特别关怀。一个正直、热诚、善良、认真的老师，使他特别感动，难以忘怀。贫弱的中国，饱受帝国主义的侵略、侮辱、抬不起头，挺不起腰，偶遇这样的老师，让鲁迅分外感动，永志不忘。

此文以受教于藤野先生始末为明线，以弃医从文的爱国主义思想发展为暗线，构成全文的脉络线索。两者互为因果，紧相勾连，形成天然交错的结构。主线沿着认识藤野—表现藤野—惜别藤野—怀念藤野的轨迹进行，构成全文的主干，编织和支撑暗线的描写，相得益彰，使全文汇结为一个有机的整体。特别是动态心理的描写，使文章更加生色。这种流动的、发展的心理描写趋势，突显其文的丰满、腴原、意味深长。把一点、一事件、一侧面的感触连成一气，便形成一种心理历程，让历史背景和作者的思想脉络更加清晰，使读者深感亲切可信。凝练、朴实的语言风格和白描手法，更使之自然和谐，增添了文章的风采。读之，思之，不禁拍案叫绝。

三

鲁迅的散文，看似简朴，却蕴藏着鲜明的革命战斗精神。《父亲的病》对封建统治的黑暗冷酷，发出了强烈的控诉。缺医少药，庸医害人是其表面，深处则在刨封建社会的老根，挖黑暗统治的祖坟。“时日何丧，余及汝偕亡。”仇恨之深，溢于言表。若不是统治者凶恶残酷，贪污腐败，何来国家衰败，民族贫弱，人民的苦难？《二十四孝图》批判封建伦理道德，教人从小恭恭敬敬，服服帖帖，惟命是从。所谓“安安送米”“王祥卧水”“梦中哭竹”等等，完全是编造的虚假教言，迫使儿童和青少年归依服法，毫无自由发展的可能。传统文化中的愚昧、顺从、奴化教育，登峰造极，岂有民主自由可言。他深知，传统的封建教育，危害极大。它可以毁掉一个国家，一个民族，所以才奋力鞭挞，以促进人民的觉醒，挽救国家民族的危亡，其用心何等良苦，令人敬佩。

《朝花夕拾》生动形象地反映了我国近代历史的一个侧面，多角度地展开了从清朝末年到辛亥革命失败后的历史画卷。鲁迅亲历了那个风雨飘摇、暗无天日的年代，目睹了末代封建王朝的极端衰败、愚昧和专横,眼看到辛亥革命的胜利和失败。他在散文里生动地描绘了具有典型意义的画面——清政府对帝国主义的屈膝投降,对人民残酷镇压,国力衰竭,民不聊生。鲁迅家庭的中落和许多农家的破产,正是这个社会造成的。从“谋生无奈”到“走异路,逃异地”,同样证明社会环境的极端恶劣。去日本留学,他看到出洋镀金的贵族子弟只知寻欢作乐,反遭欺凌,十分愤慨。辛亥革命后政府对封建势力的妥协,王金发的变质,范爱农的惨死等等,无不引起他深深的思量。革命不彻底,灾祸又重来……,这些都点燃了他的革命战斗精神,他必须继续探索前进,寻找救国救民的光明前景,这就是先生由民主主义转向共产主义的根基,是其毕生奋斗的强大动力。后来,他不怕围攻,不怕威胁,不怕暗杀的硬骨头精神,正起源于此。一个伟大的战士,一位民族的脊梁,挺立在暗夜,光芒万丈,永世留芳。

四

鲁迅的散文是中国现代散文史上的一座里程碑,一面迎风招展的旗帜。从文学史的角度看,它在“五四”新文化运动后具有开创性的价值,可以说是现代散文的典范。作为中国现代散文的领军人,他的散文风格是,朴实、严谨、情真意切,有的放矢,战斗性强;叙事诚朴,倾心抒情;自然和谐,决不追求华丽虚浮;讲真话,讲实话,不保守,有创意。因此,他的散文具有重要的历史意义和现实意义。

中国散文有悠久的历史渊源,自先秦开始,构思缜密,起存转合,天然有序。汉唐以来,有所发展,排比铺张,益显笔力。明清相传,秉存前人。从这个意义上讲,鲁迅散文有承前启后的作用。朱自清的《背影》《荷塘月色》、冰心的《给小读者》《小桔灯》、梁实秋的《雅舍小品》等等,显示了散文发展的新局面。及至当代,杨朔的《荔枝蜜》、刘再复的《刘再复散文选》、林非的《林非散文选》等等，都别有创新。一部光辉的中国散文史，充分表明散文作家人才济济，硕果累累。中华大地乃散文之乡，矿源丰富，收获满仓。世界上任何国家，都没有中国这样丰富多彩，代代相传，永世不衰。

从广义而言，鲁迅的许多杂文也是精彩的散文。如《纪念刘和珍君》《为了忘却的记念》《夜颂》等等，叙事如行云流水，抒情更滴血成章，比一般的散文更现突出。如此惊心动魄，如此沉痛绵绵，我还没见过这样惊天地、泣鬼神的篇章。那是鲁迅用血泪写的控诉，燃烧着愤怒的火焰，挥动着复仇的利剑，正如他在《无题》诗（“惯于长夜过春时”）中所写的：“惯于长夜过春时，挈妇将雏鬓有丝。……忍看朋辈成新鬼，怒向刀丛觅小诗。”沉痛悲切，流淌着世代血泪。

鲁迅先生不愧为中国现代散文的领军人，《朝花夕拾》是现代散文的里程碑，一代典范推动散文的成熟发展，阳光万里，光照千秋。

2020年元月于重庆

庄子文艺视野中鲁迅《野草》的审美哲学

周晓平

100年了,《野草》依然活跃在我们生命的视野里。是什么力量维持着《野草》这么恒久的生命力?《野草》的巨大存在揭示了什么?在体验《野草》审阅的过程中,鲁迅的认知方式、心理行为、心理状态及其宇宙人生的美学思想,无不给读者留下深深的震撼。这种深邃的哲学之思,留给后人不断去思索与拷问。它使人们从中国几千年文明的思想抑或外来他者文化的力量中去寻觅根源。

那么,《野草》美学思想的源泉及其逻辑基点究竟在哪?

一、《野草》的美学与精神之源

鲁迅的著作中,写于1924年至1926年的散文诗集《野草》最为别致,其思想性是从内心发掘的,即"生命力受到了压抑的苦闷懊恼乃是文艺的根底"。《野草》的审美哲学,无可置疑地站在了一个高点上。

按照创作时间先后顺序,《秋叶》《影的告别》《求乞者》《我的失恋》《复仇》《复仇》(二)6篇写于1924年下半年,是《野草》的前奏。1925年是牛年,也是鲁迅的最为"牛气"之年。从1925年1月写有《希望》始到年底12月《腊叶》止,写有15篇,1926年4月则创作了《淡淡的血痕中》《一觉》两篇。《野草》计23篇。这个时期是鲁迅最为孤独的时期,他的哲学之思集中于此。《野草》以简约的诗性话语囊括了深邃复杂的情感思想。鲁迅也曾说,他的

“哲学”就在《野草》里。

审美哲学在《野草》中俯拾皆是。“彷徨于无地”的《影的告别》,“我至少将得到虚无”;《求乞者》不过是这一艰苦精神之役的真实阶段,《秋夜》更不过是这一起始阶段的朦胧、遥远的序曲罢了。然而只要捻出了“虚无”这一真实的精神内涵,则会发现《秋夜》的审美不仅仅是枣树、小粉红花、小青虫、“奇怪而高的天空”、“圆满的月亮”、夜游的恶鸟、莫名的笑声……而是多元一体的个人世间和一种根本的“我”与人世间的质疑、对峙,抑或同情的关系[①]《希望》宣布反抗的人生哲学,认为绝望之为虚妄,充其量也不过与希望之为虚妄相同。《雪》充满诗性语调,把对雪浓浓的爱恋融于江南江北,各有千秋。但更赞美如粉、如沙、绝不黏连的“朔方的雪花”,“那是孤独的雪、是死掉的雨、是雨的精魂”。《死火》中“死火”宁愿自己燃灭至尽,也不愿呆在冰冻的冰谷里,让冰谷冻灭。鲁迅选择了十分精妙的审美意象从而表现了一个这样的矛盾,“宽恕”与“恶魔”是一对二律背反的审美,前者是以“善”为美,但后者是“化丑为美”。正如庄子明确提出:“故为是举莛与楹,厉与西施,恢恑谲怪,道通为一。”[②]即“美”和“丑”在本质上是一样的,甚至两者可以向对立面转化。两篇《复仇》的艺术效果均映现了鲁迅“参古以酌今”的艺术境界。《复仇》叙述的是耶稣被订十字架的故事。《复仇》的它篇则写得摩罗诗性之美:“但倘若用一柄尖锐的利刃,只一击,穿透这桃红色的,菲薄的皮肤,将见那鲜红的热血激箭似的所有温热直接灌溉杀戮者;其次,则给以冰冷的呼吸,示以淡白的嘴唇,使之人性茫然,得到生命的飞扬的极致的大欢喜;而其自身,则永远沉浸于生命的飞扬的极致的大欢喜中。”[③]这种“复仇”不是充满了一种冷酷暴力之美吗?它律动着恶魔的游魂。《这样的战士》表现了鲁迅对待敌人像秋风扫落叶一样恶魔式的个性,他告诫恶魔式的战士不要被善良的人给克了。[④]

《野草》的美在于“其兴味全在于人格的调子”而体现出来的

诗性特质。“当我沉默的时候,我觉得充实;我将开口,同时感到空虚”,这个题头充分显示鲁迅一打开思想的闸门,其欲说还休深刻的哲学意蕴得到展现。它借鉴了西方现代文学观念和表现技术。那时鲁迅正在翻译厨川白村《苦闷的象征》《野草》之美文受其影响是明显的。弗洛伊德的文艺观也启发了《野草》的创作:当生命之魂备受压抑而生的希望之花依旧顽强绽放时,其苦闷懊恼则借助意蕴的象征,将压抑在潜意识的生命中尽情凸显。鲁迅取法乎于屠格列夫、波德莱尔、尼采、克尔郭凯尔……无论意象营造、审美建构、语言锻造,都有所取益。以鼓励的个体反抗群体遭受的迫害,并以辛辣的笔锋批判社会种种虚伪的颓败。

然而,《野草》在借鉴西方文学观念和表现技术的同时,古代文化的深厚浸染,也是鲁迅创作《野草》人生哲学审美的不可或缺的精神根源。鲁迅坦言:“中国根柢全在道教。”庄子文艺之美,美在“道”,它深深地感染了鲁迅,并通过《野草》诸文深刻地展现了庄子的审美哲学,并拓展了庄子美学的蕴含。

二、《野草》审美哲学与庄子的“美感艺术”

那么,鲁迅《野草》的审美哲学与庄子的“美感艺术”有何内在审美逻辑关联,其必然性与现实性在哪?

(一)《野草》“梦境”与庄子之“梦”

在新文学运动之初,鲁迅曾作有一首诗《梦》:

很多的梦,趁黄昏起哄。
前梦才挤却大前梦时,后梦又赶走了前梦。
去的前梦如墨黑,在的后梦墨一般黑;
……
暗里不知,身热头痛。
你来你来!明日的梦。⑤

这首诗暗含了鲁迅的精神想象，是鲁迅《野草》的雏形。

鲁迅在《野草》中描绘了许多“梦”的故事。其大多数的篇章都是记录“我”的梦境，将不能或不愿“直说”的现实感触经过心灵的消化、过滤与转换，升华为奇崛、怪异、瑰丽与浓郁的意象象征。弗洛伊德认为，“艺术即梦”，文艺通过虚幻表达出一种真情。鲁迅正是通过梦，把主题的那种深层的东西淋漓尽致地传达出来。如《好的故事》记叙梦里见到许多奇妙的好人与事，醒来却一无所有。鲁迅十分珍视人生的价值，认为现实社会应该有真的美好的而非虚幻的故事。《墓碣文》是被敷衍成死者替自己预刻的碑文。“于浩歌狂热之际中寒；于天上可见深渊。于一切眼中看见所有；于无所希望中得救……”“抉心自食，欲知本味。创痛酷烈，本味何能知？……痛定之后，徐徐食之。然其心已陈旧，本味又何由之？……”这是在梦中督导这些碑文的“我”“窥见死尸，胸腹俱破，中无心肝，而脸上却绝不显哀乐之状，但蒙蒙如烟然”。知道“我”“离开时，死尸突然从坟墓中坐起”，“口唇不动，然而说‘待我成尘时，你将见我的微笑！’”若把整部《野草》比作为《墓碣文》的那座颓坏的孤坟，而那个“大闸口”的这一通道，是“长蛇游魂”脱身而出的一个关口。它假装成与自己无关的梦中之“我”，从而来窥视“死尸”，质疑过去，反思“生命”与“朽腐”。鲁迅透过“美感的经验”，借寓言、故事来破除自我的执迷，泯除物我剥离，使物我融为一体。这是鲁迅执着地追寻生命意义而从人性深处发出颤抖的焦虑，最阴惨与最恐怖的人生哲学之审视。这种艺术体验，自然而然想到庄子的艺术审美。不过，鲁迅则是以一种对立甚至审“丑”的方式来面对这种物化与叙述之“美”的。

庄子是以艺术的心态，将人类的存在及其生存的境域给予美化：宇宙就像一个大花园，人于其中尽情享受、绝对自由。庄子的美文借蝴蝶喻人生舒展自己的自由理想：蝴蝶翩翩起舞，自由翱翔。冲破时间、空间的限制；它悠游自在，穿梭往来于各个地方；没有任何的负重,轻盈而飞。它逍遥自适于阳光、空气、花朵、果园之中。这象征着人类生存在一个绝对自由的轻松、快乐的世界中。[6]

鲁迅《颓败线的颤动》:我梦见自己在做梦。自身不知所在,眼前却有一间在深夜中禁闭的小屋的内部,但也看见屋上瓦松的茂密的森林。板桌上的灯罩是新拭的,照得屋子里分外明亮。在光明中,在破榻上,在初不相识的披毛的强悍的肉块底下,有瘦弱渺小的身躯,为饥饿,苦痛,惊异,羞辱,欢欣而颤动。弛缓,然而尚且丰腴的皮肤光润了;青白的两颊泛出轻红,如铅上涂了胭脂水……[7]鲁迅的这种梦中之梦展现了一个真实的世界与一个真实的知识分子的自我。知识分子的真正的声音正式在沉默无言中呈现的。它是一种尚未受到人间经验、逻辑所侵蚀过的语言,只有在没有被异化的非人间找到它的存在。[8]这种境界就像《影的告别》中的"影"在无边的黑暗中拥有了无限的丰富、阔大与自由。它当然是鲁迅的超越现实的想象。鲁迅前期"摩罗诗力说"之精神,在《野草》中有了撼动人心的表现。《秋夜》有一棵光秃秃的枣树,它以铁似的直刺着奇怪而高耸的天空,这暗含了恶魔对无边的黑暗进行的绝望抗战。"她在冷的夜气中,瑟瑟瑟地做梦,梦见春的到来,梦见秋得的来,梦见瘦的诗人将眼泪擦在她最末的花瓣上,告诉她秋虽然来,而此后接着还是春,胡蝶乱飞,蜜蜂都唱起春词来了。"人生是惨淡的,弱小者、善良者、投机者都在各自做着梦,只有枣树高高耸立,置万恶的黑暗于死地。理想很丰满,现实却骨感。鲁迅一面寻梦——愿现实如梦,"愿现实为她变好";一面却清醒地意识到,理想与现实之间横亘着一条难以逾越的鸿沟。深知旧梦难以重温,那种"从百草园到三味书屋"的童年之趣与美梦一去不复返。他不想遁如梦中,因为鲁迅担心"梦醒之后无路可走"的困境。与其如此,不如远去。于是在现实中无情地打破心造的幻影。[9]正是基于这种现实,庄子为了不在现实中所受到的灾难,于是幻想一个阿 Q 式的满足。庄子的这种"精神胜利法"就是一种"梦中的睡眠”。如《齐物论》言:“昔者庄周梦为蝴蝶,栩栩然蝴蝶也。自喻适志与!不知周也。俄然觉,则蘧蘧然周也。不知周之梦为蝴蝶与?蝴蝶之梦为周与?周与蝴蝶则必有分矣。此之谓物化。”人生如在梦中“栩栩然而飞”。庄子蝶化的寓说,化除人们对于灾难的痛苦,以缓解现实的压力。这寄托了庄子的理想情怀。

庄子认为“梦饮酒者,旦而哭泣;梦哭泣者,旦而田猎。方其梦也,不知其梦也。梦中又占其梦也,觉后其梦也。且有大觉而后知其大梦也,而愚者自以为觉,窃窃然知之。君乎,牧乎!固哉,丘也!与女皆梦也!予谓女梦,亦梦也。是其言也,其名为吊诡。万世之后,而一遇大圣,知其解者,是旦暮遇之也”。庄子认为生与死、梦与醒、彼与此、得与失,诸如此类,都是梦中之幻觉而已。比人生如梦更进一步的是,人生本身就是一场梦,与其在现实中茫然、彷徨,无路可走,还不如生活在一个永远的梦中。因此,庄子企图用对立统一的方法去调解——悟道。[10]可是这种方法并非凡夫俗子能够做到,结果又落入虚无。庄子视人生为梦境,由“生”为假借,可以逻辑地引出人生如梦,而“生”的现实性的“骨感”,正如“梦”之为幻。在庄子那里,梦境有它独特的含义,它连接着宇宙浩渺鸿蒙的开端,忘却身外的祸福得失。是一种至美、至善、至乐的人生境界,这种梦境承载着遥远的未来。当庄子之形骸早已化为尘土在空中飞扬之时,他立马变为了一种栩栩如生的飞蝴蝶。因此,庄子之梦不能不带有一种美的虚拟。而当年鲁迅寄居于北京钞书拓帖之时,也正是他认为无路可走的时候。后来,钱玄同来了,从而有了著名的黑屋子的争论。最终鲁迅出山,因为他有时也想,万一这个铁屋子真有毁灭的希望呢?可到底有还是没有呢?这个可以有,这个真没有。从鲁迅后来的轨迹来看,这种绝望也是一直伴随他始终的。对于《好的故事》,李欧梵认为:“它是纯粹的幻想,是这部噩梦式的集子里的唯一好梦。”即便这样,仍然逃脱不了猛醒时分残酷的本相,即使小小的理想也避免不了失败的命运。《野草·影的告别》:"我不过一个影,要别你而沉没在黑暗里了。然而黑暗又会吞并我,然而光明又会使我消失。然而我不愿彷徨于明暗之间,我不如在黑暗里沉没。然而我终于彷徨于明暗之间,我不知道是黄昏还是黎明。我姑且举灰黑的手装作喝干一杯酒,我将在不知道时候的时候独自远行。"以"影子"为意象,当然折射了鲁迅当时心中难以排遣的虚无。"岂不是正因为有现实的苦恼,所以我们做'乐'的梦,而一起也做苦的梦么?岂不是正因为有不满于现实的那不断的欲求,所以既能为梦见天国那样具足圆满的境地的理想家,也能梦想地狱那样大苦患大懊恼的世界的么?才子无所往而不可,在政治、科学、文艺一切上都发挥出超凡的才能。"[11]但是,无论在虚幻的世界里,还是在满目疮痍的现实世界中,鲁迅并未永远虚无下去,而是将自我一分为二:沉默不语的虚幻的"我"与不断敦促的"我",否则解离他而去的具有强烈批判精神的我。鲁迅并没有被"绝望"吞没,他要做一个奋然前行的勇士。

《野草》之梦是从日常生活中的道理、法则、利害、道德等等压抑而完全解放出来了的"梦"的境地,以自由的纯粹创造的态度,和一切万象相对之时,能够真切地深味人生的生命哲学之蕴意,而同时又倾耳于宇宙大生命的鼓动。这正是庄子梦境理想的生命态势。

(二)《野草》审美与庄子美感哲学

正如庄子的《人世间》,庄子借由于人世间诸多矛盾、冲突,比如知识分子和统治者之间的关系,庄子代表的是"士"的阶层的知识分子,他们与统治阶级有许多矛盾:内部的矛盾、敌我矛盾;从内部转化为敌我的矛盾。任凭一些知识分子硬谏、死谏,统治阶级顽石一块不会被感化。庄子身处乱世,但他批判卫道士、杀人如麻、伴君如伴虎的社会现实。因此,庄子注重个人治身。认为一个人不要太重视外在,生命内涵很重要,重视人格世界。鲁迅则在《野草》中《狗的驳诘》《立论》《死后》《聪明人和傻子和奴才》讽刺了损人利己、势利贪婪于深入骨髓的奴性。两者都是对人性的审视，无论在内容抑或形式上都有异曲同工之妙。[12]庄子之美文对一切成为所谓真理的东西均提出挑战。不仅向艺术的权威提出挑战，向理性的权威如仁、义、礼、智，圣人的权威如尧、舜、禹、孔子等提出挑战。[13]鲁迅的《野草》处处闪烁着庄子美文的光辉，《野草》的美也就在这里。正如庄子美文一样，《野草》大部分是铿锵有力的格言警句，可供朗诵的严整灿烂的诗行。庄子注重自我，以个体的确立，汇流成整体力量而焕发新的魅力。《野草》中的"我"也以更多的孤我形象出现，但它所体现出来的排除一切冲撞意志，在似乎无路的地方走出路来的反抗绝望的生命哲学，独自与黑暗周旋、敢于直面生存真相的勇气，以及对艺术的大胆探索。《影的告别》《死火》《希望》《我的失恋》等，大量运用了象征、隐喻和暗示的技巧来表现心灵的苦闷、痛苦与烦恼，甚至绝望以及绝望抗战到底的精神。庄子说："天地与我并生，而万物与我为一。"虽然每一个整体都是千差万别，而在一个整体里面都是可以汇通的。在道家整体观的视野下，每个具体的人都能发挥其具体的作用。这就是个体与集体的关系、残相与共相的关系。即："相尊相蕴"，互相尊重、互相蕴含的"齐物"精神。[14]《野草》无不体现为庄子一种整体形象的力量光辉。鲁迅认为中国传统文化几千年，长期以来，顽固、专制的封建礼教钳制了人们的思想。经济的盘剥与压榨，人们成为了习惯的奴隶。没有文化、没有经济的支撑，劳动百姓失去了独立思考的能力，除了"看"还是"看"，没有自尊、没有想法，也是思想上的奴才。因为传统文化具有强大的同化功能，习惯势力吞噬着人们的身体与心灵。[15]若想有所改变，都必须付出惨重的代价，鲁迅的"铁屋子"理论则足以是最好的说明。鲁迅笔下的"看客"形象有了赖以生存的社会文化、心理与民俗的基础。在看客中有些人是明知不可而看之，而大部分人是一种从众心理，不知道能不能看,为什么去看,或者凑热闹,甚至起哄。在《阿Q正传》中,有好些这样的"看客"人物,阿Q则是典型代表。阿Q的糊涂在于他想革命,却不知道革命究竟为何物。他进进出出于未庄与县城之间,然后利用这些道听途说的"新闻"恐吓未庄的人们,包括举人老爷。李欧梵认为鲁迅的文学结构与艺术创造是完美的。《野草》甚至显得更为突出。他说:"鲁迅的试验虽然并非每次都成功,但他的成功作品却深深地证明了他的创造力,他能极具才华地把他的创造性思想表现出来,能够极为巧妙地把他的思想或经验变成创造性的艺术。"[16]这是颇有见地的。

《野草》的审美趣味是对立崇高的力之美,而不是宁静和谐的优美。鲁迅在《一觉》中说"灵魂被风沙打得粗暴,因为这是人的灵魂,我爱这样灵魂;我愿意在无形无色的鲜血淋漓的粗暴上接吻"。就某种程度而言,鲁迅的《野草》与庄子之美文,在思想情态、语言文字、情景描绘、艺术风格都有异曲同工之妙。比如同样运用寓言进行创作的鲁迅与庄子,其散文有惊人相似的审美。《墓碣文》是被喻为《野草》中最为难懂的一篇审美之文:"于浩歌狂热之际中寒;于天上看见深渊。于一切眼中看见无所有;于无所希望中得救。"鲁迅以梦为开篇探索了人类存在的本质与悖论,借用"灵魂与尸体"的对话,其寓意中其所遭遇的困境不仅仅是鲁迅自己,而是整个时代的悲剧。整个世界就是一个"灵"与"肉"分离的现实之悲,是"游魂"四处茫荡的现实人生。鲁迅在此给予了深刻的揭示,也表达了深远的忧虑。这是一则带有相当浓厚的寓言性质的故事。

无独有偶,庄子也有一则十分类似的寓言:庄子之楚,见空髑髅,髐然有形,撽以马捶,因而问之,曰:"夫子贪生失理,而为此乎?将子有亡国之事,斧钺之诛,而为此乎?将子有不善之行,愧遗父母妻子之丑,而为此乎?将子有冻馁之患,而为此乎?将子之春秋故及此乎?"于是语卒,援髑髅,枕而卧。夜半,髑髅见梦曰:

"子之谈者似辩士。视子所言，皆生人之累也，死则无此矣。子欲闻死之说乎？"庄子曰："然。"髑髅曰："死，无君于上，无臣于下；亦无四时之事，从然以天地为春秋，虽南面王乐，不能过也。"庄子不信，曰："吾使司命复生子形，为子骨肉肌肤，反子父母妻子闾里知识，子欲之乎？"髑髅深矉蹙曰："吾安能弃南面王乐而复为人间之劳乎！"庄子则借用"庄子与髑髅"的寓言对话，渗透了庄子对"生"与"死"的独特理解，以理想化的"死"，衬托了悲剧性的"生"。庄子对生命过程的理解，蕴含着最人生意义的质疑："人之生也，与忧俱生。"寓言同样呈现为一种悲剧的审美价值。

刘半农曾经写给鲁迅一副对联："托尼学说，魏晋文章"。鲁迅欣然接受。就是说，鲁迅的思想来自托尔斯泰、尼采。文章的风格则是魏晋的风格。这也可从鲁迅《魏晋风度及文章与药及酒之关系》得到证实。魏晋风格不就是庄子之文在魏晋时期普遍流行的风格么？"托尼学说"就本质来说是主张"反叛"与"自由"的问题，这与庄子的审美哲学又有何区别呢？庄子是从认识自己来认识人类的。所谓"天人合一"的美学观，正体现了庄子美学思想的核心。鲁迅也是深刻地认识自己，从而深刻地解剖别人，进而认识他所存在的现实、认识历史与未来、认识民族与国家的发展前景。"论时事不留面子，砭痼疾常取类型"[17]，《野草》把鲁迅的这种认识能力与审美智慧运用到普遍的社会层面，既是针对个人，更是针对普遍众生。他之所以这样抨击社会与人生的黑暗，其重要原因是它们破坏了人与自然的发展规律。

三、《野草》美学超越的历史价值

鲁迅是"五四"以后开启一代文风的先驱，是继黄遵宪、梁启超、章太炎、王国维之后现代文艺美学的奠基人。如果说鲁迅的《野草》包含着不仅"五四"时期少有，就是以后也不常见的中年人的深沉激越的识力与情感，即"它已经不是那可歌可泣的青年时代的感伤的奔放,乃是舟子在人生的航海里饱尝了忧患之后的叹息,发出来非常之微,同时发出来的地方非常之深"[18],而鲁迅的散文诗《野草》则更具这种审美情感的表达。庄子之文其哲性之美是与他的行文之美融合为一体的。他运用寓言的奇趣与想象彰显为:幽默、诙谐、讽刺、戏谑与怪诞、幽渺、新奇、秾丽。[19]《野草》显然继承了庄子风格的审美哲学,它大量运用了象征、隐喻、暗示等技巧来表现心灵的苦闷、未来的绝望及其绝望之后的积极抗争。它似乎逐渐地摆脱了古典主义与浪漫主义的影响,而不断地创造借鉴了新的艺术形式:象征主义、表现主义、存在主义、超现实主义、意识流与荒诞派等。

正如闻一多所言,庄子之文,是用诗性的表达方式来眺望渐行渐远的"梦境"故乡,重温昔日的美梦,呈现出一种病意的倾慕。那种倾艳之景,却映现以一种哀艳之情。浪漫中突衬了消极,似乎显得空茫与飘渺。庄子文艺思想中避世退隐对后世文人学者的生活道路的转变、人生方式的选择、思想历程的变化,是起到一定影响的。庄子的智慧并不仅在于发现一个玄妙的拓展大道的空间,消除人类的藩篱,更在于他的大超逸,使人类从一个受拘狭隘的世间提升到自由在的精神世界;使个人我从局限于天下为大,奔竞角逐蝇头蜗利的缩减异化中解放出来。回归于至为充盈的大我,直与天地并生,直与万物为一。庄子的审美哲学从本质而言是一种生命的哲学,其宗旨指向人的生存质量,追问着如何使人在世俗生活中回归自我本性,其人生境界的生存构成就是获得绝对的自由,而且把这种追求寄存于日常生活里。[20]理想很丰满,现实却"骨感"。庄子近乎于"世外桃源"的理想,不着边际,在现实中难以落实。其笔触之处虽然具有高妙的抒情趣味,却参差奇诡,接近于虚浮、浩渺,缺乏安全之感。庄子曰:"藐姑射之山,有神人居焉,肌肤若冰霜,绰约若处子。不食五谷,吸风饮露。乘云气,御飞龙,而游乎四海之外,其神凝,使物不疵疠而年谷熟。吾以是狂而不信也。”“他那婴儿哭着要捉月亮似的天真，那神秘的惆怅，圣睿的憧憬，无边无际的企慕，无涯岸的艳羡……”，以至于庄子之美文呈现出一种幽远、浪漫的鲜艳。庄子是以“死”的理想化来引导人的“此生”，其出发点是美好的，过程、结局却是消极。人生并非美好，现实也很残酷。追求虚静，远离社会是无济于事的。鲁迅正是以“横眉冷对千夫指，俯首甘为孺子牛”的精神，担当社会的责任，做起人类的脊梁。在此可现鲁迅的坦荡与艺术的风骨。现代艺术之“真”追求的是心境之“真”，而非形象之“真”。《野草》中与人对话的影子、被冰冻的死火、一次次举起投枪的战士。譬如，在《复仇》中，鲁迅郑重告诫：“被压迫的人，如果要恢复自己的地位，就应不断地去搏击、去持续战斗。”诸如此类，真实地表现了内心世界。这就使得鲁迅的《野草》具有了社会的批判功能。

当然，庄子文章之美，除了思想之美、情绪之美外，艺术之美也是值得珍视的。庄子提出“至美”的艺术观，认为生活在这种境界中的人，在他们的眼中，一切都是美的。他们不可能以功利的考虑看待任何事物，而且对其不带任何私欲与偏见。因此，是一种纯粹的美的体验，正如维特根斯坦所说：“艺术品是在永恒的形式下观察的对象”，是一种绝对而和谐的美，它与丑无缘。[21]这种艺术想象的结果是难以企及的，甚至是一种空灵的艺术之美。可是鲁迅并没有被这种艺术之美所迷惑。《野草》艺术之美恰恰来自鲁迅艺术审美中的审“丑”，其表现是不和谐的。现实中的人生、社会以及大自然许多是不和谐的。庄子之文的美，常常是以掩盖、逃避甚至歪曲现实中的不和谐，进而陷入一种虚无主义。《野草》充满着具体的智慧，善于从现实生活中切近的问题出发开展思想，不作抽象虚浮的想象。其艺术中则以审“丑”的方式再现现实中的不和谐，揭示人们心中的痛苦、忧伤甚至悲惨，通过对审美愉悦感的否定来揭示不和谐，从而表现艺术之“真”。《野草》的这种审美，无论过去、现在、未来都有它坚实的生活基础与肥沃的艺术土壤。

四、结　语

在鲁迅的文学作品中,《野草》是最具深刻哲学蕴含的。鲁迅于沧桑岁月的境遇中,任凭寂寞的心绪却苦苦地攀援与灵魂的角斗,期望洗刷自己也洗刷别人的灵魂。“他的见解是那样的准确,那样的清楚”是“他用望远镜与显微镜观察社会的”缘故。《野草》用曲折之笔,含不尽之意在语言的刺激和精神的痛感里,抵达思想的彼岸。这种审美之趣、哲学之思俨然古代的庄子。《野草》复杂幽深又相互冲突的多元化主旨意蕴与庄子“怨毒著书”异曲同工。《庄子》独步万年与《野草》的不朽,其审美维度的逻辑关联为文学创作提供了宝贵的启示。《野草》无不体现了鲁迅人生生存哲学之精华,融天地之博大,人性之深邃。凸显了一个坚强的、无私的、对准黑暗势力所向披靡而甘做牺牲的“大我”。完全契合一个作为庄子精神“我”的形象。回归于至为充盈的大我,直与天地并生,直与万物为一。[22]他于宇宙中投影,于苍茫中观照,呈现了一种理想化的无数审美之境。他延续并还原了永恒的意义——大美和至乐。《野草》是庄子的艺术之美在现实中的承接与升华。它并非西方现代文学艺术审美的翻版,也不是中国传统文化艺术的简单沿袭,而是体现了作为一个具有独立精神的鲁迅《野草》的审美艺术的呈现。

(广东嘉应学院文学院)

注释

① 参见彭小燕:《〈野草〉,怎么读》,第三届“鲁迅研究青年工作坊”学术研讨会论文集,深圳大学人文学院,2018 年 6 月 9—10 日,第 78 页。

② 参见金平凡:《庄子评注》,中国少年儿童出版社 2006 年版,第 57 页。

③ 见《鲁迅全集》,同心出版社 2014 年版,第 289 页。

④ 参见高旭东:《高旭东讲鲁迅》,北京大学出版社2008年版,第282页。
⑤ 参见高旭东:《高旭东讲鲁迅》,北京大学出版社2008年版,第58页。
⑥ 参见陈鼓应:《庄子浅说》,中华书局2017年版,第23、82页。
⑦ 见《鲁迅全集》,同心出版社2014年版,第260页。
⑧ 钱理群:《反抗的绝望:鲁迅的哲学》,北京大学出版社2017年版,第6页。
⑨ 参见冉云飞:《庄子我说》,中国发展出版社2014年版,第26页。
⑩ 参见陈鼓应:《庄子浅说》,中华书局2017年版,第45页。
⑪ 见《鲁迅全集》,同心出版社2014年版,第260页。
⑫ 参见张直心:《思想·文本·史实:鲁迅研究三维》,人民文学出版社2009年版,第137页。
⑬ 樊美筠:《中国传统美学的当代阐释》,北京大学出版社2006年版,第252页。
⑭ 参见张直心:《思想·文本·史实:鲁迅研究三维》,第137页。
⑮ 江卫社:《文化的觉醒与文学的选择论——"五四"乡土小说与国民文化之关系》,中国言实出版社2007年版,第47页。
⑯ 见黄乔生:《字里行间读鲁迅》,三联书店2017年版,第23页。
⑰ 参见杨国荣:《庄子的思想世界》,北京大学出版社2006年版,第214页。
⑱ 张定璜:《鲁迅先生》,见《六十年来鲁迅研究论文选》,李宗英、张梦阳编,中国社会科学出版社1982年版,第35页。
⑲ 张巨才、刘殿祥:《闻一多学术思想评传》,北京图书馆出版社2000年版,第300—301页。
⑳ 参见李满、陈丽:《庄禅美学思想与当代文学研究》,中国戏剧出版社2009年版,第234页。
㉑ 参见韩林合:《虚己游世,〈庄子〉哲学研究》,北京大学出版社2006年版,第210页。
㉒ 参见金平凡:《庄子评注》,中国少年儿童出版社2006年版,第3页。

迫害狂、恐惧及其隐喻
——《狂人日记》与《地洞》的比较研究

王海燕

鲁迅发表于1918年的《狂人日记》和卡夫卡写于1923年的《地洞》,都以"被迫害妄想狂"主人公的恐惧传达出无比真切的个人体验和时代隐喻。《狂人日记》借狂人"怕/不怕"的心理矛盾和精神搏斗,以"我偏要说"的决绝呐喊宣告了一个现代"中国人"的诞生,既是清末民初中西文化在不对等中交融而成的时代产物,也是鲁迅告别单向启蒙走向自我反省的个人隐喻。《地洞》则借一只穴居动物在"安全/不安全"的戒备防御过程展开了卡夫卡对现代人作为"理性主体"是如何走上异化之路的精细描摹,那种恐惧传达的不仅是现代主体异化的整体隐喻,也是他关于自身写作与疾病的痛切回顾。两篇小说都借"被迫害妄想狂"的恐惧将作者所属时代的精神困境凸显至读者面前,而其主人公恐惧的缘由与其妄想的内容则又分明地显示出作者思考方式的差别与中西文化的不同面向。

一、"迫害狂"

1918年5月,《新青年》第四卷第五号上发表的白话小说《狂人日记》和署名"鲁迅"的出场标志着一个崭新的开始。作为能够显示"文学革命"创作实绩的第一篇白话小说,"《狂人日记》得以成为中国新文学实实在在的出发点"①。长期以来,《狂人日记》以其“表现的深切和格式的特别”成为了鲁迅小说中一个阐释不尽的原点，同时也因为鲁迅本人“启蒙主义”、外国作品的影响、“暴露家族制度和礼教的弊害”等自评[②]，它不仅成为了“反传统”“反封建”的经典性文本，也成为了鲁迅与过去告别的最好证据。小说的内涵也在“启蒙”“反传统”“尼采影响”“进化论思想”等理论框架中得到不断的阐释。不可否认，“狂人”身上烙印着鲁迅前期接受的进化论、唯意志论和启蒙主义等异质文化因素的影响。小说开头即点明“狂人”之狂始于“月光”的照耀，正是“月光”开启了他受迫害的主观感受，并进而感受到自己与整个外在世界、文化传统的分裂与对立。这里的“月光”，代表着某种具有超越性质的新思想和新的价值观。[③]无论是受到来自西方近代精神精髓“个的思想”，还是日本明治文学的“狂人”形象之影响，毫无异议的是狂人具有了超越传统的新的视点，发狂即意味着获得了不同亦不容于传统的觉悟与行动。狂人的觉醒意识与劝转别人的行动，建立在他对自己的发现与主张的自信上，全文突出其自身意识活动的“（我）晓得”“知道”“明白”的出现频次总计达25次之多。这表明，狂人言行的依据不再是既定的历史经验和文化传统，而是出于内在自我意识的认知与判断，包括小说最后对于自己也吃过人的惊人自觉。结合鲁迅的经历，不难看出支配狂人的理性主义、个人主义、进化思想以及罪的意识，都得益于他南京求学，尤其是留学日本以来的西学背景。但这种影响又是和鲁迅身上固有的传统文化血脉，以及新旧消长、理势消长的时代潮流紧紧纠缠在一起的，所以，“狂人”不是任何单一向度所能阐释清楚的。

“狂人”的来源，除了果戈理、尼采、日本明治文学的影响之外，还有一个不为人们所看重但或许是十分重要的谱系，即中国传统文化的“狂”之谱系。“过去往往将尼采对鲁迅的影响视为鲁迅反传统的表现。但仅此是不够的，也未必准确，因为未能解释中国思想的‘狂’的传统对鲁迅的影响，尤其是章太炎对他的影响。”[④]

其实,对于深谙传统文化的鲁迅来说,不仅章太炎,魏晋人物,乃至孔子关于“狂者”的论述,可以说都与《狂人日记》中的现代“狂人”有着或多或少的血缘关系。“狂”是被忽略的中国文化关键词之一,“中国文化里面显然存在一种尚待发掘的狂者精神的传统”[⑤];有学者指出,“狂”与“狷”都是被忘却的重要的古典政治哲学概念[⑥]。在古代典籍关于“狂”的解释中,符合词义的直解有《韩非子·解老》所说的“心不能审得失之地,则谓之狂”[⑦];堪称经典立义的,是《论语·子路篇》中孔子的这段话:“不得中行而与之,必也狂狷乎。狂者进取,狷者有所不为。”[⑧]作为具有正面意涵的概念,“狂”是超前,“狷”是知止,两者都是有自己独立思想和独立人格的表现。中庸、狂、狷与孔子称之为“德之贼也”的乡愿,历来被看作是儒家传统关于人之性向的“四品取向”。事实上,《摩罗诗力说》中鲁迅也曾以“狷介”“狂人”评价过他心目中的“摩罗诗人”“精神界战士”雪莱。《狂人日记》亦专辟第八节为“乡愿”画像,在价值诉求上,“狂人”的主要特征是与“乡愿”的对立。无论是《狂人日记》之前呼吁的争天抗俗的“摩罗诗人”,还是之后出现在作品中的“疯子”“傻子”“猛士”“这样的战士”,都可归之为“狂人”系列。只是,“狂人”与传统文化的精神联系在西潮泛滥之际成了隐而不彰的潜流。

据周作人回忆,鲁迅确实有一个表兄弟得过此病,并在北京得到过鲁迅的照顾。[⑨]如果说生活经验的积累与医学上的优势是在为《狂人日记》中的“狂人”赋形的话,那么来自中国传统文化的“狂”之精神、与来自西方的进化论思想、尼采哲学等现代思潮则一起参与了为“狂人”赋神的过程。所以,“五四”文学革命石破天惊而又无比简约化的第一声呐喊由这个患有“迫害狂”病症的狂人发出,虽貌似突兀却其来有自。尽管是在中西文化巨大的差异与时势所迫在不对等中交融而诞生出来的“新人”,“狂人”激进、异质的姿态之下仍然跃动着中国传统文化的脉息。

《狂人日记》发表之后的第五年，即1923年的冬天，奄奄一息的卡夫卡在柏林也写下了一个类“迫害狂”的故事：《地洞》。此时距离卡夫卡离世只剩下半年的时间，也许是怀着死亡的预感，他写下了这篇与其自身关联最密切的小说，其叙述者与主人公是卡夫卡小说中引人注目的动物——一只类似于鼹鼠的穴居动物。以动物为主人公是卡夫卡小说的一个显著特点，它们“都通过一种动物的生活提出了人的问题”[10]，以及与人有关的文化、民族、存在等问题。《地洞》这篇卡夫卡生前并未发表的小说，据卡夫卡生命阶段最后的恋人多拉·迪阿曼特回忆，他是从傍晚到第二天上午一气呵成地完成了这件作品。[11]这种身体和灵魂都处于敞开状态的理想写作境界自从1912年创作《判决》以来罕有再现。事实上，“地洞”的意象很早以来就一直盘踞在卡夫卡的想象甚至梦境当中。早在1904年致马克斯·布罗德的信中，卡夫卡就对于人的处境打过这样的比方：“我们像一只鼹鼠打地洞，满身黑茸茸的毛，从我们打的沙洞里钻出来，伸出可怜的小红脚，怪可怜的。”[12]在1913年写给女友菲利斯·鲍尔的信中，他说自己“最理想的生活方式是带着纸笔和一盏灯待在一个宽敞的闭门掩户的地窖最里面的一间里，……那样我将写出什么样的作品啊！我将从什么样的深处把它挖掘出来啊”。[13]

在虚构的文字世界里努力建造这样一个“地洞”，成了卡夫卡和《地洞》主人公“动物—我”孜孜以求的终极目标。“我造好了一个地洞，似乎还蛮不错。”[14]这个沾沾自喜又不无脆弱的开头将“动物—我”掷进了一场至死方休的战斗中，因为这个地洞并不能完全与世隔绝，它有一个被可移动的苔藓掩盖的入口，“在盖着苔藓的那个幽暗的地方，正是我的致命所在”。“动物—我”担心这个不得已而为之的入口会被“敌人”“入侵者”发现，但是，它也不能把洞口堵死，因为“威胁我的不仅有外面的敌人，地底下也有这样的敌人”。它担心腹背受敌，害怕一切突如其来的袭击，无时无刻不在戒备着"这里有很多敌人,有着更多敌人的帮凶",并且认为"危险并不是想象的东西,而是非常实际的事情"。随着小说情节的发展,对地洞的信任渐渐成为对臆想中的敌人的恐惧,这种恐惧感越来越强烈,小说的后半部分"动物—我"被一种找不到来由的"嗤嗤"声所统治,陷入前所未有的巨大恐慌中,直至小说结尾——"但是一切始终毫无改变"。将人的综合心理寓于动物的体内,按照犹太人的信仰,这是上帝为有罪恶的人准备的一种惩罚。这类动物小说的主人公具有和卡夫卡的长篇小说主人公相似的特征:"作为类妄想狂的独来独往的人,他们始终都是他们原本所属的社会体制边缘的孤独者。"[15]这只战战兢兢地以"安全"为最高追求目标的动物,在小说中越是努力,越是远离了他的目标,最终走向了其反面——那来路不明而又永不停息的"嗤嗤"声让它充满了绝望。

二、恐 惧

凡是细读过《狂人日记》的读者,大都能够体会到狂人的恐惧、恐怖心理。汪晖指出"狂人的主导心理特征是恐怖和发现"[16],王富仁认为狂人由陌生而产生的"莫名的畏惧感""畏惧情绪",是因为叛离了文化传统的人会存在"本能的恐惧"[17]。伊藤虎丸从"终末论"的角度分析过狂人恐怖的发展过程[18],张洁宇认为"醒是怕的开始,怕是醒的表现"等[19]。从"赵家的狗,何以看我两眼呢"的本能恐惧,到害怕被人吃掉身体的生理性恐惧,再到发现"吃人"历史之后的精神上的恐惧,狂人在恐惧中一步一步揭开了"吃人"文化传统的罪恶,并对生活于这一传统中的自己也进行了深刻否定:"有了四千年吃人履历的我,当初虽然不知道,现在明白,难见真的人!"狂人的恐惧已经超越了一般的心理感受而上升为一种本体性的精神存在。作为人类最原始、最强烈的一种情绪,一般来说,恐惧的产生源于主体被迫置身于无法安然地相信世界、时刻面临无法主宰自己命运的严峻的生存境遇中，往往与死亡、无知相伴。[20]也就是说，恐惧往往与某种危机意识相伴。和当时大部分知识分子都把民族国家的出路问题归结为政治危机不同，鲁迅把当时中国的问题，“归结为民族自身的文化—人格危机，在他看来，这是中国一切问题在逻辑上的根本症结所在，政治与经济问题只是它的结果”[21]。东京时期的系列文章里面，鲁迅曾多次流露出对文明危机的忧惧：如《摩罗诗力说》中屡屡重复的“萧条之感”，《科学史教篇》中的“观于今之世，不瞿然者几何人哉？”“震他国之强大，栗然自危”，《破恶声论》中的“瞿然者，向上之权舆已”。“瞿然”“栗然”都是表示惊骇貌、恐惧貌的汉语固有词汇，鲁迅从中看到了恐惧的两面性，肯定了危机感也具有促人向上的积极功能。

在《狂人日记》中，直接出现的与“怕”相关的语句共有十六处，其中“我怕”与“我不怕”各出现两次，而作为狂人对立面的“他”或者“他们”的“怕”出现的频率远比“我”的“怕”要高，有十处之多。小说中出场的人物无不生活在各自的“怕”当中，既有对同一阵营中他人的戒备，更有对“狂人”的恐惧，“就是说，这不仅是单方面的被害感觉，对方也感到此方迫害的恐惧，两种直觉相合构成了双重强化的恐怖”[22]，形象地揭示出了文化范式转换之际人心惶惶的精神动荡状态。而狂人在经历了最初的恐惧之后，反而是越来越“不怕”了，在小说的后半部分，重复出现的“我偏要对这伙人说”“可是偏要说”喻示着狂人已经战胜了最初的恐惧。“说”即是对恐惧的宣战，对于经历了十年沉默期的鲁迅来说，这也可看作是在无意识中对自己何以投身于“五四”文学革命开始“呐喊”的一种说明吧。木山英雄认为，周氏兄弟从晚清的“文学复古”到民国的“文学革命”之转换，正是危机感的深化使然，“过去信仰的超人天才信念之崩溃过程，在兄弟二人那里不尽一致；但是显而易见，王朝制度的最后崩溃所引起的危机的深化，是使得他们与自己曾经无视的俗语化趋势合流的诸种原因中最重要的原因”[23]。间隔十年之久的两次启蒙，对于鲁迅来说，其原动力都是出自对文明危机的清醒认识与拯救行动，所不同的是，《狂人日记》借助小说文体的虚构性更大程度上解放了其意蕴空间，而“从彻底的文言一元化文学语言转向一元化口语的崭新实验”则呼应了“文学革命”的白话主张[24]。

无论是批评卡夫卡还是褒扬卡夫卡的批评家都不约而同地注意到了卡夫卡作品中的“恐惧”。马克思主义批评家卢卡奇契虽然从总体上将卡夫卡定位为“一个对现实始终怀着盲目和混乱的恐惧的经典作家”，但他仍然肯定了卡夫卡最深刻的独特性在于他强烈地表现了“客观现实中那所谓的与恐惧相适应并引起恐惧的结构及其对应物”，而且，他还指出：卡夫卡写作的时代，使他恐惧的客观社会对象其实还很遥远，他描述的并不是具体的、事实上的法西斯魔鬼世界，“而是哈布斯堡旧王朝在卡夫卡那‘先知性’恐惧的光照下所获得的这种鬼魅的重影”，所以，比后来产生的那些直接反映鬼气森森、引起恐怖的社会现实的作品能更为有机地长入“永恒的”“人的处境”之中。[25]恐惧感在卡夫卡的小说、书信、日记、札记中无所不在，它的生成有各种各样的背景。第一次世界大战战前的混乱与战后的恐慌、作为布拉格被排斥的犹太人，再加上社会与家庭中的异化现象、疾病的长期折磨……这一切对于敏感忧郁的卡夫卡来说更是一种存在的重负，他将“恐惧”看作自己的本质，“其实，我就是恐惧组成的。它也许是我身上最好的东西”，同时，他承认，这也是一种“犹太人的恐惧”，“这种恐惧并不是我私人的恐惧，这也是自古以来一切信仰的恐惧”。[26]如果说鲁迅的“大恐惧”主要来自他所感受到的民族文化危机，是对民族命运的深切忧虑，那么卡夫卡作为犹太人的游离身份则使他更敏感于自身的命运遭际，现代个体生命精神上的惶恐不安是他恐惧的主题。

这种惶恐不安在卡夫卡创作《地洞》的生命最后阶段，尤为集中地呈现出来并交织成一个巨大的整体。首先是自1923年秋柏林纳粹分子显示出来的针对犹太市民的集体迫害，使他感到城里随时都有可能出事；其次是战后的物资紧缺和通货膨胀使一贯生活优渥的卡夫卡时时感到囊中羞涩，不得不靠父母的接济才能维持基本的生存。更令人悲观的是，死亡的迫近日甚一日，因为肺活量的降低，他甚至连市中心出游也不能胜任，只能进行距离很近的散步。就在写作《地洞》之前，一批来访者曾先后来看望卡夫卡，他们知道生离死别的时刻临近了。在《地洞》中卡夫卡写道："我知道，我的时间有限，不允许我永远狩猎下去，""无论如何，到最后我是肯定要下去的。但当然，到那时还需有多长时间呢？……而我的责任在于：缩短这段时间，并立即着手从事必要的事情。"这是肺结核压迫之下生与死的较量。《地洞》后半部分突然出现的那个没有来由但又明白无误的"咝咝"声，正是来自身体内部的疾病的声音。卡夫卡同时代的一个医生兼批评家最早把这个声音与卡夫卡的疾病联系起来："健康的肺是没有声音的；患结核的肺发出嘶嘶声。"[27]《地洞》一开头，"我"想象中的敌人就包括外面的和地洞内部的，对于地底下的敌人，还特意交待："我虽没见过，但传说中讲到它们，我是深信不疑的。那是地底下的生物，传说中也说不清它们是什么样的。甚至做了它们的牺牲，还几乎没见过它们。"卡夫卡天生体质柔弱，在1911年他就悲观地预感到身体状况是他进步的一个主要障碍。1917年因多次咯血后拍X光片检查确诊为两肺尖结核，自此以后，他就处在和结核病的不懈斗争之中。《地洞》中，"动物—我"猜测那个发出"咝咝"声的不明敌人是"小而又小"的"大群大群的""不熟悉的动物"，"这是一种我过去对它不太注意、过分宽容的小东西"。在当时的医学还未能洞悉的疾病领域，卡夫卡竟然凭着直觉描绘出了结核菌的大致形态，这不能不说是一个奇迹。他最终于1924年6月3日死于这群"小东西”的侵害之下。

三、隐 喻

如不少学者所指出的那样,《狂人日记》实际上有两个“狂人”,前十一节是一个有了新发现而劝转别人的“狂人”,后面两节发现了自己也是“吃人者”的“狂人”则将否定的矛头指向了自己。鲁迅对于两个“狂人”的态度、他与两个“狂人”的关系是分歧较大、值得关注的重点。两个“狂人”的区别,可以说正是青年鲁迅和中年鲁迅的区别,也是晚清从事“文学复古”的周树人和“五四”投身“文学革命”的鲁迅之间的区别。竹内好的“回心”说、木山英雄的“精神逻辑”说、伊藤虎丸的“终末论”,都极其重视《狂人日记》作为转折点的意义。而这种转折,首先是鲁迅本人心路历程的文学产物,是“作者摆脱青春、获得自我的记录”[28]。体现在小说文本中,“狂人”作为启蒙者的两重身份设置是最为明显的。第十二节中的“今天才明白”“当初虽然不知道,现在明白,难见真的人!”,明显地存在一个时间上“当初”和“现在”的对比。这个“当初”,在小说中指的是前十一节;在鲁迅的生命阶段,指的是东京从事第一次启蒙的时期。木山英雄曾经分析过第十三节“救救孩子”关于“未来”的“唐突感”,其实,第十二节同样存在这一问题,由劝转别人的“狂人”到自我否定的“狂人”之转变过程,即过去和现在的关联小说并未明示。这一过程的补充是在后来的《呐喊·自序》中。《呐喊·自序》充满了对“青年时候的慷慨激昂”的无奈和凭吊之情,《新生》失败的结局“使我反省,看见自己了:就是我绝不是一个振臂一呼应者云集的英雄”[29]。在“既非赞同,也无反对”的鲁迅称之为“寂寞”的虚无感中,他很难再像以前那样为自己的行动赋予确定的意义,也正是从这个时候开始,他进入了竹内好所说的“回心”时期。自身行动的意义变得混沌不明,因为无法再把自己定位于现实世界中,他选择了把自己归属于黑暗与过去的姿态,“有了四千年吃人履历的我”原来也是与历史同构的“吃人”的人。这个病愈的“赴某地候补”的“狂人”也有鲁迅麻醉自己沉默十年的影子在其中。“自从那个‘振臂一呼应者云集’的儒家英雄倒下后,鲁迅就不再以‘疗救者’自命,并从早年的政论式的启蒙主义话语中退场,而直接面对并进入了自身‘在场’体验的言说,这种‘在场’体验的言说,直接表述,就是他后来的‘铁屋子论’;而外化的‘故事’文体,就是白话小说。”[30]在这个意义上,《狂人日记》首先是鲁迅关于生命历程的自我隐喻,然后才是一个关于民族国家的整体隐喻。

几乎所有研究者都会认识到,卡夫卡的动物小说是以人的本质为主题的。如埃姆里希认为:“在后期小说《地洞》中,卡夫卡的有关所有动物生存的主题,即人的真实‘自我’问题,得到了最彻底的深入反思和生动刻画。”[31]瓦尔特·比梅尔指出卡夫卡在《地洞》中对现代形而上学的本质——人作为“理性的动物”把确定性建立在主体自身之上的做法——进行了描绘和追问。“绝对的自我保障变成了绝对的自我威胁。自我确定的安全倒转为绝望的畏惧。……它不再能够抓住什么东西,因为存在者整体对它疏异化了,它所做的一切都倒转为反面了。”[32]作者认为,小说通过“动物—我”由对地洞安全确定性向不确定性的转变,颠倒了笛卡尔以来的现代形而上学立场,表现了现代人与存在者整体的疏离化状态,人因而成为无家可归者。

尽管可以将《地洞》看作是卡夫卡的“文学人生之总括”和“无所不包的隐喻”,但作为一部卡夫卡在遭受结核病折磨的弥留之际写下的作品,它同时也是卡夫卡总结自身生命历程写下的关于写作与疾病的隐喻。写作乃祈祷的形式,在日记和书信中,卡夫卡虽然一再表明写作对于他的重要性,但在创作中却很少直接表达他对写作的看法。《地洞》借“动物—我”与“地洞”相依为命、不可分离的关系,含蓄表达了写作在自己生命中至高无上的地位,吐露出写作的甘苦奋斗乃至为写作献身也在所不辞的信念。“我”与“地洞”的关系即是卡夫卡与写作关系的最佳隐喻。

“但它是一种希望,没有它我就活不下去”“这地洞不是别的,而仅仅是为拯救我的生命而存在的一个窟窿”“我和地洞这样相依为命……因为没有什么力量能够把我们永远分开”“因为我的血渗透在我自己的这块土地里,它是不会丧失的”。

作为现实生活中“一切障碍都能摧毁我”的“弱的天才”,是写作让卡夫卡那备受煎熬的心灵获得了神恩般的宁静。通过写作,他找到了自己的天堂。一贯以简洁文风著称的卡夫卡在《地洞》中不吝笔墨地重复着“地洞”给“我”带来的安宁和幸福,在地洞里“一切的一切宁静而空阒”。在生命之光即将熄灭之际,他以最高的礼赞来赞美写作,这是他的终极目标、最高的精神理想,通向自由的灵魂栖居之地。某种意义上,正是夜晚无节制地写作损害了卡夫卡的健康,并最终夺去了他的生命,所以,他预感“我最终也要在这里安然地接受我的敌人的致命的一击”,但是,这与写作带来的精神的解放与自由相比,又算得了什么呢?

除此之外,《地洞》也充满了对具体写作过程的各种隐喻。譬如“在大森林中狩猎”、从“小学徒”到“老建筑师”的成长,自然会让读者联想到卡夫卡的写作之路;那些通道、广场和城郭似乎是在暗示那些取得过显赫成就的文学传统。更有趣的是批评家格哈德·库尔茨还在《地洞》中辨认出了作为“我”的“敌人”出现的批评家形象:“我的敌人……说不定是跟我同一类型的人,是地洞营造的专家,或者某个森林隐士,或者和平的爱好者,但也可能是个想不劳而获的粗野的无赖。”这个假想敌的形象,“既是它所害怕的,也是它所期待的……不难看出这是一个文学批评者和解释者的形象”。[33]在关于现代人生存的整体隐喻中,我们也不能忽略卡夫卡在《地洞》中以写作为自我救赎的个人隐喻。

《狂人日记》和《地洞》作为寓言式的写作，高度浓缩了鲁迅和卡夫卡这一对同时代人“怕”和“恐惧”的黑暗体验及其救赎方式。“狂人”形象的独特性在于他一方面揭示出了因循已久的传统之痼疾并激烈反抗之，同时仍然把自己归属于来自传统的黑暗之中，体现出百年前中国人挣脱传统、迈向现代的艰难与决绝。相比而言，《地洞》中的“动物—我”完全摆脱了与自然、他人、上帝等一切可能的关联，是一位彻头彻尾的个人主义者、理性主义者。通过它对确定性的追求和最终失败，卡夫卡具有前瞻性地反思了现代人必将遭遇的困境——上帝作为超验之物消失之后，看似自由的理性主体却被一种折磨人的无确信所支配：无论他是多么地擅长思考和推理，无论他有多么漂亮完备的技术上的措施来保障“安全”，但他永远也找不到心理上的“安全”，在不确定的世界里，他只能被怀疑、恐惧和绝望所支配。卡夫卡的黑暗体验是存在主义式的，是对西方文化中一以贯之的信仰与理性的反思。由于社会形态和文化语境的阻隔，鲁迅和卡夫卡站在不同的历史节点，分别探讨了现代开端和末路的人的不同处境，虽然有着时间性（历史主义的）/空间性（存在主义的）、伦理价值/认知价值、社会人格/个体人格等方面的差异，对当今更加深入的中西文化交融依然有着不可替代的启示意义。

（湖北文理学院文学与传媒学院）

［国家社会科学后期资助基金项目“鲁迅的黑暗体验与书写研究”（17FZW027）阶段成果］

注释

① ［日］木山英雄：《文学复古与文学革命》，赵京华译，北京大学出版社 2005 年版，第 75 页。

② 鲁迅:《〈中国新文学大系〉小说二集序》,《鲁迅全集》第六卷,人民文学出版社 2005 年版,第 247 页。

③ [日]伊藤虎丸:《鲁迅与日本人》,李冬木译,河北教育出版社 2000 年版,第 107 页。

④ 林少阳:《鼎革以文——清季革命与章太炎"复古"的新文化运动》,上海人民出版社 2018 年版,第 331 页。

⑤ 刘梦溪:《中国文化的狂者精神》,生活·读书·新知三联书店 2012 年版,第 106 页。

⑥ 林少阳:《鼎革以文——清季革命与章太炎"复古"的新文化运动》,第 306 页。

⑦ 陈奇猷:《韩非子集释》(上),上海人民出版社 1974 年版,第 349 页。

⑧ 程树德:《论语集释》(第三册),中华书局 1990 年版,第 931 页。

⑨ 周作人:《周作人谈鲁迅》,北方文艺出版社 2014 年版,第 138 页。

⑩ [法]罗杰·加洛蒂:《论无边的现实主义》,吴岳添译,上海文艺出版社 1986 年版,第 150 页。

⑪ [德]彼得-安德烈·阿尔特:《卡夫卡传》,张荣昌译,重庆大学出版社 2012 年版,第 649 页。

⑫ [奥]卡夫卡:《日记》,《卡夫卡全集》第 6 卷,中央编译出版社 2015 年版,第 23 页。

⑬ [奥]卡夫卡:《致菲莉斯情书》,《卡夫卡全集》第 8 卷,中央编译出版社 2015 年版,第 176—177 页。

⑭ [奥]卡夫卡:《地洞》,《外国中短篇小说藏本·卡夫卡》,人民文学出版社 2010 年版,第 267 页。

⑮ [德]彼得-安德烈·阿尔特:《卡夫卡传》,第 644 页。

⑯ 汪晖:《反抗绝望》,河北教育出版社 2000 年版,第 199 页。

⑰ 王富仁:《中国需要鲁迅》,安徽大学出版社 2013 年版,第 125 页。

⑱ [日]伊藤虎丸:《鲁迅与终末论:近代现实主义的成立》,李冬木译,生活·读书·新知三联书店 2008 年版,第 158—178 页。

⑲ 张洁宇:《鲁迅那代人的醒和怕——重读〈狂人日记〉》,《文艺争鸣》,2018 年第 3 期,第 12 页。

⑳ 张玉龙:《恐惧的伦理价值及其意义》,《河南师范大学学报》2012年第1期,第61页。

㉑ 周令飞主编:《鲁迅思想系统研究》,人民日报出版社2016年版,第95页。

㉒ [日]木山英雄:《文学复古与文学革命》,第3页。

㉓ [日]木山英雄:《文学复古与文学革命》,第237页。

㉔ [日]木山英雄:《文学复古与文学革命》,第237页。

㉕ 叶廷芳编:《论卡夫卡》,中国社会科学出版社1988年版,第339—340页。

㉖ [奥]卡夫卡:《情书Ⅱ》,《卡夫卡全集》第9卷,中央编译出版社2015年版,第275、245页。

㉗ 赵山奎:《卡夫卡与卡夫卡学术》,浙江大学出版社2018年版,第189页。

㉘ [日]伊藤虎丸:《鲁迅与终末论:近代现实主义的成立》,第178页。

㉙ 鲁迅:《〈呐喊〉自序》,《鲁迅全集》第一卷,人民文学出版社2005年版,第439页。

㉚ 周令飞主编:《鲁迅思想系统研究》,第107页。

㉛ 转引自[德]瓦尔特·比梅尔:《当代艺术的哲学分析》,孙周兴等译,商务印书馆2016年版,第144页。

㉜ [德]瓦尔特·比梅尔:《当代艺术的哲学分析》,第138页。

㉝ 赵山奎:《卡夫卡与卡夫卡学术》,第186页。

《狂人日记》与《恶雨喻》《狂犬》比较论析

赵东祥

鲁迅的小说《狂人日记》与佛典翻译文学作品《恶雨喻》、乌拉圭作家奥拉西奥·基罗加的小说《狂犬》之所以具有可比性,可以作平行研究性质的比较论,是因为《狂人日记》与另外两篇作品都展现了人类的心理的病态乃至变态和疯癫,同时也表达了对于这种病态、变态乃至疯癫的心理的一种文学化的看法和对一种精神症候的揭露,同时表达了人们从癫狂之中获得一种关于思想和艺术的智慧的祈望,并因而生成了《狂人日记》与另外两篇作品的可以分别进行比较研究的思想和艺术形态。我们认为,《狂人日记》作为中国现代文学史上的经典白话文学作品,是有着丰富的意涵和可以阐释理解的空间的,而借助于与具有可比性的作品可以获得并确立研究《狂人日记》的阐释角度和理解空间,同时以《狂人日记》为视角亦可以获得相对于其他文本的文学性的评价立场和解析空间。因此对《狂人日记》与《恶雨喻》《狂犬》的比较研究既可以视作基于《狂人日记》与另外两篇作品具有的可比性而进行的平行研究,同时也可以视作通过平行研究完成的对《狂人日记》分别与另外两篇作品的相互阐发的阐发研究。这种性质的比较研究能够丰富对《狂人日记》和《恶雨喻》《狂犬》等作品的理解和阐释,打开对《狂人日记》与《恶雨喻》《狂犬》的思想内涵和艺术面貌的理解和阐释空间。基于上述原因而展开关于《狂人日记》与《恶雨喻》《狂犬》的比较性论析。

一、《狂人日记》与《恶雨喻》比较论析

关于《狂人日记》这篇小说，鲁迅曾这么说过："从一九一八年五月起，《狂人日记》，《孔乙己》，《药》等，陆续的出现了，算是显示了'文学革命'的实绩，又因那时的认为'表现的深切和格式的特别'，颇激动了一部分读者的心。然而这激动，却是向来怠慢了绍介欧洲大陆文学的缘故。一八三四年顷，俄国的果戈理（N.Gogol）就已经写了《狂人日记》。一八八三年顷，尼采（Fr.Nietzsche）也早借了苏鲁支（Zarathustra）的嘴，说过'你们已经走了从虫豸到人的路，在你们里面还有许多份是虫豸。你们做过猴子，到了现在，人还尤其猴子，无论比那一个猴子'的。"①这是鲁迅所标出的《狂人日记》的思想认识和小说艺术的来源。我们推测，作为现代小说的杰出创造者，在《狂人日记》的写作中，鲁迅大概还汲取了佛经故事《恶雨喻》的思理结构以及表达理则的艺术框架，但因为暂时还没有证据证明这个观点，所以在这里我们将两者放在一起作一种平行的研究。而这种平行研究应该是有助于我们加深对《狂人日记》这一现代白话文学经典作品的理解的。

《狂人日记》与《恶雨喻》都是先知者用以宣喻他们的某种"好"的，即有价值的思想的启蒙和教化文本，也即想通过故事的讲述来宣示譬喻故事之中的理则的文本。

《狂人日记》的白话部分看起来不像是讲故事，但这一部分实际上是序言中讲述的那个故事的组成部分。《狂人日记》的文言的序言中讲述的是迫害狂患者和他的被治愈的故事，白话部分就是这个迫害狂患者生病期间记的日记。二十三则日记讲述的其实是一个癫狂者也是一个受过精神的苦刑的觉悟者与对立于他的世界的一种思想性的斗争。《恶雨喻》则讲的是诸臣都被恶雨所淋而都患了癫狂，独有国王未披恶雨而保持清醒但是因为怖于众人之癫狂而佯狂，这对应的应该是《狂人日记》的白话部分。白话部

分狂人怖于众人的癫狂（他们仍然是野蛮的“吃人者”，而且是“吃人”蛮俗的维护者，并且他们认为是“从来如此”），如同《恶雨喻》中未被恶雨淋漓过的国王怖于被恶雨淋漓过的诸臣。而与《恶雨喻》中的国王不同的是，狂人意识到自己也于无意之中参与了“吃人”，也是疯癫者之一，并作为疯癫者切实地犯过罪（“吃人”），而国王只是佯狂，相较之下，狂人显示出因自己也是“吃人的人”而忏悔的精神上的深度感，的确是“表现的深切”，相形之下，佛经故事《恶雨喻》倒反而显得浅表了。

《狂人日记》的序言之中则表明大众都是理性的或者说是活在理性的世界中的，只有狂人被定义为迫害狂患者，相较之下的《恶雨喻》亦是如此。《恶雨喻》中诸臣被恶雨淋漓癫狂七日之后恢复，变得清醒如常，对应《狂人日记》序言部分，被狂人指控的“吃人的人”摘掉了白话部分“吃人”的帽子，之后给揭示真理的狂人戴上了迫害狂患者的帽子，如同国王仍然保持他的佯狂，使得诸臣（大众）皆惊怪国王（狂人）的癫狂，都显现了经过癫狂后向着冷静理性的日常生活空间的回归。这是《狂人日记》和《恶雨喻》在相互对照之下各自讲述的故事，而从两个故事的叙事形式的框架方面来看两篇作品是相似的，这种叙事框架来源于宣喻理性精神时生成的一种启蒙者和大众对立的紧张关系，并通过这种相互对立的紧张关系而显示“好”的思想存在的必要性，从而达成通过“好”的思想启蒙或者说教化大众的目的。因此，无论是《狂人日记》还是《恶雨喻》都不是仅仅讲述故事而已，它们其实都是要借助于故事的讲述来宣喻某种理性意识，这使得两篇作品成为启蒙或者说是教化的文本，理性精神、理则的宣扬是这两篇作品的重心。

在《恶雨喻》当中包含着觉悟的理智的个体与愚蒙的非理性的群体之间的紧张和对立关系，这实际上可以视为觉悟的佛陀（智慧者）和未觉悟的大众（蒙昧者、火宅里的人）之间的紧张和对立关系的具体表现形式，而这很容易让我们想到鲁迅作品中清醒理智的启蒙者和蒙昧的群众之间的紧张和对立关系。再具体到《狂人日记》白话部分则是揭示群众蒙昧的觉悟了的狂人和吃人的蒙昧大众（“铁屋子里昏睡的人”）之间的对立与紧张关系。这种紧张关系的形成有赖于获得智慧的先知者和愚蒙的大众的二元对立，在对立中分别构造了两篇作品中的被大众所化：《狂人日记》的序言中大众认为狂人是迫害狂患者，《恶雨喻》的结尾诸臣则惊怪于国王的仍然癫狂以及教化与启蒙大众：“你们立刻改了，从真心改起！要晓得将来是容不得吃人的人……”（《狂人日记》）[②]“我心常定，无变易也。以汝狂故，反谓我狂，以故若是，非实心也。”（《恶雨喻》）[③]而这种对立关系一经生成，就有了揭示作品的思想内蕴的力量，首先，它显现了宣喻启蒙理性或者佛理的先知者的不被大众所理解；其次，它显现了大众的惰性和启蒙大众使之觉悟的艰难；再次，它显现了贯穿于启蒙者或者说是教化者内心的一种理性的规则，即在恶雨中保持清醒（国王躲避恶雨）或者在某种思想传统中保持清醒和自我反省能力（狂人反省自己所处的那个世界和作为个体的那个自己）。

为了要达成对于理性的宣喻，两篇作品各自选择了有助于宣喻理性的叙事视角。在《狂人日记》中是借助于人物视角（序言中的“余”和白话日记部分的“我”）向我们读者展示了一个其观念和看法相互对立的世界，两个相互对立的世界的存在使作品得以生成一种相互辩驳式的对话性的理则，而这种揭示是反作者的意图谬误的，就是要把作者排除在外以达成作品的客观性从而增强反思的深度感，以期表达一种深刻的启蒙主义的理性精神、一种深刻的文化反省精神和文化反省意识。而《恶雨喻》则采取的是全知视角，但是有时要借助人物视角揭示佛理，一方面是叙述者无所不知，另一方面还要照顾到文本之中人物的视角，故事在全知叙事过程中夹杂了人物对世界的看法——比如借助国王也即作品中人物的视角来显说譬喻故事之中蕴含的佛理即是如此。《狂人日记》和《恶雨喻》各自选择了有利于表达思想认知的叙事角度，但总的来说，这种叙事角度的选择是服务于理性精神的表达的，因此，这两篇作品其实都可以视为宣示某种真理并启蒙愚蒙者的教化文本。

二、《狂人日记》与《狂犬》比较论析

戴永沪（乌拉圭作家奥拉西奥·基罗加的小说的汉译者）认为："《狂犬》一文很可能就是受了莫泊桑《奥尔拉》的启发，也自然使我们联想到果戈理和鲁迅的同名小说《狂人日记》"④，这是颇有见地的看法。《奥尔拉》与《狂人日记》的可能的关系也已经被论者注意到。⑤我们注意到《奥尔拉》是以日记体来模拟精神病患者的幻觉和病态之心理的，而《狂犬》的日记体部分是模拟狂犬病患者的病态心理的，类似于《狂人日记》日记体部分对于一个迫害狂患者的模拟，因此，笔者认为在小说的艺术创造等方面，《狂人日记》和《狂犬》是非常有可比性并可以作比较性质的相互阐发的。

首先从小说的结构框架来看。两篇作品都是由序言和日记两部分构成的。在序言中叙述并解释了人物的故事——分别是迫害狂患者和狂犬病患者的故事，而日记部分则是分别是狂犬病患者和迫害狂患者患病期间的日记，形成了小说的两个组成部分，并构成了两篇小说的同样的结构框架。这种结构框架的相同不是因为影响关系而形成的，应该属于平行的创造，然而这种不谋而合的创造不能不使人惊异于人类思维能力的相通乃至相同。顺便说一下另外一个让我们感到惊异的例子是陶晶孙的《音乐会小曲》。在感情和季节的相互对应以及因之而架构的小说叙事的框架方面，《音乐会小曲》与奥拉西奥·基罗加的《爱的季节》基本相同，只不过《音乐会小曲》将人物之间的恋情区分为春、秋、冬三个阶段，比《爱的季节》少了"夏"这个阶段，这应该是小说创造上的不谋而合

的一致。基罗加生于1878年,而鲁迅生于1881年,基本上是同龄人,陶晶孙则晚一点,生于1897年,然而他们在不同地域却完成了结构框架相同的小说创作,这既说明人类文化心理的相通,也说明了小说写作框架方面创造的难度——就是好像没有办法写出完全独一无二的小说一样。

其次,从文体来看。两篇小说的序言交代事情的始末和因果,在文体上属于带有故事情节的叙事文本;日记体则具有心理分析的色彩和现代主义意味,日记也叙述了某种事,但是这种叙述是经过了患病者过滤的带有浓厚的心理分析色彩的叙述,所以这一部分是现代主义的文体。两篇小说对于人物的病态心理的揭示,又都显示了小说所具有的现实主义的深度感,即揭示的是真实的患病期间的病态心理,因而可以将之视为揭示病患者的心理病态的档案。也就是说,小说虽然是心理分析的,但是这种心理分析具有真实性,因此可以视这两篇小说为档案体。所不同的地方是,《狂犬》仅仅是揭示了狂犬病患者的病态心理;而《狂人日记》除了揭示人物的心理病态以外,作者还借助于歧义的理解,而使得小说具有了揭示某种寓意的寓言小说色彩。或者说,《狂人日记》是可以引发联想的隐喻体小说,而《狂犬》则是停留在以日记体揭示病态心理层面上的写实体小说。

我们可以举例子进一步来具体分析《狂犬》和《狂人日记》的小说文体上的各自的特点。

在《狂犬》中描写狂犬病患者的病态心理的,是带有写实性的心理分析文体——其文体上的现代主义色彩来自小说中的心理分析和对幻觉的描写。比如这一段:

本想彻底清静自在,但是这是不可能了。我想,这事看来准要闹得没完没了。整天是躲躲闪闪瞄你觑你的眼睛,没完没了的窃窃私语,而一听到我的脚步却又猛然停了下来。坐在饭桌前也是偷偷打量我的神情。真是好不烦人！这一切越来越让人难以容忍。“你们到底怎么回事啊?”我忍不住问她们,“难道你们看我有什么不正常吗？难道我不是和平时一样吗?”那狂犬的故事应该已经有点腻人了吧！“可是费德里科!”她们吃惊地看着我,回答道,“要是我们什么也没说,那不正说明我们早把这事忘了吗?”⑥

小说还写了狂犬病患者发病时的幻觉：

所有人都想杀我！是他们放出蛇来咬我,所有那些蛇都是！山上到处是蜘蛛！他们从我家一直追踪我到这里！……那边又来了一个杀手……他手里抓满毒蛇！他一路朝地上扔毒蛇！他一路从嘴里掏出毒蛇,放到地上来咬我。啊！但是那家伙活不长了……我一枪把他崩了！他和他的毒蛇们一起死了！……蜘蛛！哎呀！救命啊！⑦

这种对于幻觉的描写具有高度的模拟病态心理的写实性,它反映了作家对人物幻觉的精准把握和表达,而对于病态心理的模拟又使得小说文体具有现代主义向内观察人的心灵的心理分析文体的特征。

《狂人日记》中同样也有描写人物的幻觉的心理分析文本：

“屋里面全是黑沉沉的。横梁和椽子都在头上发抖；抖了一会,就大起来,堆在我身上”,“万分沉重,动弹不得；他的意思是要我死。我晓得他的沉重是假的,便挣扎出来,出了一身汗。可是偏要说,”“‘你们立刻改了,从真心改起！你们要晓得将来是容不得吃人的人,……’”⑧

这种对于幻觉的描写既具有写实性同时又有象征性,既描写了迫害狂患者的心理,然而又从象征中引申出来启蒙主义的内蕴,因此是写实性和象征性兼具的心理分析和幻觉描写之类的文体。《狂人日记》同样是披露了狂人作为迫害狂患者的病态心理,比如这一段:

> 当初,他还只是冷笑,随后眼光便凶狠起来,一到说破他们的隐情,那就满脸都变成青色了。大门外立着一伙人,赵贵翁和他的狗,也在里面,都探头探脑的挨进来。有的是看不出面貌,似乎用布蒙着;有的是仍旧青面獠牙,抿着嘴笑。我认识他们是一伙,都是吃人的人。可是也晓得他们心思很不一样,一种以为从来如此,应该吃的;一种是知道不该吃,可是仍然要吃,又怕别人说破他,所以听了我的话,越发气愤不过,可是抿着嘴冷笑。⑨

这是经过了人物的病态心理过滤之后的带有病患意味的生存景观,属于心理分析性的小说体式,但《狂人日记》中的心理分析可以引发隐喻的空间性的而非时间性的联想,而基罗加的《狂犬》则不能引申出超越具体的文字的隐喻性质的内涵,这是《狂人日记》和《狂犬》在文体方面的不同之处。

再次,从小说叙述视角的使用上来看两篇小说。《狂人日记》的序言使用的是第一人称限知视角,"余"在小说中充当了故事的叙述者,同时也是观点的发出者即小说中的认知得以形成的视角,这种人物的限知视角在中国古典小说中是不常见的,这应该是中国的新小说才会采用的一种观察和理解世界的角度。从这个角度出发,狂人被文言编织起来的那个世界定义为已经治愈了的"迫害狂"患者。而《狂犬》中在叙述狂犬病患者的故事的时候采用的则是全知视角,在这里小说中看法的生成有赖于隐含作者存在,是在隐含作者叙述事件的过程中生成的。在这个视角下，我们看到的是一个狂犬病患者的疯癫和小镇上的人的对这个狂犬病患者的集体追杀，也就是狂犬病患者因在现实中造成对他人的严重危害而导致被击毙。

而在日记部分，两篇小说都采取了第一人称视角——小说中人物的视角，也就是迫害狂或狂犬病患者的视角，在这个视角之下，狂犬病人关注的是自身的病症，并因为自身的病症而发狂；作为迫害狂患者的狂人除了忧虑自身之外还有更大的忧患即他为“吃人”的蛮行和蛮俗的仍然存在而感到忧患，并且他还想要使得或许还存在的没吃过人的孩子得到拯救，因此，《狂人日记》所见者更为“忧愤深广”，而采用小说中人物的视角是更有利于揭示作品的这种内涵并有利于形成两篇小说的相同的视角艺术的。

最后，作家创作心态不同，因而导致两篇小说艺术面貌的同而又有异。《狂犬》应该是基于对死亡的恐惧而创作的反映类似病态心理的小说，对某个超越了人的控制力的自然因素带来的死亡的恐惧，是基罗加的创作这篇小说时的心态。而《狂人日记》的创作则是在启蒙主义思想、启蒙主义心态的支配下形成的小说文本，对于病苦的发现和疗救是支配鲁迅创作的基本创作心态，狂人也有死亡的恐惧（被吃的恐惧），但是狂人更具有一种结束这种恶劣的吃人把戏、吃人蛮俗的道德勇气。两篇小说之中蕴含的是鲁迅和基罗加的同而又有异的创作心态：基罗加的《狂犬》是关于自然和人的存在之关系的寓言，写的是人被他的自然属性所毁灭的悲剧性质的事件；《狂人日记》是关于人和文明的寓言，写的是文明和野蛮的冲突。因此而生成的是基罗加对源于不可抗自然力导致的死亡的恐惧心态；而鲁迅则是对“吃人”蛮俗进行批判并且要治疗“吃人”之野蛮病症的启蒙主义的文化心态。这种创作心态的不同造成了《狂人日记》和《狂犬》的艺术面貌上的差异，而当这种差异渗透到文体、叙述视角和创作方法等各个层面之后就形成了

《狂人日记》和《狂犬》同而有异的小说艺术面目，即作家创作心态的不同是小说艺术面貌同而又有异的原因之一。

三、结　语

鲁迅用小说《狂人日记》作一种病态心理的描写，目的当然是揭出病苦，并因而引起疗救的注意；而《恶雨喻》则是借助于譬喻故事揭示人的精神上的蒙昧和因为蒙昧而生成的癫狂，并进而宣喻一种佛理的文本。《狂犬》是描绘狂犬病患者的病态心理的，用以展示对于超自然力导致的死亡的一种带有恐惧性质的病态心理。《狂人日记》与《恶雨喻》都展现了人的癫狂，和癫狂之后的复归理性，并用这种重新获得的理性达致，或者完成启蒙或者说教化的目的，这种目的对作品视角的选择也产生了明显的影响。而《狂人日记》与《狂犬》都是揭示人物的病态心理，并且都采用了序言加日记的小说框架，又都揭示了人物的病态心理并因而形成了基于心理分析的现代主义的小说文体，而在叙事视角的选择方面两篇作品既有相同也有相异，作家心态的不同是导致两篇小说显现出相同而又相异的艺术面貌的原因之一。而我们通过分别将《狂人日记》与《恶雨喻》和《狂犬》进行平行研究并作出比较性论析，以期实现对《狂人日记》与另外两个文本的基于文本间性的相互阐发，而这种相互阐发有助于揭示三个文本各自的思想内涵和艺术特点，因此，我们的研究也可以视为是借助作品的文本间性而完成的阐发研究。

（吉林师范大学文学院）

注释

① 鲁迅：《〈中国新文学大系〉小说二集序》，《鲁迅全集》第6卷，人民文学出版社2005年版，第246—247页。

② 鲁迅:《狂人日记》,《鲁迅全集》第 1 卷,人民文学出版社 2005 年版,第 453 页。

③ 孙昌武编注:《汉译佛典翻译文学选》(下),南开大学出版社 2005 年版,第 280 页。

④ 戴永沪:《译本前言》,载《基罗加短篇小说选》,漓江出版社 2014 年版,第 5 页。

⑤ 汪卫东、何欣潼:《鲁迅〈狂人日记〉与莫泊桑〈奥尔拉〉》,《鲁迅研究月刊》2018 年第 9 期。

⑥ [乌拉圭]奥拉西奥·基罗加:《基罗加短篇小说选》,戴永沪译,漓江出版社 2014 年版,第 48—49 页。

⑦ [乌拉圭]奥拉西奥·基罗加:《基罗加短篇小说选》,戴永沪译,漓江出版社 2014 年版,第 50 页。

⑧ 鲁迅:《狂人日记》,《鲁迅全集》第 1 卷,人民文学出版社 2005 年版,第 453 页。

⑨ 鲁迅:《狂人日记》,《鲁迅全集》第 1 卷,人民文学出版社 2005 年版,第 452 页。

关于《无常》手稿的一些考证

施晓燕

《无常》是鲁迅1926年写的一篇散文，最初发表于1926年7月10日《莽原》半月刊第一卷第十三期，1928年9月与其他9篇散文一起集结成单行本《朝花夕拾》，由北京未名社出版。这10篇文章都是回忆性散文，鲁迅在《朝花夕拾》的小引里有一段抒情性的文字，描写自己的乡愁："我有一时，曾经屡次忆起儿时在故乡所吃的蔬果：菱角，罗汉豆，茭白，香瓜。凡这些，都是极其鲜美可口的；都曾是使我思乡的蛊惑。后来，我在久别之后尝到了，也不过如此；惟独在记忆上，还有旧来的意味留存。他们也许要哄骗我一生，使我时时反顾。"①这些儿时回忆，对于鲁迅来说十分重要，因为"哄骗我一生，使我时时反顾"，鲁迅还特意把原来的名称《旧事重提》改为更富有诗意的《朝花夕拾》。整部集子真挚清新的笔触以及感情的深厚，也使得《朝花夕拾》也成为他作品中的名篇。在这些文章里，《无常》是鲁迅自己也较为重视的一部作品，除了在《莽原》上发表，收入《朝花夕拾》后由不同的出版社一版再版之外，1933年3月，鲁迅又将其收入了《鲁迅自选集》，由天马书店出版。《鲁迅自选集》是鲁迅唯一的一部自选集，他选择的的标准是："……就将材料，写法，都有些不同，可供读者参考的东西，取出二十二篇来，凑成了一本，但将给读者一种'重压之感'的作品，却特地竭力抽掉了。”[②]不知道鲁迅是如何定义“重压之感”，因为《鲁迅自选集》中还有《孔乙己》《阿Q正传》等篇目，这几篇的力度并不下于千钧，是鲁迅的代表作之一，从这一点看来，收入《鲁迅自选集》的《无常》，在鲁迅心中，至少在材料、写法上都有不同，并且可供读者参考。

《无常》写的是民间传说中的阴间鬼差“无常”，对于这一个形象，考察鲁迅生平，可以发现他对“无常”非常感兴趣，这兴趣在幼年时便起，鲁迅成年后，对“无常”的兴趣一直不减，1926年创作了文章《无常》，为此他还请常维钧、章廷谦等帮他收集有“无常”画像的书籍来做插图，并亲自画了一幅迎神赛会上的“活无常”来昭示具体形象。周作人回忆：“他在小时候描画过许多绣像以及各种画本如《诗中画》等，但是自己所画的还只有这一幅，所以也是很可珍重的，可惜的是这只表现出‘那怕你铜墙铁壁’这一时的神气，那蹙紧双眉，捏定破芭蕉扇，脸向着地，鸭子浮水似的跳舞起来那种更特殊的场面却未能画了出来。”[③]可见周氏兄弟都看过类似场面并印象深刻，所以周作人能品评鲁迅这幅“无常”画像的优点和不足。在1936年，鲁迅还写了一篇《女吊》，同样提到了“无常”。除了从儿时到晚年一直维持的兴趣，鲁迅把《无常》作为代表作之一选入自选集，不得不让人重新审视这篇文章的重要性。

《无常》这篇文章，有关它创作处所的问题一直争论不休。鲁迅在《朝花夕拾》的小引里说这10篇文章：“前两篇写于北京寓所的东壁下；中三篇是流离中所作，地方是医院和木匠房；后五篇却在厦门大学的图书馆的楼上，已经是被学者们挤出集团之后了。”[④]基本交代了文章所写的时间和环境，以目录排序，《无常》跟《二十四孝图》《五猖会》组成了中三篇。按照鲁迅的说法，这三篇的创作是在医院等地写成的，许寿裳在回忆录里补充了背景：“十五年三一八惨案后，四月奉军进京，有通缉名单的传言，我和鲁迅及其他相识十余人，避居在D医院的一间堆积房里若干日，鲁迅在这样流离颠沛之中，还是不断地写文章，《朝花夕拾》里的《二十四孝图》，《五猖会》，《无常》，都是这时的作品。”⑤虽然鲁迅与许寿裳都说了《无常》不是在家里写的，但由于《无常》手稿最后署了时间6月23日，这就与鲁迅自己的说法产生了矛盾。鲁迅日记里记载了鲁迅3月29日“上午入山本医院”，5月2日“夜回家”，因此《鲁迅年谱》的执笔者以及林辰等专家都发出了疑问，认为《无常》在医院写作的说法存疑。《鲁迅年谱》认为“三篇是仅在‘医院和木匠房’构思；或许另有草稿，而现存的手稿是后来抄写的；或许《鲁迅日记》中所载五月二日‘回家’并非避难生活的结束，而实际的避难生活是六月二十三日之后才告结束的”。⑥林辰根据鲁迅自己的文章以及与许寿裳的通信，认为鲁迅离寓避难时间是在4月中旬，根据鲁迅在家写文时会注明“写于北京寓所的东壁下”，再联系5月25日文章落款有“东壁下”，论证鲁迅在5月25日已经回到西三条寓所。他的结论是：“鲁迅在‘三·一八’后，为了暂避危险，于四月中旬离寓。地点是莽原社、山本医院、德国医院、法国医院。直至五月中旬始回寓。”⑦而倪墨炎等综合鲁迅日记、书信以及荆有麟的《鲁迅回忆断片》等，认为鲁迅是3月26日避居莽原社，随后再到山本医院、德国医院、法国医院，5月2日结束避难。陈漱渝在《提出新论要以充分的史实为据——也谈鲁迅遭段祺瑞政府通缉的真相》中说鲁迅是从1926年3月下旬至5月上旬先后避难于刑部街的山本医院，锦什坊街的莽原社，东交民巷的德国医院、法国医院。

《无常》的手稿保存于国家图书馆，后来多次出版，所以现在基本都能看到手稿原貌，现在可根据手稿来判断一下以上的论点。

首先，它是否是鲁迅先在医院写就，后来归家后的抄稿？手稿12页，改动之处约有160多处，有些是字词的推敲，比如把“暴民”改为“下等人”，有些是一整个句子三四十字的涂抹，如果是抄稿，它的改动未免太多了;从另外一点来看,《无常》手稿在篇名下有"鲁迅"署名,在标题下有副题"——旧事重提之五——",而按照朱正的手稿判别标准,"鉴别一篇手稿属于'原稿'还是属于'清稿',至少还可以注意这样几处地方。一是标题的下面有没有写上作者的署名"。[⑧]因此《无常》基本可以判定为原稿。《鲁迅年谱》里认为现存手稿为后来抄写的结论不太站得住脚。

其次,关于实际避难时间,综合学界的考证,鲁迅的避难在6月23日之后才告结束是有问题的,起码在五月中旬前鲁迅就已经回到寓所。那么现在综合手稿、日记等资料再来判别一下。我们先看鲁迅避难的背景,顾颉刚在1926年3月19日日记条下补记说:"报载府中拟下令捕徐谦,李大钊,易培基,李煜瀛,顾孟余等。"[⑨]3月26日鲁迅写了文章《可惨与可笑》不仅提到19日发表了五人通缉令,还说:"同日(指3月19日)就又有一个谣言,便是说还要通缉五十多人;……"而这50多人的名单里则包括了鲁迅、林语堂等。这个分正式版与传说版的逮捕令导致了鲁迅等人的避难。逮捕令由段祺瑞执政府发出,随后张作霖的奉军入京,段政府下台,但奉军在4月26日杀害了五十人名单中的邵飘萍,说明原逮捕令继续有效。鲁迅原来在4月23日已经从德国医院回家,在26日不得不"夜往法国医院"继续避难。

避难的结束,有的以5月2日鲁迅"夜回家"为凭证,鲁迅在5月3日、6日的日记里都有"往法国医院取什物",可以理解为鲁迅在2日正式回家居住,很多东西还留在医院里,所以后面几次都是拿东西而已。但也有其他可能,因为鲁迅并不会将所有事情记载下来,如按照荆有麟的回忆录,鲁迅在3月26日就避难莽原社,可是鲁迅当天日记毫无记载。在政府方面,5月4日北京军警还搜查了鲁迅任教的北大、北师大、女师大、中国大学,"严拿宣传赤化及主张赤化者"。5月8日,顾颉刚日记里写道,在通缉大名单上的林语堂"以北京站不住,将往就厦门大学文科学长,邀我同去办研究所”。[10]可见当时的气氛还是很紧张的。林语堂同样邀请了鲁迅,6月17日,鲁迅致李秉中的信中就提到:“今年秋天,也许要到别的地方去,地方还未定,大约是南边。目的是:一,专门讲书,少问别事(但这也难说,恐怕仍然要说话),二,弄几文钱,以助家用,因为靠版税究竟还不够。”[11]

到底哪一天鲁迅是确切已经结束避难生活?从日记中看,5月15日肯定已经结束。这天日记里有一条:“晚教育部送来奉泉七十九元。”这也就是说,北京当时的政府仍然承认鲁迅为教育部官员,即使换了奉军当政,鲁迅依旧在“体制内”。既然得到官方认可,他的逮捕危险应该已经解除。也在同一天,顾颉刚、傅彦长、潘家洵来访问鲁迅,顾颉刚将去厦大,对同样要去厦大任教的鲁迅进行拜访。

鲁迅因为北京政局动荡,同时欠薪严重,答应林语堂将南下厦门,教育部送薪说明危险已经稍微解除,厦大的薪水将有每月400元,经济危机也可以缓解,和许广平一起南下,并且还有“投奔革命”的信念,这一系列应该都可算作好消息,但鲁迅在一年后的《朝花夕拾·小引》中,却回忆6月份写的《无常》是“流离中”所作,可见段政府的逮捕令以及奉军入京后所造成的肃杀局面使他四处避难的印象太过深刻,以至于遮蔽了在家写作的记忆。

《无常》除了文章创作处所问题可以反映出当时复杂的时代背景之外,它的手稿也能看出一些问题。手稿涂抹删改很多,有一些是常见的字词修饰,比如将“乡下人扮的”的“扮”后加个“演”字;有些改动则是可以看出当时时事的痕迹,比如说手稿中有原有五处“暴民”,后全部改为“下等人”,这个改动可能是与章士钊有关,1925年年底,北京掀起反对段祺瑞政府的示威运动,章士钊也受到冲击,11月30日,章在《寒家再毁记》一文中写学生示威是“秀才为暴”,[12]认为这些年轻人是暴民。因此鲁迅在手稿最初,写绍兴除了“绍兴师爷”，“别的‘暴民’也不少”，这里的“暴民”就是指普通的老百姓，用来讽刺底层人民在统治者眼中全是危险的“暴民”，但后来鲁迅将其全部改为“下等人”。这一改动或者由于“暴民”原来是指学生，不能指代所有底层老百姓，或者由于“下等人”讽刺意味更浓，个中缘由还有待发掘。手稿中其他还有一部分影射意味的改动，这些字词来自当时与鲁迅因为女师大事件大打笔仗的陈西滢，这是鲁迅最擅长的笔法，随手拈来对手的语句，放在文里讽刺意味十足，嬉笑怒骂皆成文章。

除了字句合适度斟酌、文意讽刺影射之类的改动外，《无常》手稿里有非常鲜明的一点，那就是绍兴方言的广泛应用。《无常》是鲁迅关于儿时迎神赛会上鬼差“无常”的回忆。他在文章里就描述道，观众们在赛会中最喜欢看到的就是“活无常”，而他不仅喜欢看，还认为一切鬼众中，就是无常还有点人情。鲁迅喜欢无常，端木蕻良分析认为他是从民间的抗议的艺术里去找寻一种中国老百姓的（农民社会）斗争形式。韩斌生在《〈朝花夕拾〉与乡俗文化》里从鲁迅非常赞赏《无常》里提过的《目连救母》戏，将其与希腊的伊索、俄国的梭罗古勃的寓言相提并论觉得毫无逊色，认为鲁迅的艺术趣味始终与下层人民的艺术趣味息息相通。可能因为描写的是家乡绍兴的旧俗，也可能因为是老百姓民间抗议的艺术，手稿中有关于方言的修改显得特别突出。

比如“在才可辨色的昏暗中，塑着各种鬼：吊死鬼，……”这一句，手稿中“吊”原是“缢”，缢死的表达显然太过书面语了，所以鲁迅只写了绞丝旁和益的上半部就将其涂抹掉，改成“吊”。“但那时胆子小，没有看明白”这一句，手稿原写“但因为害怕”，后来涂抹改为现状。“害怕”是书面语，在绍兴方言里对应的读作“慌”，但因为“慌”在书面语里另有“慌张”的意思，所以鲁迅改了一个说法，如果他用“胆小”，那也是书面语，但“胆子小”是典型绍兴方言讲法。“晦气”也是绍兴口语的常用词，用来表示倒霉。

最明显的一段方言写法，出于文章里的一段“无常鬼”唱词，由于其来自绍兴地方戏，则是直接记录口语，这段唱词如下：

……

大王出了牌票，叫我去拿隔壁的癞子。
问了起来呢，原来是我堂房的阿侄。
生的是什么病？伤寒，还带痢疾。
看的是什么郎中？下方桥的陈念义 la 儿子。
开的是怎样的药方？附子，肉桂，外加牛膝。
第一煎吃下去，冷汗发出；
第二煎吃下去，两脚笔直。
我道 nga 阿嫂哭得悲伤，暂放他还阳半刻。
大王道我是得钱买放，就将我捆打四十！[13]

这整段都是用方言唱的，但是用文字表达不易，有些能看出来，比如在书面语的中是“侄子”和“嫂子”，唱词里称为“阿侄”“阿嫂”；有些难以表达的方言，鲁迅直接用了注音的方式，比如介词“的”在绍兴话里读“la”，“我的嫂子”在绍兴话里用“nga 阿嫂”；为此鲁迅也特地在文章里写明注音所对应的意思，还标注“儿子”的“儿”读作“倪”，这也是绍兴方言的读法。这段唱词的手稿中，“我道 nga 阿嫂哭得悲伤”这句话有所改动，“nga”手稿作“nGa”，之前原有“Na”，后来“Na”被删除，在出版后“nGa”改为“Nga”。“Na”在方言中是“你的”或“你们的”的意思，鲁迅显然是发现“你们嫂子”这样描述是错误的，所以删掉了“Na”，改用意思为“我的嫂子”的“nga 阿嫂”。手稿“nga”原作“nGa”，文章里另一处目连嗐头的拟声词“Nhatu nhatu nhatu-nhatu-nhatutututuu”，手稿原为“nHatu nHatu nHatu-nhatu-nhaatutututuu”，这两处在手稿中都是首字母小写，第二个字母大写，在出版后被改为首字母大写，第二个字母小写,可以看出它们的情况是一样的,应该都是为了处理读音问题。这句话里还有一个鲁迅没有解释的点,“我道”如果是用绍兴方言唱出来的话,不是“我说”的意思,而是“我因为”。

鲁迅为什么会用如此多的方言来写作?甚至还到了需要用注音字母的地步?手稿理论著作《文本发生学》认为,“通过分析‘草稿,修改过的地方’,得出一些基本规律,校勘家最终能够深入到作家有意识和无意识的意图中去”[14],鲁迅在创作这篇文章中使用方言是他跟下层人民艺术趣味相通的无意识表现吗?从鲁迅在1934年写的《门外文谈》来看,使用方言可能是鲁迅有意的行为:“方言土语里,很有些意味深长的话,我们那里叫‘炼话’,用起来是很有意思的,恰如文言的用古典,听者也觉得趣味津津。各就各处的方言,将语法和词汇,更加提炼,使他发达上去的,就是专化。这于文学,是很有益处的,它可以做得比仅用泛泛的话头的文章更加有意思。”[15]显然,鲁迅心目中,方言土语并不是没有价值的东西,它里面一些经典的东西应该被传承下来。鲁迅在《无常》里,确实用到了方言的名句,比如“一双空手见阎王”,2005年版《鲁迅全集》注释认为这是出自吴方言写的借鬼说事的清代讽刺小说《何典》:“卖嘴郎中无好药,一双空手见阎王。”[16]但是在绍兴谚语里,也有这句话:“为人好比一间房,口为门户眼为窗,有朝一日无常到,关了门户闭了窗,一双空手见阎王。”[17]《何典》的意思是只会口头吹嘘的医生导致病人逝世,联系《无常》的上下文看,“一双空手见阎王”的意思更加接近于人死以后一切都完了,贫富都一样的绍兴谚语,鲁迅在这篇文章里,用的方言炼话基本上都是来自家乡绍兴,比如《无常》里还有“滴水不羼的公理”。用这么多很有意思的土语,鲁迅给了原因:“绍兴戏文中,一向是官员秀才用官话,堂倌狱卒用土话的,也就是生,旦,净大抵用官话,丑用土话。我想,这也并非全为了用这来区别人的上下,雅俗,好坏,还有一个大原因,是警句或炼话,讥刺和滑稽,十之八九是出于下等人之口的,所以他必用土话,使本地的看客们能够彻底的了解。”[18]以上种种似乎指向一个结论,即鲁迅认为警句或炼话、讥刺和滑稽大多出于下层劳动人民之口,因此他在写民俗中的一个鬼差,而其还多次出现在戏剧中时,应该使用土话加以还原。但是我们看到,除了戏文唱词用方言之外,文章的其他部分也使用了很多口头语,像“吊死鬼”“晦气”,甚至“阿侄”“阿嫂”并不是警句或炼话,鲁迅为何还要特地将书面语“缢死鬼”改成口语的“吊死鬼”呢?有一种可能,是鲁迅写文时为了全文文风的统一。然而纵观鲁迅在文字改革时期的一贯观点,除文风之外,更深层次的原因有迹可循。鲁迅说:“现在的有些学者说:文言白话是有历史的。这并不错,我们能在书本子上看到;但方言土话也有历史——只不过没有人写下来。”[19]他要求把方言土话写下来,不仅仅是因为“不识字的作家虽然不及文人的细腻,但他却刚健,清新”[20],而是因为在全国人口中,识字的人太少,不识字的人占大多数,而鲁迅的希望是“将文字交给一切人”[21],文字不再成为某一阶级的垄断物。他在日本留学时期即开始了追寻中文文字改革的方法,他关注日本鼓吹的罗马字拼音改革法,回国后就投入了文字改革运动,1926年写《无常》之时,国民政府佶屈聱牙的“国语罗马字”拼音字母方案还未公布,而直到1930年代拉丁新文字也就是用拉丁字母写中国话的拼音文字传入之前,中国一直没有太好的文字改革方法,鲁迅当时能做的,就只能继续贯彻白话文。鲁迅追寻的文字改革,是要让大众都掌握文字,并且“言文一致”,虽然他当时还未找到正确的方法,但用文字写方言土话,从某种程度来说也是“言文一致”的一种。不掌握文字的大众只会方言,鲁迅因此很看重方言,袁牧之作《阿Q正传》剧本在《戏》周刊连载,鲁迅就建议:“……编一种对话都是比较的容易了解的剧本,倘在学校之类这些地方扮演,可以无须改动,如果到某一省县,某一乡村里面去,那么,这本子就算是一个底本,将其中的说白都改为当地的土话,不但语言,就是背景,人名,也都可变换,使看客觉得更加切实。”[22]1930年代拉丁新文字引进,有了“言文一致”的希望,鲁迅就力推民众使用拉丁新文字“在开首的启蒙时期,各地方各写它的土话”。[23]用拼音字母拼写方言,与汉字写方言,其内在逻辑思路是一以贯之的。在汉字艰深,大众难以学会文字之时,在文学中用使用方言土语,既保留劳动人民的智慧,又使得当地民众至少能听懂。而引进拉丁拼音字母后,让大众学习字母,直接用字母拼写口语,“我手写我口”,达到真正的“言文一致”。

1926年的鲁迅可能本意并没有如此深沉,因为就算写了绍兴方言,那也只有绍兴人能听懂,而鲁迅的文章是面对所有汉字读者,所以他还不得不在文章里解释那些方言是什么意思,或许他只是为了保存一点绍兴民俗,或许他只是为了贯彻新文化运动的白话文成果,或许他觉得这样写更符合描述民间风俗的文风,但他使用了“Nga”,则是新文化诸将用表音文字代替表意文字的改革思路,正是因为有这个思路,所以30年代拉丁新文字引进后,鲁迅会迅速理解并看到它的巨大价值,而拉丁新文字得到鲁迅的大力推广,在中下层劳动人民和解放区扫盲行动中发挥了重要作用,也为新中国的拼音字母提供了一定参考。

注释

① 鲁迅:《朝花夕拾·小引》,《鲁迅全集》第二卷,人民文学出版社2005年版,第236页。

② 鲁迅:《〈自选集〉自序》,《鲁迅全集》第四卷,人民文学出版社2005年版,第470页。

③《周作人散文全集》,广西师范大学出版社2009年版,第423页。

④ 鲁迅:《朝花夕拾·小引》,《鲁迅全集》第二卷,第236页。

⑤ 许寿裳:《鲁迅的思想与生活》,《许寿裳文集》上卷,百家出版社2003年版,第41页。

⑥《鲁迅年谱》第二卷,人民文学出版社1981年版,第297—298页。

⑦ 林辰:《鲁迅事迹考》,《1913—1983鲁迅研究学术论著资料汇编4(1945—1949)》,中国文联出版公司1987年版,第708页。

⑧ 朱正:《鲁迅回忆录正误》,人民文学出版社1986年版,第238页。

⑨《顾颉刚日记》卷一,中华书局2011年版,第728页。

⑩《顾颉刚日记》卷一,中华书局2011年版,第744页。

⑪《鲁迅全集》第十一卷,人民文学出版社2005年版,第528页。

⑫《甲寅》,1925年第1卷21期。

⑬ 鲁迅:《无常》,《鲁迅全集》第二卷,人民文学出版社2005年版,第280页。

⑭ [法]皮埃尔-马克·德比亚奇著,汪秀华译:《文本发生学》,天津人民出版社2005年版,第19页。

⑮ 鲁迅:《门外文谈》,《鲁迅全集》第六卷,人民文学出版社2005年版,第100页。

⑯ 鲁迅:《无常》,《鲁迅全集》第二卷,第284—285页。

⑰《鲁迅作品方言词典》,重庆出版社1993年版,第41页。

⑱ 鲁迅:《答〈戏〉周刊编者信》,《鲁迅全集》第六卷,第150页。

⑲ 鲁迅:《俄罗斯的童话·小引》,《鲁迅全集》第十卷,人民文学出版社2005年版,第441—442页。

⑳㉑ 鲁迅:《门外文谈》,《鲁迅全集》第六卷,第97页。

㉒ 鲁迅:《答〈戏〉周刊编者信》,《鲁迅全集》第六卷,第151页。

㉓ 鲁迅:《门外文谈》,《鲁迅全集》第六卷,第99页。

1930年代“鲁迅形象”的市民消费研究

程儒珺

所谓的“鲁迅形象”,也即透过“鲁迅本体”所折射出来的各式各样的“鲁迅映像”。“鲁迅本体”的复杂性与“鲁迅映像”的多样性共同熔铸成了一个丰富而多维的想象共同体。论及1930年代的“鲁迅形象”,人们往往聚焦于“左翼”和“启蒙”两翼主流话语,“中国的第一等圣人”“阿Q之父”等经典性论断也早已家喻户晓,并影响相当长一段时期内“鲁迅研究”的基本走向。鲁迅在上海度过了他生命的最后十年,通过对1930年代上海小报的考察梳理,我们可以发现这一时期作为文化符号的“鲁迅”不仅出现在“启蒙”“救亡”等宏大话语里,同时也出现在都市生活的消费语境下,由此构成了一个富有兴味又客观存在的文化现象。

如果仅仅将“鲁迅形象消费”看作一种经济手段,则未免失之简单。他虽有消解、颠覆的意味,与我们传统的认知大相径庭,却也深刻反映了某个时期内,一部分特定群体对“鲁迅形象”的接受和传播。同时代人到底是怎样利用“鲁迅资源”的?这其中体现了怎样的消费策略?“鲁迅形象消费”背后又潜藏了言说者怎样的价值立场和文化倾向?对我们当代的“鲁迅资源”传播又有何启发?通过对此的深入挖掘,或许在结论先行的当下,能为“鲁迅研究”提供新的研究方向。

一、都市社会中的“明星代言”

“名流消费”的第一步,是确定谁来“代言”的问题。早在1931年,当胡蝶被记者问及最喜欢哪一家店的服装时,她不假思索地答道“鸿翔服装店的衣服,不但做工考究,而且款式时新,我常去选购”。[①]此话一出,“鸿翔”立刻在上海闻名遐迩,吸引大批影迷前来。店主胡鸿翔甚至还把胡蝶的这句话做成横幅,并允诺今后胡蝶置衣一律给她6.5折的优惠。在这因商而兴、以商立市的环境里,于社会极富影响的“鲁迅形象”自然也成了商人眼中的契机,他们时刻关注着最新的消费动向,不遗余力地炮制点轰动效应。在利益驱动和商业竞争中,1930年代的“鲁迅形象”成了引领时尚的消费文化,起着“明星代言”的宣传推广之效。

首先,由于鲁迅在社会极高的知名度,凡与他有关之事物皆以此大做宣传,“鲁迅”之名常被当作噱头来招揽生意,大肆报道。对此,一篇名为《鲁迅和红金龙》的文章就详细记述了这其中的幽默趣事。文中据有人回忆:“而他对于烟酒二物,又特别嗜好,烟是一枝接着一枝地吸,我几乎没有见他手指间断过烟卷,烟的质地又是十分恶劣,第一次见他吸的一类橡皮头的,后来一直见是‘红金龙’之类。”这篇文章本是鲁迅逝世后的一篇回忆之作,谈烟酒对鲁迅健康的威胁之大,甚至于“这段记载似乎是明明指定红金龙香烟为质地恶劣的香烟,实含有破坏商业名誉,以及妨碍商业的举动,故当时颇有引起涉讼交涉的危险”。就在作者正面临法律起诉的时候,意想不到的事情发生了。“后来因为是红金龙常是鲁迅吸食的原因,反而把红金龙的地位提高了,而营业也突较平常增加。”[②]本是质地恶劣的香烟,因与鲁迅相关反而一炮而红,“鲁迅形象”在无意中形成了一种“名人效应”。由于鲁迅本身极高的美誉度,消费者对他都有一种“虽不能至,心向往之”的敬慕和仿效心理,使得他们在购买商品的同时,能获得一种与鲁迅具有共通之处的自豪感,从而喧宾夺主,只记得“鲁迅”而忘记红金龙香烟本身的好坏。除此之外,类似的《田汉鲁迅与摩登三女子》也有记载云:“国产影片,以联华公司出品,较为有艺术思想。最近所出之三个摩登女子,尤为该公司极意经营之作。”“颇闻该剧中,复延请得文艺界著名人物二人,为该剧编剧及制说明字幕而为外间所罕知者。盖编剧人为南国社之健者田汉而制说明字幕者即文坛健将鲁迅也。此二人在话剧界及文学界可谓两个怪剧,联华得此二人作品,宜可如何恃以招徕。”③该宣传利用鲁迅、田汉等人的积极形象,给电影赋能。基于“爱屋及乌”的传统心理,群众会先验性地对电影充满期待,进而刺激消费,在潜移默化中演变成具有导向性的消费指南。因而在风云变幻的1930年代,处处都在寻求商机、创造商机,“鲁迅形象”也逐渐演变成一种消费文化,它不仅是都市文化下的应时产物,得到商人们的催谷和推波助澜,它的出现同时也有意识地助长着现代性在这座城市悄然蔓延。

其次,值得注意的是,由于鲁迅有着极高的知名度和美誉度,他在商业社会中被迫地扮演着“明星代言”的角色。但一旦发现“鲁迅”之名在某方面的宣传效益不及电影明星或其他社会红人时,商人们又会立刻调转方向,不近人情地弃之不顾。例如,鲁迅逝世后,举国同悲,无数市民自发前来吊唁。“(明星公司)听到鲁迅先生病逝的电话,即遣派摄影师数人,携带摄影机数架,由欧阳予倩、程步高率领前往鲁迅先生逝世地方摄取新闻片。”④明星公司这一举动本也无可厚非,为了能让更多人将来能在银幕上瞻仰鲁迅先生的遗容。但当新闻片上映之时,一切却变了味,庄严宏大的鲁迅逝世新闻片成了商业电影招揽观众的噱头,一则名为《鲁迅先生丧仪新闻影片与〈夜会〉同演》的新闻横空而出。“明星新片《夜会》,今日(五日)上午在金城大戏院试映一场招待各界参观,明日起即于该院正式公映。关于此片之成绩及情节,以及导演者李萍倩氏之导演手法,演出者顾兰君、黄耐霜、龚稼农、新人谢俊等之演出，均曾屡次为读者诸君作热烈的介绍。”在电影《夜会》的宣传介绍之后，该文又补充：“另外，此次文坛巨人鲁迅先生之丧仪新闻片，明星曾出发大批人马至万国殡仪馆及万国公墓二处摄得，并在公司中配以有声说明。该新闻片也将随着《夜会》在金城公演。”[⑤]鲁迅丧仪纪录片与商业电影同演，本已不合时宜，更何况本末倒置，使其沦为电影的招揽陪衬，此时鲁迅身上革命、文学、思想等严肃的特质被遮蔽，“鲁迅”二字被抽象为商业价值的文化符号。对观众而言，电影院“提供了营造一个截然不同的全新的公共空间的可能性，一个弥合高雅文化和消费主义之间沟壑的机会”。[⑥]相较于舞厅、夜总会而言，在这里既可以满足其对都会生活方式的需求，又没有所谓的高雅、低俗文化之分。电影院成了他们消闲、娱乐的重要途径。除此之外，“在现代女性的这个新世界里，服饰和时髦似乎占了主流，而中国的电影女明星则是其化身”。[⑦]在1930年代，效仿好莱坞的“明星制度”早已在上海推广，对女明星的追逐也早已成为都市文化里“摩登”的代名词。所以才有人放言，“鲁迅出丧，一定不会像阮玲玉出丧那么热闹。这正同鲁迅的《呐喊》，没有张恨水《啼笑因缘》那么受人欢迎的原理是一样的”。[⑧]

综上所言，依靠着蓬勃繁荣的物质文明和开放多元的文化环境，从而使得1930年代的上海有着丰富的消费内容、广阔的消费空间和极高的消费程度。人们在消费的过程中感到一种前所未有的快感。正是在如此高额的市场下，过去“义大于利”的传统观念骤然崩腾，转而金钱至上。反映在对“鲁迅形象”的消费上，人们即将其用于都市社会中的宣传推广，起着“明星代言”的作用。但一旦发现有更为合适的宣传人选之后，则不假思索地立刻另作选择。“鲁迅先生死了，各晚报对于这个新闻相当的重视，而报纸到了报贩的手里，却是并无动静，等于没有这条新闻一样。我想，如果换了一个电影女明星死了，报纸刊出了这个新闻，报贩一定会在街道上乱跳乱叫。这倒不一定为了大文学家不及女明星的关系，在报贩也实在为着他们的‘生意眼’啊!”[9]

二、商业竞争下的“发行策略”

在确定了“消费人选”之后,就要进一步考虑发行策略的问题。在出版繁荣、报社林立的都市社会,面对商业竞争的层层压力,某一报纸、杂志想要突出重围,不被淘汰,争取读者、扩大销量便成了生存发展的必由之路。市民读者对于名人总有一种既尊敬仰慕,又好奇窥探的心理,他们一方面佩服“名人”在某一领域的崇高建树,另一方面又极力挖掘,试图对他们的生活一探究竟。为了抢夺文化资源和消费市场,编者往往运用噱头、消遣、哗众取宠的手段来满足市民的窥探心理。面对激烈的商业竞争,适时借鲁迅之名来吸引读者的发行策略主要有三:

首先,是骇人听闻的“标题之党”。不少报纸、杂志上的新闻、报道,往往编造震惊、新颖的标题,从而达到引人注目、扩大销量的目的。例如在《社会日报》上,一篇名为《高倩苹比鲁迅还红》的文章就令人错愕至极。高倩苹是谁?她有何等著作?难道鲁迅在1930年代不是文坛盟主,一枝独秀吗?看完标题后读者皆大呼震惊。其后文章才进一步解释:

“女明星中之能写文章者,得四人:艾霞、王莹、胡萍与高倩苹也。高以多产称,故其作品,时散见于电影刊物。”先介绍她女明星的身份,然后补充道“盖渠于中华月报元旦特刊中,曾撰《糖与失恋》一稿也,因询某君该刊酬资千字若干金。某答曰:千字三元,尊稿约三百字,当可当获得一金也。”高怫然。对此,书商解释为“然则鲁迅,犹不汝及也。当鲁迅辑萌芽杂志时,千字所获只一元有余,是以卿之一题,便可抵得鲁迅一文矣。”[10]

谜底慢慢解开,原来不是指高倩苹的文学地位,而是女明星身份下的稿费金额。这些“标题党”正是抓住市民的闲暇心理,利用他们乐于看到新鲜事物的特质,大肆宣传炒作,哗众取宠。

与之相近的，还有《宦人眼中的鲁迅》《鲁迅被嗔于女诗人》等等。这一类标题立足的根源皆是民众的猎奇心理，在这里借“鲁迅”之名来吸引煽动特定人群浏览，从而实现对受众注意力资源的争夺。

其次，是引人驻足的“骂之为战”。“骂”的传统古已有之。到了1930年代，“骂”更早已成了一些报纸、杂志的发行手段。一种报纸、期刊出版后，难以在社会上脱颖而出，于是便去寻几个公共人物骂他几场，那么它们便可由此“一战成名”。因而，规模庞大的“骂之为战”也成了30年代编者营销的秘诀，在这其中，鲁迅可谓被“骂”的最多的作家之一。适时，围绕在鲁迅身边有关“骂”的手段主要有二：第一种是对“鲁迅”毫不掩饰的直接谩骂。例如“鲁迅是什么东西，只会作不三不四的小评，惯用歇后式的语调，迎合社会上浅薄的心理。”[11]“吾在这里，放肆地痛骂他几声：‘该死的鲁迅。’”[12]在编者看来，读者往往有“幸灾乐祸，喜读攻击隐私”之习性，“及冷嘲热骂之文字，将众人皆宠之人而骂之，则人心大快。倘若歌功颂德，则纵胜肉麻之至耳……从销数计，与其捧角毋宁骂人，非真痛骂而始骂也，无非欲博得读者称快耳”。[13]长久以来，读者已经习惯于看到对鲁迅歌功颂德的作品，如果一反常态对其大肆谩骂，反而能起到夺人眼球的功效。第二种是大力描写、刻画鲁迅和他人之间的矛盾和“互骂”。例如《钱玄同骂鲁迅》《钱玄同大骂鲁迅》《钱杏邨骂鲁迅》《鲁迅浅嘲胡伯翔》《李长之、张露薇等亦大骂鲁迅》等等，在矛盾冲突中，达到博人眼球的效果。生活在大都市里的市民，他们大多没有浓烈的政治热情，激烈的冲突与不和的骂战能带给他们感官上的莫大刺激，他们以旁观者的姿态屹立一旁，不失时机地煽风点火，散布谣言，从而给自己单调的生活增添一些乐趣。

最后，是博人眼球的名人流言。“流言”一词来源于张爱玲的散文集，她也曾毫无顾忌地指出“人类天生的是爱管闲事。为什么我们不向彼此的私生活里偷偷的看一眼呢,既然被看者没有多大损失而看的人显然得到了片刻的愉悦?"[14]因而"名人流言"也成了都市文化的意象符号。在对新闻人物报道的选择上,往往并非取决于你有多少的丰功伟绩,而是是否具备新闻价值。因而无论是政界要员、商业大佬、文坛巨匠还是大众明星,都难逃离流言的罗网。为了最大程度的博人眼球,达到"一鸣惊人"的效果,适时,流言产生的机制主要有三种:

其一,是真假难辨的"揭露内幕"。人们对于常见事物,总是不甚关注。反之越是"不透明"的内容,越能让人们产生好奇。此时的"揭露内幕"、"还原真相"便成了一些报纸、杂志的营销手段。例如文坛上礼拜五派之动作,即被归结为鲁迅等人在饭桌上的闲谈。有记载曰茅盾、鲁迅、洪深、郁达夫等曾被共同宴请于致美楼。

> 席间,茅盾提议,称章依萍、张若谷、曾今可、邵洵美等为礼拜五派,因若辈假借解放美名,从事抄袭,每有所作,造意遣词,非"肉"即"爱",甚至有"打打麻将"、"管他娘"一类无聊文句,其形式内容,一似礼拜六派……鲁迅等大笑而赞成,并嘱天马书店老板拒印行若辈作品,以免贻害无穷。章依萍辈闻言大恐,召集同派作家,集议于武定路某书店,一致决议投降统治阶级。由礼拜五派一变为民族主义文艺作家,获得雄厚津贴。[15]

因而一个社团流派的政治倾向,被简单地归结为鲁迅等人的私下闲聊,虽听起来万分牵强,荒唐不已,令人难以信服,但事实真相究竟如何并不是关注重点,但凡能取悦读者并产生宣传噱头,其目的便已达到。

其二,是不遗余力的"渲染花边"。自古以来,"窥视隐私"一直是人性中一个亘古不变的存在。过去有关情爱恩怨的炒作,大多限于歌星、明星等,而到消闲文化盛行的1930年代,就连鲁迅也难逃于此。例如一篇题为《鲁迅许广平夫妇勃豁纪》,就以鲁迅和许广平之间的一次争吵为题材。文中提到"曾有一青年高某,是鲁迅的学生,也是许广平的同学,以双重的友谊,特来访问他们俩的夫妇。许女士虽然刚毅的,但也免不了,偏于感情的作用,所以向他诉诉苦闷,或访他谈谈近状。鲁迅见状,甚不为然,曾以微辞讽许,许亦不弱,说你太不体谅我,连这不足介意的事也都看不开,一时感情冲突。那时老夫小妻,大起勃豁了"。[16]在过去,日常生活中的"窥视隐私"虽能带来一时的刺激,羞愧和不安也会同时产生。对市民而言,报纸、杂志正是提供了这样的平台,让他们能够光明正大的了解名人的个人私事,满足他们的"追星"心理。因而类似的花边新闻,既有着广大的接受群体,又能进一步扩大宣传,成为市民在街头巷尾津津乐道的八卦谈资。

其三,是捕风捉影的大肆报道。其中最具典型的是《张敬尧案与鲁迅》。张敬尧乃北洋皖系军阀骨干,残酷暴虐、贪婪成性,后在北平东交民巷的六国饭店被秘密刺杀,令人错愕。然而张敬尧和鲁迅有何关系?这一轰动一时的刺杀事件又和鲁迅有何牵扯?

> 九一八以后,平津一带汉奸,蠢然思动。军阀遗孽张敬尧,时蛰居天津,失意已久,至此,亦跃跃欲试……某日,有客至六国饭店访张,相见数语,即出枪击杀之,客趁间逸去。出事后,当局前往查勘,忽发现周树人(鲁迅)之名片于桌,遂疑及此案与鲁迅有关。
>
> 后悉刺张者实为主持某除奸团之王天木,当民国十六年陈友仁在平办《国民新闻》时,王曾与陈分任中英文编辑,由孙伏园编副刊……曾聘鲁迅为撰述,故识王,名片或即于其时入王手。[17]

因而鲁迅本身实则与张敬尧案无多大关联，这一捕风捉影的消息却让编者嗅到了商机，他们不惜笔墨，大肆报道，与其说为鲁迅正名，不如说是为了进一步扩大流言，好让报道有着绝佳的材料。

综上所言，在风云变幻的1930年代，一种通俗、在野的“消闲文化”正悄然蔓延。“民元以来，战祸频仍，民众厌战久矣……对政治问题的不感兴趣，这是我国人普遍的特性，殊无足怪，多数读者皆因读大报而不能厌其欲望，遂不得不求别种有时间性的读物来补充其不足。”[18]反映在文学创作和名人解读上，主题上的反崇高和题材上的琐屑化，也逐渐成为这一时的重要一隅。“小报对名人的指认，表明了三种文化意向，一是大众文化的表征，二是市民精神的诉求，三是现代历史观念的超前表述：对传统英雄人物的解构。”[19]“鲁迅形象”的市民消费成为市民消解愁闷、闲暇娱乐的一个途径，在观看的过程中满足了消费需求和对鲁迅形象的接受与想象。

三、“鲁迅形象的市民消费”的文化反思

从表面来看，“鲁迅形象的市民消费”成为商人商业竞争、报人争夺读者和市民闲暇娱乐途径，但如果仅仅将其理解为一种经济手段，则失之简单。其背后更有复杂的文化意味，值得我们细细反思。

其一，“鲁迅形象的市民消费”体现了雅俗文化的进一步水乳交融。如果说“雅”是主流和精英文化的突出体现，那么“俗”则是面向大众的民间文化的表现符号。随着社会的漫长发展，“雅文化”逐渐演变为精英阶层言志载道的工具，而“俗文化”也慢慢成为下层民众消闲娱乐的途径，两者各自发展，泾渭分明。而1930年代“鲁迅形象的市民消费”的出现，则反映了这一时期雅俗文化的悄然融合。首先，从消费内容来看，“鲁迅”一直是精英文化和

主流文化的符号，谈及"鲁迅"人们也多用慷慨宏大的叙述和严肃正经的笔调，将其置于中国社会的广阔进程里加以考量。而"鲁迅形象的市民消费"则以一种浅显直白，通俗易懂的方式，将其置于日常的都市生活里，这也体现了这一时期雅俗文化的结合渗透。其次，从"鲁迅形象消费"的创作编者来看，"通俗大众文化的生产者和操刀者大多是精英知识分子下海，比如写小说、办报、办杂志、当导演、编剧等等，因而大众文化走向市场时候很难将雅文化和俗文化截然分开"。[20]这也就反映了"鲁迅形象消费"的编者并非我们固有印象里的一些粗鄙无聊，毫无学识的乌合之众。甚至在著名的上海小报《游戏报》公布的诗歌征集获奖名单里，周树人之名也位列前十。最后，从"鲁迅形象消费"的接受群体来看，小报读者也并非所谓的游手好闲之徒，或是泼皮无赖之辈。鲁迅就在杂文里多次引用小报内容，他曾言"《立报》见过，以为很好"。[21]更在致曹聚仁的信中说道："因为先生信上提过《社会日报》，就定来看看，真是五花八门，文言白话悉具，但有些地方，却比'大报'活泼，也有些是'大报'所不能言。"[22]张爱玲更说道："我从小就喜欢看小报，看了这些年，更有一种亲切感。"[23]因而1930年代"鲁迅形象的市民消费"的出现，也体现了这一时期通俗文化"贻害青年、坑陷学子"的帽子逐渐脱去，严肃性与通俗性、精英文化与大众文化的进一步水乳交融。而放在当下的文化语境里，现如今的"鲁迅研究"早已汗牛充栋，硕果累累。但不可否认的是，普通民众虽听过鲁迅之名并怀有崇敬心理，但对进一步走进鲁迅还是心怀畏惧，"鲁迅研究"似乎也由此成为专属于知识分子的分内工作。因而我们是否能采用一种市民喜闻乐见的形式来传播"鲁迅形象"，普及"鲁迅资源"，从而使得大众接近"鲁迅"？这个问题值得我们细细思考。

其二，"鲁迅形象的市民消费"的出现，也深刻反映出不同年龄、不同阶段、不同身份的群体对"鲁迅形象"的接受程度各不相同。这也就促使我们考虑,在面对不同的"受众群体"时,我们该如何因人而异地调整"鲁迅资源"的传播方式和渠道。1930年代"鲁迅形象的市民消费"是与市民社会共生而来的。在传统观念里,居城者即为市民,与之相对的是居乡者则为乡民。而在西方概念下,市民则指城市自由民或公民,因此也常称之为"新市民"。"'新市民'首先是在那些工商业兴盛的通商口岸萌发,正因为经济发达、市政管理皆参以西法,犹如一所没有围墙的社会大学,教授人们如何去适应新的社会环境,培育新市民意识。"㉔鲁迅在上海度过了他生命的最后十年,而上海作为著名的移民城市,从19世纪末到20世纪中期,外来人口占上海城市人口的80%。在这些外来移民中,有很大一部分是农村的破产乡民,他们来到城市后,为了适应这座城市的发展并安家立业,就需要及时的完成乡民"市民化"甚至"新市民化"的身份转变,这也由此导致了市民群体的迅速扩大。而社会构成人员的不同,又直接引发了文化诉求的多样。由此,一种不同于精英文化的市民文化迅速流传开来,"鲁迅形象的市民消费"由此而生。他深刻体现了某个时期内,一部分特定群体对"鲁迅形象"的接受和传播。因而在21世纪的当下,当我们在传播"鲁迅资源"时,是否也要因人而异地选择传播途径?答案是肯定的。从中小学生来看,他们走进"鲁迅"的最初渠道通常是语文课本,他们在教材中获得了对鲁迅的第一印象,入选篇目是否符合该年龄段学生的认知能力是考虑的前提。此外,各个时期的读者都有专属于他们的个性色彩和关注话题,所选篇目是否符合当下读者的精神需求是考虑的又一要素。因而在推广鲁迅的小说、杂文的同时,可否增添其他领域,如鲁迅日记、版画、鲁迅的电影观等内容?这些都有助于展现一个有血有肉、丰富立体的"鲁迅形象"。除此之外,对于一些更有人生阅历,或者从事专业研究的人员来说,对"鲁迅形象"的推广渠道则是将"鲁迅资源"运用于当下其他问题的解决中。当我们自身、民族与时代遇到危机时,如何以“鲁迅”为参照,并从那里寻找到具有解释力和批判力的理论资源,则是“鲁迅形象”深层传播的必经渠道。

现在看来,这种“鲁迅形象”的市民消费虽有消解、颠覆的意味,与我们当下的认知大相径庭,却也是一种客观存在的文化现象,深刻反映了一个时期内,一部分特定群体对“鲁迅形象”的接受和传播。而在21世纪的今天,与“鲁迅”有关联的文化派生现象层出不穷:“网络鲁迅”风靡兴起;由新课改引发的从“鲁迅作品调整”到“鲁迅大撤退”现象遭到热议不断;而百度百科更对鲁迅的身份定义由经典性的“三家”,演变为“文学家”和“思想家”两种,“革命家”身份的缺席也体现了正在悄然改变的价值观念。这些颇具新世纪色彩的“鲁迅文化现象”的频繁发生,在展现文化格局多元的同时,更是对传统的“鲁迅形象”和已有的经典性结论发起挑战。在鲁迅研究细节化的掘进和当下文化现象的衍生里,有朝一日会不会自然而然,或者在其他思想资源的强行介入下而产生新的“鲁迅形象”? 谁也说不准。但一味的漠视、回避、批判绝不是解决之道。随着认知眼界的开拓和文化格局的多元,我们该怎样解释,应对这些新出现的文化派生现象的冲击,当是我们反思的重点。

(南京师范大学文学院)

[2019年江苏省研究生科研创新计划“1930年代上海小报中的‘民间鲁迅’形象研究”(项目编号:KYCX19_0742)阶段性研究成果]

注释

① 陈刚:《20世纪30年代上海电影明星文化消费及其“摩登”示范》,《中国文化产业评论》2011年第2期。

② 顾洪:《鲁迅和红金龙》,《社会日报》1936年12月28日。
③《田汉鲁迅与摩登三女子》,《时代日报》1933年1月11日。
④ 演演:《明星公司为鲁迅病故拍片》,《立报》1936年10月22日。
⑤《鲁迅先生丧仪新闻影片与〈夜会〉同演》,《铁报》1936年11月5日。
⑥ 米瑞姆·汉森:《巴别和巴比伦:美国无声电影时代的观众》,哈佛大学出版社1991年版,第15页。
⑦ 李欧梵著,毛尖译:《上海摩登——一种新都市文化在中国(1930—1945)》,北京大学出版社2001年版,第110页。
⑧ 芳:《鲁迅之死》,《福尔摩斯》1936年10月22日。
⑨《小三子笔记》,《星华》1936年第22期。
⑩ 白马:《高倩苹比鲁迅还红》,《社会日报》1934年1月22日。
⑪ 耻伯:《鲁迅与文学》,《铁报》1930年6月13日。
⑫ 白雪:《该死的鲁迅》,《社会日报》1936年10月24日。
⑬ 啼红:《报话》,《小说日报》1940年12月25日。
⑭ 张爱玲:《公寓生活记趣》,《流言》,五洲书报社1944年版,第30页。
⑮ 柄子:《新文坛上礼拜五派之反抗》,《福尔摩斯》1933年4月13日。
⑯ 浪花:《鲁迅许广平夫妇勃豀纪》,《上海报》1934年12月31日。
⑰ 霜叶:《张敬尧案与鲁迅》,《铁报》1936年10月30日。
⑱ 中坚:《时代产物的小报》,《金刚钻》1927年10月20日。
⑲ 李楠:《晚清、民国时期上海小报研究——一种综合的文化、文学考察》,《河南大学博士学位论文》,2004年。
⑳ 许苏:《海派文化视野下的早期中国电影1927—1937》,《上海大学博士学位论文》,2016年。
㉑ 鲁迅:《351004致谢六逸》,《鲁迅全集》第13卷,人民文学出版社2005年版,第560页。
㉒ 鲁迅:《351029致曹聚仁》,《鲁迅全集》第13卷,第573页。
㉓ 张爱玲:《致〈力报〉编者的信》(原无题目),《春秋》1944年12月28日第2卷第2期。
㉔ 范伯群:《超越雅俗 融汇中西——论20世纪40年代新市民小说代表作家的创作经验》,《西北大学学报》2006年第6期。

鲁迅藏画像石《曹望禧造像》拓片考释

杨剑龙

鲁迅一生钟情于中国古代文化的整理与研究，从其对于中国画像石拓片的收藏与整理，就可以看到鲁迅的这种敬业与努力。画像石是古代人们雕刻在墓室、祠堂等处的装饰石刻壁画，内容涉及神话传说、典章制度、风土人情等各个方面。有学者谈到画像石指出："汉代厚葬，崇祀祠墓，厥风最盛。自宗室豪贵，以至中人之家，多于冢墓之前，竖立碑石，及石人石兽，更建祠堂，置门阙，画以种种事物，而镌刻之。雕镂藻绘，瑰丽精工。"[①]

1913 年，鲁迅开始搜集汉画像，共搜集山东汉画像拓片 362 张，河南汉画像拓片 292 张，四川的 39 幅，江苏和甘肃的 3 张，鲁迅生前托了诸多朋友代搜集汉画像拓片。鲁迅对于汉画像艺术推崇备至，他曾赞叹说："遥想汉人多少闳放，新来的动植物，即毫不拘忌，来充装饰的花纹。"[②]鲁迅又说："汉画像的图案，美妙无伦。"[③]鲁迅对于汉画像石拓片的搜集要求颇高："一、用中国纸及墨拓；二、用整纸拓金石，有边者并拓边；三、凡有刻文之处，无论字画悉数拓出；四、石有数面者令拓工著明何面。"[④]1926 年鲁迅拟编订并手书目录十五卷《汉画像考》。1934 年，鲁迅就有出版汉画像拓本集的心愿："汉唐画象石刻，我历来收得不少，惜是模胡者多，颇欲择其有关风俗者，印成一本，但尚无暇，无力为此。"[⑤]鲁迅生前一直没有将出版的事宜付诸实施，1986 年，北京鲁迅博物馆、上海鲁迅纪念馆编的《鲁迅藏汉画像（一）》由上海美术出版社出版，

1991 年出版《鲁迅藏汉画像(二)》。2014 年 10 月,北京鲁迅博物馆编的《鲁迅藏拓本全集·汉画像Ⅰ》《鲁迅藏拓本全集·汉画像Ⅱ》由西泠印社出版社出版,收入鲁迅收藏的汉画像拓片 690 余张。

图 1

在鲁迅收藏的画像石拓片中,《曹望禧造像》拓片属于十分精美的拓片之一。鲁迅的日记记载其先后收藏该内容的不同拓片六枚:1915 年 4 月 25 日日记:“往留黎厂买《曹望僖造像》拓本二枚,四角。”1917 年 4 月 18 日日记:“往震古斋买……《曹望僖造像》四枚,十二元。”[⑥]在中国画像石中,河南、山东、江苏、陕西、四川、安徽等地,都留存有大量画像石。有人认为:“山东的汉画像石,出土量非常丰富,居于全国四个画像石集中地区的前列。”[⑦]鲁迅收藏的《曹望禧造像》拓片就出土于山东。该造像全名应该为《元魏襄威将军柏仁令曹望憘造像》(曹望憘又作曹望禧、曹望僖),北魏正光六年(525)刻。该石像原来应该是一尊弥勒像,全称应该是“曹望禧造弥勒下生石像”,其中造像部分早佚,现存的只是造像座。这是一块正方形的石头,高可九寸,边长约一尺八寸,四面环刻。[8]据说该造像座于清代出于山东临淄桐林庄,后归清代金石学家陈介祺收藏。据陆明君著《簠斋研究》引陈氏家藏稿本《北魏正光造像考》称,“据吴重憙《北魏正光造像考》(陈氏家藏稿本)‘同治壬申十月……其曹望僖、宝渊二石入陈氏宝簠斋中’,可知同治十一年前已得之”。[9]应该在同治十一年(1872),陈介祺自临淄买得此石,从此以后才有四面完整的拓本问世。根据嘉庆初年成书的孙星衍《寰宇访碑录》中记载,当时此石被嵌在临淄桐林庄一村民家的墙壁上,只有镌刻文字的一面向外。1914年,金石考古学家、书法篆刻家马衡先生在其题诗堂中云:“元魏襄威将军柏仁令曹望憘造像。此石旧在山东,今春有人辇运至沪,为欧洲人重价购去。余从碑贾处得此拓本,郑重藏之。噫,吾国人心嗜利,不知保存百年之后,谁复有古物之观念耶?”[10]马衡先生的拓本,捐赠故宫博物馆,墨拓四纸,合装为轴,纵238厘米,横92厘米。1921年,原藏家通过卢芹斋的上海来远公司经手售去法国,拓本不可复得,价格腾贵,遂成珍品,是中国流失海外的最著名的刻石之一。根据王家葵发表的《流失海外的曹望禧造像》一文所说,《曹望禧造像》石座现藏于美国费城大学博物馆(另一说现在法国巴黎博物馆)。

《曹望禧造像》是一正方形的石座,高约九寸,边长约一尺八寸,四面环刻。王壮弘在《崇善楼笔记》中却说:“六朝造像极多,佳者也不少,但终无过于魏正光六年所刻《曹望禧造像》之精妙。此石高三尺五寸、广一尺九寸。共有四层,上三层刻图有狮、凤、车马、仪仗、衣冠人物等等。制作极为精美,人物皆栩栩如生。下层刻铭文,正书廿二行,行九字,后余一行刻一大字。书法端和谨严,也是魏刻中数一数二的作品。”[11]估计王壮弘并未见过原石座，其文字均出于《曹望禧造像》的拓本，故有“四层”之说。王家葵认为：“这是一块正方形的石头，高可九寸，边长约一尺八寸，四面环刻。石刻的正面是两头狮子，一雄一雌，中央有一尊托博山炉的菩萨，点缀凤鸟、莲花等图案；左右两侧分别是男女供养人队列，主要人物或许就是曹望禧夫妇，结构有些类似《帝后礼佛图》，无论是牵骏马的童子，还是驾牛车的婢女，神态生动；背面是造像者曹望禧的发愿文，文末刻一‘大’字，当是刻工试刀所为。”[12]根据陆明君《簠斋研究》记载当年陈介祺所收藏：“所藏刻石以北朝造像为大宗，最有名为曹望僖，王阿善造像。……此石四面刻，三面画像，一面造像记，正书，二十二行。每面拓高二十七厘米，广六十三厘米。北京大学藏有此石之陈氏朱拓本。此石于民国十年流失国外，现藏美国费城大学博物馆。”[13]

图 2

在画像石的内容中，常常有历史故事、生产劳动、战争狩猎、乐舞百戏、车马出行、祭祀升天等内容。在《曹望禧造像》的拓本中，也大致可以见出某些相关的内容。根据《曹望禧造像》的拓本，《曹望禧造像》石座四面刻，三面画像，一面《造像记》文字。正面石刻为雌雄双狮和一尊托博山炉的女神。“画像刻画细腻，线条流畅，具有极高的审美情趣和装饰意味，足可以代表中国古代石雕艺术的最高水平。”[14]在汉代的墓葬中，常常有以摇钱树表达升入仙境的向往，以博山炉表达仙境信仰，“二者都有着表达死后升入仙境信仰的象征功能”[15]。在该画面中，双手托起立有博山炉托盘的，应该是受人膜拜的西王母，《山海经》中那位“豹尾虎齿而善啸，蓬发带胜，是司天之厉及五残”的西王母，到公元前一世纪已演变成大众崇拜的幸福女神，“在山东汉画像石上她最早出现在石椁上”[16]。画幅中的西王母慈眉善目从莲花座上冉冉升起，头上顶着双手托着有博山炉托盘，两肩衣袂飘飘，神采奕奕。画像石上常常雕刻有一些祥禽瑞兽，在形神皆备优美的刻画中，呈现出某些吉祥祈福的意味。该画幅上是一左一右一对狮子，线条柔美端庄，图案美伦美奂。左边的母狮头部鬃毛如瀑笔直下泻，举右足张大口；右边的雄狮头部鬃毛似火卷扬向天，举左足张大口，这一对狮子都护卫着托博山炉的女神。画幅正中顶端，有两只一大一小的凤凰，左凤右凰，画像石中的四神苍龙、白虎、朱雀、玄武，朱雀即凤凰，蕴含着吉祥如意的意蕴。画幅的空处还雕刻有一些花朵，让整幅画像石端庄吉祥。

左面的画像石是一幅出行图，与大多数驱马出行图不同，该出行图中是以一头牛拉着车，一头健硕的壮牛，翘着双角抬头拉车，身旁行走着一位驭牛的侍者，牛车上没有坐人，却拉着箱笼物品。《晋书·舆服制》中曰：“古者不乘牛车，汉末诸侯寡弱，贫者至乘牛车。自灵(帝)献(帝)以来，天子至士，遂以为常乘。”[17]在中国古代绘画中，出行往往成为一个十分重要的题材：从秦宫壁画《车马出行图》，到汉像石《车马飞车出行图》；从西汉《车骑出行图》，到东汉《出行图彩绘壁画》；从魏晋壁画砖《牛车出行图》，到唐代莫高窟《张议潮统军出行图》；从唐墓壁画《狩猎出行图》，到晚唐《宋国夫人出行图》；从北宋《文官出行图》，到辽代《东丹王出行图》……都显示了出行队伍的威风和阵势，成为一种权势和声望的象征。在《曹望禧造像》的仕女出行图中，牛车前是六位仕女的

图 3

图 4

出行,均穿宽袖长裙,行走在第二位最高的显然是出行队伍中地位最尊者,梳垂髻雍容华贵,长袂飘飘婀娜动人,前呼后拥的仕女均梳双环望仙髻,有一持日月扇,有一持夜行灯,有一持长杖,她们的脸上都露出笑意。画幅的牛车上方刻有一展翅的凤凰,画幅的空白处有花儿点缀。该出行图洋溢着祥和欢乐的气氛,呈现出欣欣向荣的气象。右面的画像石也是一幅出行图,与大多数驱马出行图相同,画幅上有一侍者牵着一匹高头大马,马的前项和身上许多饰品,有厚厚的马鞍,呈现出豪奢之气。与其他侍者不同,牵马的侍者穿着短装,手里持着一柄剑。出行队伍中的第二人显然是一位纶巾的高大男子,他双手拢袖,有一仕女在身后为其撑起伞盖,除了一位牵马者,其身前身后共六位仕女,均穿宽袖长裙,一位持日月扇，有一持夜行灯，有一持长杖。马背的上方是一翩翩起舞的凤凰，画幅的空白处有花儿点缀。该出行图洋溢着端庄肃穆的气氛，呈现出奢华雍容的气象。王家葵评价说："左右两侧分别是男女供养人队列，主要人物或许就是曹望僖夫妇，结构有些类似《帝后礼佛图》，无论是牵骏马的童子，还是驾牛车的婢女，神态生动。"[18]按照此说，左右出行图的主角儿应该是曹望僖夫妇。

图5

在《曹望禧造像》石座背后是题记，为造像记，正书，二十二行，行九字。"此题记正书书写，行间有细界格，结体严谨而运笔舒放。虽为刀刻却能看出书丹者之笔意。"[19]阮元在《山左金石志》卷9评价该书法："碑字秀劲，已开唐人法脉。"稍后汪鋆在《十二砚斋金石过眼录》卷6也说："书势端和，是魏刻之佳者。"[20]王壮弘在《崇善楼笔记》中评价说："书法端和谨严，也是魏刻中数一数二的作品。"[21]有人认为："与唐代欧阳通《道因法师碑》中的竖笔画处理，有声息相通之处。这些表明造像与隋唐碑刻之间存在或隐露的关联性。"[22]题记中介绍了筑《曹望禧造像》的原委："大魏正光六年岁次乙巳三月乙巳朔廿日甲子……襄威将军柏仁令齐州魏县曹望僖，是以仰思三宝之踪，恨未逢如来之际，减己家珎，玄心独拔,敬造弥勒下生石像一躯。"字体秀峻端庄,一笔一画皆劲健。有人介绍《曹望憘造像》拓本云:"曹氏魏之望族,《魏书·曹世表传》载:'世表字景升,东魏人也,魏大司马休九世孙,祖谟,父庆,并有学名,望憘虽不见于史传,为其族人无疑。'"㉓该石座的首位收藏者陈介祺精于拓片,他曾经亲自拓印,浮雕人物脸部用淡墨拓印,其他部分用浓墨拓印,其拓本颇有立体感。陈介祺还制作了一部分朱拓本,在朱砂颜料中加入银粉、珍珠粉等,拓本经历百年依然色泽鲜亮。陈师曾曾在一拓本上题记曰:"原石旧藏潍县陈簠斋家,后归法国巴黎博物院。拓本流传甚少,是后不可复得,故可贵也。庚申中春装成题记,师曾。"㉔

作为中国画像石的精品之作,《曹望憘造像》获得了鲁迅先生的钟情,鲁迅先后两次收藏了同一内容的不同拓片六枚,可见鲁迅所具有超人的鉴赏能力和精致的美术眼光。对于汉画像的搜集收藏和研究,对于鲁迅书籍的装帧设计、作品意境的营构、诡谲意象的选择、宏阔词语的运用等,都产生了潜移默化的影响,增强了鲁迅作品的丰富性与艺术张力。

(上海师范大学人文学院)

注释

① 傅惜华:《山东汉画像石汇编·导言》,傅惜华、陈志农编,陈志农绘:《山东汉画像石汇编》,山东画报出版社 2012 年版,第 3 页。

② 鲁迅:《看镜有感》,张秀枫选编:《鲁迅杂文选集》,21 世纪出版社 2010 年版,第 56 页。

③ 许寿裳:《亡友鲁迅印象记·许寿裳回忆鲁迅全编》,上海文化出版社 2006 年版,第 41 页。

④ 北京鲁迅博物馆编:《鲁迅藏碑拓全集·汉画像卷Ⅱ》,西泠印社出版社 2014 年版,第 336 页。

⑤ 鲁迅:《1934 年 3 月 24 日致姚克的信》,《鲁迅全集》第 12 卷,人民文学出

版社1981年版,第48页。

⑥ 转引自王锡荣、乔丽华:《藏家鲁迅》,上海文化出版社2009年版,第169页。

⑦ 李发林:《山东汉画像石研究·前言》,李发林《山东汉画像石研究》,齐鲁书社1982年版,第2页。

⑧⑫⑱⑳ 王家葵:《流失海外的曹望禧造像》,《南方都市报》2011年6月5日。

⑨⑬ 陆明君:《簠斋研究》,荣宝斋出版社2004年版,第57页。

⑩《清拓北魏曹望禧等造像残座》,见故宫博物馆网页https://www.dpm.org.cn/collection/impres/230302.html。

⑪㉑ 王壮弘:《崇善楼笔记》,上海书店出版社2008年版,第230页。

⑭⑲ 王亮行:《簠斋收藏及其对当今金石艺术品市场的影响》,《西泠艺丛》2017年第5期。

⑮ 李晟:《仙境信仰研究》,巴蜀书社2010年版,第98页。

⑯ 杨爱国:《山东汉画像石》,山东文艺出版社2004年版,第121页。

⑰ 转引自张道一:《画像石鉴赏》,重庆大学出版社2009年版,第164页。

㉒㉓㉔ 见《曹望禧造像》拓片商品描述,http://book.kongfz.com/5621/387321541/。

《破恶声论》所见清末诸议论考

孙尧天

《破恶声论》是鲁迅早年留学日本时期所作的最后一篇论文，1908年12月发表于《河南》第8期。这篇文章的主旨是反驳国家主义与世界主义两种思潮即所谓“恶声”，不过，鲁迅并未写完就回国了，之后也没有续写，因此是一篇未完成的文章。然而，由于涉及政治改革、现代科学、文学主张、思想信仰等多个方面的重要议题，这篇文章在鲁迅早年思想历程中具有总结性的意义，鲁迅早期论文《人之历史》《科学史教篇》《文化偏至论》与《摩罗诗力说》所关心的问题均可以在《破恶声论》中找到呼应。总体上，《破恶声论》显示出了鲁迅早期思想较为成熟的状态，同时，这篇文章的写法与其他明显剪辑了当时流行的日语文献的文章不同[①]，鲁迅更直白地表达出了主观意见。

由于《破恶声论》鲜明的论战风格，使得这篇文章中的多个段落可以查找到明确的线索。对于这些线索，鲁迅表现出或者赞同、或者怀疑、或者反对的态度。查考这些线索，有助于我们掌握《破恶声论》与晚清思想界的诸多言论线索明确的关联，以还原鲁迅早期论说的历史语境，继而由此可以更确切地认识到《破恶声论》在晚清思想与言论界的特殊地位与意义。按照《破恶声论》的论述顺序，本文将这些线索分为四个部分，分别是：鲁迅参考章太炎部分、参考海克尔《宇宙之谜》部分、反对破除“迷信”部分以及参考《天义报》部分。

一

自1906年返回东京从事文艺之后，鲁迅的思想发生了不可忽视的转变，在这一过程中，对之影响最大的人物当属晚清革命思想家章太炎。鲁迅自觉站在章太炎阵营一边，对其他的诸种论说进行批判。这一点在以往的研究中已得到了较为详细的阐释，尽管两者在部分观点上也存在着同中之异。[②]以下仅为笔者对于既往研究的补充，鲁迅在这些地方可能参考了章太炎的相关表述。

其一，在《四惑论》中，章太炎依据唯识宗的佛学原理破除了晚清流行的诸多议论，如“公理”“进化”“惟物”“自然”。在章太炎破除“公理”的论述中，他认为“公理”本是由人心所臆造出来虚妄的结果，其本身没有“自性”，所谓的“公”不过是一种用来压迫异己的学说，个体对于世界、社会、国家、他人，本来没有任何责任，因此，每个人都有决定自己生死的权利，针对那些批评陈天华等人自杀只是为了满足一己奔向极乐世界的欲望而抛弃人伦责任的言论，章太炎提出了这种反驳。鲁迅非常熟悉《四惑论》中的观点，他在《破恶声论》中有诸多响应，其中有一条即关于对自杀者的评价。

不妨先看章太炎在《四惑论》中的论述：

> 有人焉，于世无所逋负，采野稆而食之，编木堇而处之；或有愤世厌生，蹈清泠之渊以死，此固其人所得为自主，非大群所当诃问也。[③]

随后又有：

> 吾土有陈天华、姚宏业、陈天听者，以愤激怀沙而死。彼则又诋之曰：“自裁者，求生天宫与极乐国土耳。不为社会增

> 进福祉,惟一身就乐而为,故可鄙也!”不悟汉土之自裁者,自顾连无告而外,皆以谋画不行,民德堕丧,愤世伤人,以就死地,未有求生天宫、求趋极乐者。当其就死,实有所不忍见闻,亦冀友朋之一悟,风俗之一改也。而人亦高其风义,内省诸己,而知其过,负此志士,率令发愤沈渊,则悔悟改良者众,其为益于社会亦钜矣![4]

章太炎从两个方面为那些投海自杀的志士辩护,一方面是人本自由、不对他人肩负责任,另一方面,他肯定了这些志士的行为能够唤醒民众意志,最终将起到改革社会的效果。在《破恶声论》开篇不久,鲁迅也谈到了清末投海自杀的革命者,不过他省略了具体姓名,以“硕士”呼应章氏所谓的“志士”,如:

> 乃者诸夏丧乱,外寇乘之,兵燹之下,民救死不给,美人墨面,硕士则赴清泠之渊;旧念犹存否于后人之胸,虽不可度,顾相观外象,则疲苶卷挛,蛰伏而无动者,固已久矣。[5]

在这段文字中,如“硕士则赴清泠之渊”,与章太炎所谓志士“蹈清泠之渊以死”不仅字面相近,而且两者都将论述置于民族救亡的历史背景下,并试图从自杀这种现象引申到民众觉醒的相同问题上。由此推测,鲁迅或许在写作这一段文字时,参考过章太炎在《四惑论》中的表述,但不同的是,他并没有利用章太炎的唯识宗思想资源,甚至对于投海自杀这种行为是否能够起到如章太炎所期待的那样的激起民众的改革意志,也报之以“不可度”的怀疑态度。

其二,章太炎格外重视晚清革命者的道德问题,他认为革命道德之有无乃是革命成功的根本。在《革命道德说》中,章太炎根据社会各职业,将道德分成十六等,其中最高等的即是农人。在《破恶声论》中，鲁迅为农人“迷信”辩护时的观点与此相近，他同样看重“迷信”中所蕴含的农人的道德。

在《革命道德说》中，章太炎曾提到：

> 今之道德大率从于职业而变，都计其业则有十六种人：一曰农人，二曰工人，三曰裨贩，四曰坐贾，五曰学究，六曰艺士，七曰通人，八曰行伍，九曰胥徒，十曰幕客，十一曰职商，十二曰京朝官，十三曰方面官，十四曰军官，十五曰差人，十六曰雇译人。其职业凡十六等，虽非讲如画一，然可以得其概略矣。农人于道德为最高，其人劳身苦形，终岁勤动，田园场圃之所入，足以自养，故不必为盗贼，亦不知天下有营求诈幻事也。平居之遇官长，虽甚谨畏，适有贪残之吏，头会箕敛，诛求无度，则亦起而为变，及其就死，亦甘之如饴矣。⑥

章太炎也曾谈及农人的“迷信”，并将其与“上流知学者”对比。不过，章太炎强烈排斥民间的鬼神思想，他认为农人只是因为“蒙昧寡知”才幸免于“迷信”的毒害。但总体上，农人的道德仍然高于有知识的上流社会，如：

> 乃若愚民妇子之间，崇拜鬼神，或多妖妄，幸其蒙昧寡知，道德亦未甚堕坏，死生利害之念，非若上流知学者之迫切也。⑦

章太炎的这一处批评尤为值得注意。鲁迅也曾将“迷信”与农人的道德联系在一起，例如，在为“迷信”辩护时，鲁迅同样高度赞扬农人的道德，“伪士当去，迷信可存”一语即着意于此，所谓“伪士”，与章太炎所谓的“上流知学者”明显相应。此外，与章太炎一样，鲁迅也表达了对农人终年辛苦劳作的同情。不过，相比之下,鲁迅早年对农人在"迷信"问题上的同情更多一些,他不认为"迷信"本身是毒害,也没有"愚民妇子""蒙昧寡知"这种表达。如:

> 顾民生多艰,是性日薄,洎夫今,乃仅能见诸古人之记录,与气禀未失之农人;求之于士大夫,戛戛乎难得矣。[8]

随后又有:

> 农人耕稼,岁几无休时,递得余闲,则有报赛,举酒自劳,洁牲酬神,精神体质,两愉悦也。……夫使人元气黯浊,性如沉垽,或灵明已亏,沦溺嗜欲,斯已耳;倘其朴素之民,厥心纯白,则劳作终岁,必求一扬其精神。[9]

其三,尽管与章太炎存在以上差异,但鲁迅在《破恶声论》中为农民的"迷信"辩护时,他对清末科学主义潮流的警惕以及对科学认识边界的划分,却与章太炎的观点基本一致。章太炎的《规〈新世纪〉》发表于1908年10月10日,鲁迅的《破恶声论》发表于同年12月,鲁迅很可能在写作《破恶声论》时参考了章太炎的相关论述。[10]如章太炎在《规〈新世纪〉》批判科学主义:

> 夫科学之名亦汎矣。彼所谓科学者,则诊察物形加以齐一而施统系之谓,抑万状之纷纭,固非科学所能尽理,有牢笼科学以究万事者,若斯宾塞尔之徒赫尔图门谓之万有科学,而不与之哲学之名。[11]

在《破恶声论》中,鲁迅反驳清末科学主义者破"迷信"时,即有与此对应并相当切近的文字,尤其是指出万物神秘变化,存在科学所无法解释的现象：

> 不思事理神閟变化，决不为理科入门一册之所范围，依此攻彼，不亦慎乎。[12]

随后，鲁迅引用了海克尔的一元论（《宇宙之谜》）以说明宗教的必然性，而章太炎在《规〈新世纪〉》中也曾以海克尔的《宇宙之谜》作为论据。这种情况亦非偶然，鲁迅编译《人之历史》的底本之一即是海克尔的《宇宙之谜》，在反驳《新世纪》的时候，他再次引用海克尔的学说也可能是受到章太炎的影响。

二

如上所述，在《破恶声论》中，鲁迅为农人的“迷信”辩护、反驳当时过度崇奉科学的风气时，引用了德国生物学家海克尔的一段话：

> 夫欲以科学为宗教者，欧西则固有人矣，德之学者黑格尔，研究官品，终立一元之说，其于宗教，则谓当别立理性之神祠，以奉十九世纪三位一体之真者。三位云何？诚善美也。顾仍奉行仪式，俾人易知执着现世，而求精进。[13]

鲁迅认为宗教必然存在，如《破恶声论》中有所谓“人心必有所依，非信无以立，宗教之作，不可已矣”。[14]即便完全信奉科学，科学也不能摆脱宗教，甚至科学本身就是宗教或者精神的一种表现形态，鲁迅正是在这个意义上引用了海克尔。海克尔这段话出自《宇宙之谜》第十八章《我们的宗教》：

> 要在变得空旷的建筑场地上为人类意志建立起一座新的

> 起居舒适的大厦——理性的宫殿,在里面,我们可以凭借我们新获得的一元论世界观对19世纪真正的"三位一体",即"真、善、美"三位一体,表示虔诚信奉。为了使得对这个神圣理想的崇拜可以捉摸,首先必须分析基督教盛行的宗教形式,看到力求以真、善、美来取代基督教所发生的变化。[15]

鲁迅引用海克尔并不令人意外,据日本学者中岛长文考证,他的《人之历史》中的一大部分材料即来自《宇宙之谜》[16],这里仍然是从中引出的材料。

关于鲁迅所谓"俾人易知执着现世,而求精进"。这一句话是他对于海克尔后文的概述,海克尔在随后"真的理想""善的理想""美的理想"都明确表达过这种观点,尤其在"美的理想"中,有一段内容在文字上非常接近鲁迅的表述,例如,海克尔主张建立"今世"的艺术:

> 原始纯粹的基督教宣扬尘世生活毫无意义,只是将它看作为"来世"永生作准备,这样,就直接得出了如下的结论:"今世"人生所呈现的一切,在艺术和科学中,在公共生活和私人生活中,所有的美都没有价值。一个真正的基督徒一定要逃避今世,而只想为来世作准备。[17]

不过,鲁迅引用海克尔只能说明宗教的必然性,却无法为他辩护"迷信"找到合适理由,如海克尔在鲁迅引述的那段话之前,就指出为了达到这一崇高目标,最重要的是,现代科学必须要粉碎迷信的幻景,清除道路上迷信的杂乱瓦砾。[18]当然,鲁迅引用海克尔的目的或许不在于此,他试图说明的只是信仰作为一种精神现象的必然性以及执着于尘世的精神信仰对人类文明生活的必要性。

三

鲁迅在《破恶声论》中提出“伪士当去,迷信可存”,多年来一直被学界视为鲁迅早年思想最具独特性的论据。同样地,这句话并非无的放矢,而是有着确切的针对性。当鲁迅提出“迷信可存”时,他有着现实的批判指向,即那些所谓“伪士”的主张。这一点也颇为符合《破恶声论》的论战性质。

在以往的研究史上,许多学者曾致力于寻找这句短语所批评的确切对象。日本学者伊藤虎丸先生曾认为,受章太炎的深刻影响,《破恶声论》中的“破迷信论”部分是直接针对康有为等人的,这种观点也代表了日本鲁迅研究界的一般看法。[19]另外,国内学界许多学者推测,鲁迅在《破恶声论》中的观点是直接针对《新世纪》上的言论。如前所述,1908年,章太炎曾与《新世纪》展开论战,鲁迅无疑是追随章太炎的,他的这种立场很容易使人认为,《破恶声论》中为宗教、迷信辩护的文字同样是为了反驳《新世纪》。例如,乐黛云先生在《鲁迅的〈破恶声论〉及其现代性》一文中提出,《破恶声论》中讨论宗教问题的部分可能直接针对《新世纪》——具体即《普及革命》中的有关宗教的观点。在这个思路上,如陈方竞、刘中树等学者也认为《破恶声论》中破除“迷信”是为了反驳《新世纪》而作。[20]鲁迅在《破恶声论》中的观点确实可以用来反驳《新世纪》,但两者之间却并非“直接”针对性的联系。[21]如果只是从针对清末言论界的整体风气考虑,将《破恶声论》与《新世纪》联系起来或许也能够成立。

然而,有意思的是,当我们细考鲁迅在《破恶声论》中的材料来源,却会发现,鲁迅所直接针对的观点很可能来自比《新世纪》更早主张废除宗教、迷信的文章——尽管如上引述,鲁迅应当熟读过章太炎批判《新世纪》的文章,但他具体反驳的对象却在别处。这或许由于清末改革界的议论风气以及早已形成的共识:在晚清科学主义的思潮中,绝大多数改革者都主张用科学原理破除宗教、迷信,也正是在这种文化语境中,更加凸显出了鲁迅早期思想的独特性。

具体而言,鲁迅批判当时破除迷信的言论,更可能直接来自《浙江潮》(1903 年第 1—3 期连载)上署名为“义乌陈榥”[22]的《续无鬼论》、《党民》1904 年第 1—5 期合本上署名“导迷”的《无鬼说》,以及《江苏》1904 年第 9—10 期合本上的《江苏人之信鬼》。《无鬼说》为后出,并在许多观点上重复了《续无鬼论》。相比于《无鬼说》,《续无鬼论》不仅内容更为丰富,与鲁迅《破恶声论》的呼应性也更强,加之该文发表在《浙江潮》创刊之初,故而鲁迅完全可能读到并对之表示异议。但如果鲁迅在 1903 年读到了创刊号上以及随后连载的《续无鬼论》,他应当对陈榥深表赞同,因为这时他也曾主张破除迷信,以改良文明,如其翻译科学小说的目的就在于此,如有所谓“获一斑之智识,破遗传之迷信,改良思想,补助文明”[23]。显然,鲁迅对于陈榥的这篇论述印象深刻,随着对自然科学更深的认识,他的态度在 1906 年之后发生了转变,对陈榥的批评也说明鲁迅完成了反躬自省。而纳入《江苏人之信鬼》,一方面,是因为与鲁迅在《破恶声论》中反驳的内容接近;另一方面,则是因为鲁迅点明他所批判的是来自“南方”的“志士”,而这篇文章尤为反对“南省”的迷信现象。这几篇文章均从唯物主义的角度否定了鬼神等迷信现象,鲁迅逐一对之进行了批驳。

《续无鬼论》从“偶像”“魂魄”“妖怪”“符咒”“方位”“谶兆”六个方面批评了中国的迷信思想。

> 印度之人,信天堂地狱之说,至以溺死于殑伽河为登天堂,而社已墟矣。埃及以尼罗之河流,卜岁之丰歉,而国以奴矣。(《续无鬼论》)

鲁迅的批驳:

举其大略，首有嘲神话者，总希腊埃及印度，咸与诽笑，谓足作解颐之具。夫神话之作，本于古民，睹天物之奇觚，则逞神思而施以人化，想出古异，俶诡可观，虽信之失当，而嘲之则大惑也。……若谓埃及以迷信亡，举彼上古文明，胥加呵斥，则竖子之见，古今之别，且不能知者，虽一哂可靳之矣。[24]

《续无鬼论》开篇谈到了非洲、印度、埃及、安南（越南）、土耳其、波斯等地的迷信与国家灭亡的关系，故而鲁迅说“首有嘲神话者”，这同时说明他是从神话角度为迷信辩护。他随后选择其中的印度、埃及并加上了希腊，遂云“举其大略”。由于《无鬼说》也引用了《续无鬼论》中的这一论据，鲁迅在写作《破恶声论》的时候，很可能同时参考了这两篇论文，故而他在自己的批驳中使用了“咸与诽笑”一语，这也应当代表了晚清改革者所形成的共识。

……由是观之，生前有灵能，死后无灵魂也。又人之身体，为磷、为炭、为养，为轻、为淡各元质所组合而成。尸之腐烂，由于淡气之易发出，与夫空气中养气之易酸化。葬诸墓内，酸化较迟，然而潮湿之薰蒸，终必腐尽而后止。当其腐也，或为气体而散出，或为液体而流出，要皆性质迥异之化合物。其能稍持久而不遽变为化合物者，虽有累累之枯骨，然肤尽则骨继之。生化合物，亦性质迥异耳。而过古垄之前者，辄心计曰：是有墓焉。是必有魄焉，抑必有凭依之鬼焉。不知残骸剩骨，以待化合，化合而去，尸生此，非尸而亦生此也。化合而留者，墓有此，非墓而亦有此也。故夫墓有何物？物果魄否可知也，尸即魂乎？魄即魂乎？吾亦不敢强为流俗定。然而化合之物有公理，墓内之物有定名。三尺马鬣封之内，第问其化学作用何如，而无魄即可断也。（《续无鬼论》）

抑不仅是鬼火荧荧，俗以为有鬼之证，不知动物骨肉含磷

质甚多。磷之为物,凡遇空中养气,极易燃烧。火固有之,鬼则非也。(《续无鬼论》)

《续无鬼论》用较长的篇幅解释了“鬼火”的科学原理,以证明其本身是一种正常的自然现象,鲁迅的转述非常简练并有如下批驳:

“若夫自谓其言之尤光大者,则有奉科学为圭臬之辈,稍耳物质之说,即曰:‘磷,元素之一也;不为鬼火。’略翻生理之书,即曰:‘人体,细胞所合成也;安有灵魂?’知识未能周,而辄欲以所拾质力杂说之至浅而多谬者,解释万事。不思事理神閟变化,决不为理科入门一册之所范围,依此攻彼,不亦傎乎?”[25]

凡个人与国家,于无形色之界,皆有一种不可思议、不可遮饰之外神,以为其所寄之个人与国家之代表,以是为谶兆,容或近之。读者盍观吾中国史,彗星、日月食、地震、白虹贯日、日中黑子诸例,大书不一。《书》曰:将以昭儆戒也。醴泉、甘露、芝草、白凤、黄龙之条,大书不一。《书》曰:所以昭瑞应也。彼心中纯守一“神道主义”,乃从为之辞曰:苍天乎,苍天乎,其有喜矣,其有怒矣,于是灾异祥符之说,稗史氏遂沿为南山可移,此案不可改之,成例二大惑,乃深中人心。(《续无鬼论》)

露为空中水蒸气所凝结而成,集于草木上而甘,亦偶有他物入之之故。芝为植物,以之为瑞,殆与以松喻寿、以竹喻直同义,出于意想,成于习俗,谓为瑞应,夫岂其然。(《续无鬼论》)

这段话论述了传统中国政治所内含的泛神论色彩,如有所谓“神道主义”,鲁迅认为,这种“神道主义”不仅奠定了传统中国政治与文化制度的根基，而且孕育出了中国古人美好的心灵世界。鲁迅的转述与批驳如下：

> 顾吾中国，则夙以普崇万物为文化本根，敬天礼地，实与法式，发育张大，整然不紊。覆载为之首，而次及于万汇，凡一切睿知义理与邦国家族之制，无不据是为始基焉。效果所著，大莫可名，以是而不轻旧乡，以是而不生阶级；他若虽一卉木竹石，视之均函有神閟性灵，玄义在中，不同凡品，其所崇爱之溥博，世未见有其匹也。㉖
>
> 龙凤无是物，而俗夫媚子偏执遍搜于世界不可得之一名，以自佐其阿谀之材料。呜呼！荒唐无稽之谈，其第曰无凭也，祸犹浅，其依斯凭而害而家以凶，而国贻患，有不堪设想者。(《续无鬼论》)

由于龙、凤作为中华民族的历史象征，同时出于早年高涨的民族主义热情，鲁迅对这种观点表现得最为愤慨，故而他的引述和发挥较多：

> 复次乃有借口科学，怀疑于中国古然之神龙者，按其由来，实在拾外人之余唾。彼徒除利力而外，无蕴于中，见中国式微，则虽一石一华，亦加轻薄，于是吹索抉剔，以动物学之定理，断神龙为必无。夫龙之为物，本吾古民神思所创造，例以动物学，则既自白其愚矣，而华土同人，贩此又何为者？抑国民有是，非特无足愧恧已也，神思美富，益可自扬。㉗

其中，鲁迅所谓“以动物学之定理”，陈榥曾在《续无鬼论》中批评“妖怪”一节中多次使用这种表达，陈榥从“动物学之定理”指出不存在“妖怪”，鲁迅则将之移用到了对龙、凤的辩护中。鲁迅继而批评这种观点是势利观念使然：

> 嗟乎，龙为国徽，而加之谤，旧物将不存于世矣！顾俄罗斯枳首之鹰，英吉利人立之兽，独不蒙垢者，则以国势异也。科学为之被，利力实其心，若尔人者，其可与庄语乎，直唾之耳。
>
> 风雨雷电，俗谓天神所司。夫雷电或于电气之相激，雨成于水蒸气，风成于空气压力之变动，西方三尺童子皆能道其原理。好学之子，乃造气压表而知风，造湿度表而知雨，造避雷针而知雷电。设如俗云，则又将谓人之所为有大甚于天神者矣。升天入地，俗以为鬼神之奇能，不知空气反力甚微，天固不可升也。地心之热甚大，地固不可入也。且不可入地，与前所辨狐不能摄物，同背于不可入性质公理，而谬妄者乃执此以为辞。野蛮时代之风俗，大率类此。（《续无鬼论》）

鲁迅的引述与批驳：

> 夫人在两间，若知识混沌，思虑简陋，斯无论已；倘其不安物质之生活，则自必有形上之需求。故吠陁之民，见夫凄风烈雨，黑云如盘，奔电时作，则以为因陁罗与敌斗，为之栗然生虔敬念。希伯来之民，大观天然，怀不思议，则神来之事与接神之术兴，后之宗教，即以萌孽。虽中国志士谓之迷，而吾则谓此乃向上之民，欲离是有限相对之现世，以趣无限绝对之至上者也。[28]

鲁迅首先还原了古人的生存情境，他认为古人并不知晓《续无鬼论》中所介绍的科学原理，因而处于“知识混沌”的状态，在这种状态下，萌发宗教、信仰的追求乃是必然的。从此出发，《续无鬼论》的作者批判古人的野蛮风俗，而鲁迅则从中看到了古人在形而上的追求中所体现的积极“向上”的动力。

在《续无鬼论》结尾，作者陈棍强调实学的重要性，用实学反对崇虚理的做法，并再次表达了对迷信现象的痛心，指出随时都有因此而亡国灭种的危险，自己甘愿“独起”，不惮于冒犯四万万同胞而不遗余力地批判这些现象：

> 呜呼？举国而为深夜暗行，愚愚相贻，犹可说也；愚愚相贻，而众智乃环伺于旁，而国亡，而种亡，不可说也。而不然者，以四万万同胞敬礼勿替依恃如命之鬼神，而独起而辨之抵之，不惜出全力以博之，乡士大夫，其以横流被放之言相诟病矣。虽然，其志可哀也，其心亦可见也。

鲁迅反对将灭亡的原因归结到迷信，尤其他进一步区分了农人和乡士大夫的责任。鲁迅认为，历史上造成灭亡的往往是没有信仰的乡士大夫，而不是农人，“伪士”和乡士大夫一脉相承，他由此提出“伪士当去，迷信可存”：

> 盖浇季士夫，精神窒塞，惟肤薄之功利是尚，躯壳虽存，灵觉且失。于是昧人生有趣神轶之事，天物罗列，不关其心，自惟为稻粱折腰；则执己律人，以他人有信仰为大怪，举丧师辱国之罪，悉以归之，造作躛言，必尽颠其隐依乃快。不悟墟社稷毁家庙者，征之历史，正多无信仰之士人，而乡曲小民无与。伪士当去，迷信可存，今日之急也。[29]

其次，鲁迅在《破恶声论》中的引述亦可见于《无鬼说》部分：

> 鬼火之发现，略分数端。……无论见于郊野，见于室内，

见于树上，要皆为磷质之发光。何为磷质，盖化学家谓天下万物，莫不为八十余原质所成，而此八十余原质中，有一物焉，西人谓之光药，吾国译之为磷，土中、石中、植物中莫不含之，而惟动物之骨中，含之最多（人身含磷多至二十两）。磷之为物，其形如蜡，其性极易发光，稍遇暖气即发极亮之光，若遇更热之气即能自烧，若遇潮湿之气发光更易。……由此观之，鬼火者，磷质之误认物也；磷质者，鬼火之真相也。磷质可于兽骨中收取，是人而可造鬼火矣；人而可造者，是谓人火，岂得谓之鬼火乎！（《无鬼说》）

这一段从化学元素对“鬼火”科学解释与《续无鬼论》高度近似，《无鬼说》的作者“导迷”也很可能参考了《续无鬼论》。鲁迅引述与批驳如下：

若夫自谓其言之尤光大者，则有奉科学为圭臬之辈，稍耳物质之说，即曰：“磷，元素之一也；不为鬼火。”[30]

不观印度、埃及之往事乎？印度人信偶像，焚香顶礼，不为不诚，甚至以溺死于恒河为登天堂者有之，而卒不能保全祖国。埃及人以牛为祖宗，以大鸟大兽为神明，华衣鲜食以崇拜之，人或偶伤此等圣禽兽，即执而杀之，以正其罪，敬神之思想富足无比，而亦卒不能救埃及之灭亡。（《无鬼说》）

《无鬼说》中的这段文字也与《续无鬼论》接近，两者都谈到了印度人溺死于恒河以求登天堂、埃及迷信的现象，以及由此所导致的亡国命运。相对于《续无鬼论》，《无鬼说》描述埃及迷信的文字更为详细。鲁迅有如是批驳：

举其大略，首有嘲神话者，总希腊埃及印度，咸与诽笑，谓足作解颐之具。夫神话之作，本于古民，睹天物之奇觚，则逞神思而施以人化，想出古异，俶诡可观，虽信之失当，而嘲之则大惑也。……若谓埃及以迷信亡，举彼上古文明，胥加呵斥，则竖子之见，古今之别，且不能知者，虽一哂可靳之矣。[31]

最后，鲁迅也引述了《江苏人之信鬼》：

若夫良辰佳节，赛会龙华，香烛冥镪，相忘于道。老妪幼妇，络绎于途，不知其几千万人也。问之则曰烧香拜佛也。佛果何在乎？名虽信佛，实则信鬼。亦有寒食清明家家扫墓，龙蟠草囤，堆积飞舞，蝴蝶纸灰，飘飖空际，不知几千万也。问之则曰拜祖敬宗也。祖宗果何在乎？名虽信祖宗，实则信鬼。甚矣哉。愚夫愚妇而为此，犹可谅。孰知缙绅先生之更有甚者，风水务求吉地，婚嫁必择良辰，建庙宇竞为壮丽，施僧钱动辄万千。感应阴骘之文，惜字放生之局，遍于州县，充于街衢，无非信鬼之心中之。以言求生，则个人之生也；以言求福，则个人之福也。曾亦思鬼不能自生，遑论生人。……恨南省督抚袖手坐视，故溃败一至于此。……欲兴江苏之教育，则请自毁鬼庙，弃鬼像，绝鬼祀始。(《江苏人之信鬼》)

鲁迅对于以上这段文字并没有全部引用，他省略了该文作者列举的大多数事例，而反驳了其中所涉及的诸如禁止赛会、浪费钱财、批判个人之私的三个问题，因而在《破恶声论》中有如下论议：

“若在南方，乃更有一意于禁止赛会之志士。农人耕稼，岁几无休时，递得余闲，则有报赛，举酒自劳，洁牲酬神，精神体质，两愉悦也。号志士者起，乃谓乡人事此，足以丧财费时，奔走呼号，力施遏止，而钩其财帛为公用。”[32]

四

鲁迅早年身处晚清救亡图存的浪潮之中，这一浪潮催生了诸多强权主义的言论。鲁迅虽然反对强权主义，但他并不从本质上反对战争和暴力，在他看来，问题的关键在于如何重建人的主体性。1905年前后，由于日俄战争对鲁迅造成了深刻的精神冲击，托尔斯泰批判强权的言论曾吸引了他，不过，鲁迅所处的语境以及上述认识使得他与托尔斯泰存在难以调和的矛盾。在《破恶声论》中，他引用并反驳了托尔斯泰有关不抵抗的论述，这段论述很可能来自《天义报》1907年第11、12卷合刊中一篇名为《俄杜尔斯托〈致支那人书〉节译》的文章。

《天义报》由刘师培、何震夫妇等创办于1907年6月，于1908年6月停刊。这段文字原出自1906年托尔斯泰写给辜鸿铭的信，经忱刍翻译并发表于《天义报》上。鲁迅对于这份旨在宣传无政府主义的报刊不会陌生，周作人早年即曾在《天义报》上以“独应”为笔名连续发表诸多文章[33]，尤为值得注意的是，其《论俄国革命与虚无主义之别》正是发表在1907年《天义报》第11、12卷合刊上。总之，鲁迅完全有可能读到托尔斯泰在《天义报》上的信。

忱刍先后两次翻译了托尔斯泰致辜鸿铭的这封信，分别发表在《天义报》第11、12卷合刊，以及第16至第19卷合刊上。鲁迅在《破恶声论》中引述的一段文字应当来自前者。托尔斯泰不希望中国人变得好战，失去爱好和平的传统美德，他认为中国人如果因为效仿了侵略主义，那么就是相当于“勤俭敦朴”的老农被“浮浪匪徒”挟持。托尔斯泰原文及《天义报》上的译文如下：

> 不图改革，败亡之祸，不待崇朝矣。若支那人民震于彼威，从彼效法，是不啻勤俭敦朴之老农，猝为浮浪匪徒所胁，遂

舍其耒耜，以彼威先型也。[34]

鲁迅在《破恶声论》中的引用如下：

莫如不奉命。令出征而士不集，仍秉耒耜而耕，熙熙也；令捕治而吏不集，亦仍秉耒耜而耕，熙熙也，独夫孤立于上，而臣仆不听命于下，则天下治矣。[35]

（华东师范大学中文系）

［“中央高校基本科研业务费项目华东师范大学引进人才启动费项目”（编号：41300-20101-222468）研究成果］

注释

① 如《人之历史》《科学史教篇》与《摩罗诗力说》绝大多数篇幅都有确切的文献来源。

② 这方面的文章较多，如：章念驰：《章太炎与鲁迅》，《章太炎的生平与学术》，上海人民出版社 2016 年版；林少阳：《“复古”的文化运动与“反复古”的新文化运动——章太炎与鲁迅之关系及断裂》，《鼎革以文——清季革命与章太炎“复古”的新文化运动》第四编，上海人民出版社 2018 年版；高远东：《鲁迅的可能性——也从〈破恶声论〉寻找支援》，《鲁迅研究月刊》2003 年第 7 期；李国华：《章太炎的“自性”与鲁迅留日时期的思想建构》，《中国现代文学研究丛刊》，2009 年第 1 期；黄纯一：《章太炎文论与鲁迅文学观念的建立》，《中国现代文学研究丛刊》2013 年第 1 期；李春阳：《鲁迅与章太炎》，《社会科学论坛》2015 年第 5 期；王小惠：《鲁迅〈破恶声论〉所受章太炎〈四惑论〉影响略述》，《鲁迅研究月刊》2014 年第 10 期等。此外，如汪荣祖在《章太炎散论》、李泽厚在《章太炎剖析》等文中也专门论述了章太炎对早期鲁迅的深刻影响。但实际上，如在文学、进化与宗教观等方面，鲁迅与章太炎仍然存在着不可忽视的差异，这些差异可

以视为章太炎与鲁迅的同中之异。

③ 章太炎:《四惑论》,上海人民出版社 1985 年版,第 445 页。

④ 章太炎:《四惑论》,第 447、448 页。

⑤ 鲁迅:《破恶声论》,《鲁迅全集》第 8 卷,人民文学出版社 2005 年,第 26 页。

⑥ 章太炎:《革命道德说》,《章太炎全集》第 4 卷,上海人民出版社 2014 年版,第 280—281 页。

⑦ 章太炎:《答铁铮》,《章太炎全集》第 4 卷,第 375 页。

⑧⑫㉕㉙㉚ 鲁迅:《破恶声论》,《鲁迅全集》第 8 卷,第 30 页。

⑨㉔㉗㉛ 鲁迅:《破恶声论》,《鲁迅全集》第 8 卷,第 32 页。

⑩ 按:《新世纪》由无政府主义学者李石曾、吴稚晖于 1907 年在法国巴黎创办,章太炎曾与该刊围绕语言文字、科学观、宗教观等问题展开激烈论战,鲁迅跟随着章太炎,而《破恶声论》的题旨之一即意在反驳《新世纪》所秉持的世界主义立场。

⑪ 章太炎:《规〈新世纪〉》,《章太炎全集太炎文录补编(上)》,上海人民出版社 2017 年版,第 322 页。

⑬ 鲁迅:《破恶声论》,《鲁迅全集》第 8 卷,第 31、32 页。

⑭ 鲁迅:《破恶声论》,《鲁迅全集》第 8 卷,第 29 页。

⑮ 海克尔:《宇宙之谜》,袁志英等译,上海译文出版社 2014 年版,第 295 页。

⑯ 中岛长文:《蓝本〈人之历史〉》,陈福康译,鲁迅研究室编:《鲁迅研究资料》第 12 辑,天津人民出版社 1983 年版。

⑰ 海克尔:《宇宙之谜》,第 297 页。

⑱ 海克尔:《宇宙之谜》,第 294 页。

⑲ 伊藤虎丸:《鲁迅、创造社与日本文学》,孙猛等译,北京大学出版社 1995 年版,第 107 页。

⑳ 陈方竞、刘中树:《鲁迅早期思想的现代性》,《鲁迅的世界　世界的鲁迅》,李永鑫编,远方出版社 2002 年版,第 238 页。

㉑ 乐黛云:《鲁迅的〈破恶声论〉及其现代性》,《中国现代文学研究丛刊》2000 年第 3 期。

㉒ 陈榥,浙江义乌人,字乐书,光绪二十四年(1898 年 4 月)由浙江官费到日

本留学,就读东京大学工科,与鲁迅同是留学日本的第一批浙江同乡会员。(王友三编:《中国无神论史资料选编 近代编》,中华书局 2002 年版,第 233 页。)鲁迅在《浙江潮》上发表文章较陈榥略晚,他 1906 年之前诸多文章几乎都登载于《浙江潮》,如译作《哀尘》、《斯巴达之魂》(《浙江潮》第 5 期),《说鈤》、《中国地质略论》、《月界旅行》(《浙江潮》第 8 期),《地底旅行》的前二回(《浙江潮》第 10 期)。

㉕ 鲁迅:《月界旅行·辨言》,《鲁迅译文全集》,福建教育出版社 2008 年版,第 6 页。

㉖ 鲁迅:《破恶声论》,《鲁迅全集》第 8 卷,第 29—30 页。

㉘ 鲁迅:《破恶声论》,《鲁迅全集》第 8 卷,第 29 页。

㉜ 鲁迅:《破恶声论》,《鲁迅全集》第 8 卷,第 31—32 页。

㉝ 如《妇女选举权问题》,《天义报》第 4 卷,1907 年 7 月 25 日;《妇女选举权问题续》,《天义报》第 7 卷,1907 年 9 月 15 日;《读书杂拾(一)》,《天义报》第 7 卷,1907 年 9 月 15 日;《读书杂拾(二)》(两篇),《天义报》第 7 卷,1907 年 9 月 15 日、《天义报》第 8、9、10 卷合刊,1907 年 10 月 30 日;《西伯利亚之囚》,《天义报》第 7 卷,1907 年 9 月 15 日;《斐象飞》,《天义报》第 8、9、10 卷合刊,1907 年 10 月 30 日;《文章之力》,《天义报》第 8、9、10 卷合刊,1907 年 10 月 30 日;等等。

㉞《俄杜尔斯托〈致支那人书〉节译》(忱㑥译),《天义》第 11、12 卷合刊,1907 年 11 月 30 日。

㉟ 鲁迅:《破恶声论》,《鲁迅全集》第 8 卷,第 34 页。

景梅九笔下的秋瑾

董大中

最新一期《上海鲁迅研究》（总第83辑）有两篇文章谈到秋瑾到日本后创办《白话》杂志，一篇说"秋瑾等人创办"（李浩文章，第20页），另一篇有两个说法，一次说"1904年秋瑾和留东同志创办的《白话》创刊号"（傅旭雨文章，第225页），另一次说"1904年9月24日，秋瑾以自己组织的社团'演说练习会'的名义出版了《白话》第一期，并自任主编"（第227页）。由此我想到景梅九。

景克宁（景梅九之孙）、赵瞻国著《景梅九评传》附录的《景梅九年表》中记载：1904年7月，"秋瑾到东京。（景）和朋友找到秋瑾，交谈革命。后与秋瑾等创办《白话报》"①。景梅九本人在其著名白话小说《罪案》（此书近年出版过多种版本）中说："以后女士常和革命派人来往，联络学界几位同志，组织一份《白话报》，鼓吹民权主义。女士能作诗，自号'鉴湖女侠'，时常登坛演说，慷慨动人。"②这两个说法证明，李浩文章说"等人"是比较可靠的，或者用傅旭雨文章前一个说法，景属于"留东同志"。从李浩文章列出的《白话》第一期目录来看，这期上景梅九没有文章发表。他可能在秋瑾创办这个刊物时参加过议论，表示过支持，所以他记得的刊物的名字多了一个"报"字。

景梅九，清末民初山西一个著名才子，讳定成，主要笔名老梅、枚九、梅九，英文笔名"MU"。1882年生于晋南安邑县（今属运城市盐湖区）。此人天资超人，十一岁跟父亲一同考中秀才，十二岁游庠，十七岁入太原令德堂书院求学，因一次作业受老师批评，负气离校，做了家庭教师。景梅九于1900年入太原晋阳书院学习，1901年入刚刚创办的山西大学（当时不叫这个名字）学习，当年冬，京师大学堂（今北京大学）复学，景作为山西保送的五名学生之一，入京师大学堂。1903年冬，京师大学堂首次向日本派遣留学生，共三十余人，景在其中，入东京帝国大学本乡第一高等学校理化科。此后参加反对清政府的革命活动，担任山西留学生同乡会会长。1905年加入同盟会，担任同盟会山西分部评议长。景跟各地的革命者都有联系，是山西革命者中跟外地革命者联系最多的一位，曾跟孙中山、黄兴、章太炎一起制定同盟会《革命方略》。景的日语、英语都说得好，《民报》举行周年纪念，景参加组织服务，孙中山、章太炎发表演说，有人翻译，译不下去，同人推举景，景一气译完，受到好评。1906年，景将邹容《革命军》、陈天华《警世钟》、吴樾《宣言书》、章太炎《排满歌》编为一书，为之作序，自署“灭胡第一人”。“由大家捐了些钱，印出几千册，销行很广。后来各省同志，都争着集款印刷，暗暗里输入内地。论效力，较《民报》、《汉帜》还大些。”③在留日期间，多次回国，在晋、陕等地发动革命。所办《国风日报》，在辛亥革命和后来的反对袁世凯称帝和张勋复辟中发挥过很大作用，几次被查封，几次复刊，前后办了好多年。其国学基础深厚，考“红”治“易”最为有名，其《红楼梦真谛》被称为“索引派”集大成之作。曾有人把景跟章太炎并称为“南章北景”。景一生不做官，不爱钱，不讲吃，不讲穿，为人随和，生活简朴。办报用阎锡山的钱，却常骂阎锡山。对青年极为爱护，晋南青年到西安找他，有求必应。山西几位著名作家，如高长虹、石评梅、荆有麟等，最初都是在景办的《国风日报》副刊上发表作品的。景还是最早介绍爱因斯坦“相对论”的一人，自己写过相对论的文章，翻译日本石原纯著《相对论原理》连载多日。他还是在我国提倡世界语的一位积极分子，他自己用世界语翻译了但丁的

《神曲》,鲁迅曾经讲学的北京世界语专门学校,景是筹办者之一。另外,景是我国著名无政府主义者,他自己称为“无政府共产主义”。他办的《国风日报·学汇》专刊被称为我国无政府主义的一块重要阵地,他的《罪案》也被编在《无政府主义资料丛书》里。

据《罪案》,秋瑾到日本后,最先接触的本国同胞,可能就是景梅九。

> 那年有一个惊天动地的湖南[引者按,秋瑾的籍贯景都误为湖南]女士,同着日本某氏底夫人到东京。我听湖南某君说,女士名叫秋瑾,志向不凡。况且那时女子,留学的很少,我便对某君说:“日本某氏夫人在北京时,很有招摇的名声。女士在他家里有些不便,我们何不劝他出来,另寻个地方住下?”
>
> 某君赞成,便找到日本某氏家里,那夫人非常欢迎,让坐让茶,很能说几句中国话,便夸说伊在北京,常常同各国公使夫人进宫见西太后。那西太后跟前有一个懂得外国话的女子,十分宠爱。说来说去,说到“西太后最喜欢的一个太监,名叫李莲英”,湖南某君脸上,忽现一种不喜欢的模样。我毫不在意,但问伊同来的中国秋瑾女士在那里?伊听了这句话,才把女士唤出来,见了面,女士自己说伊留学始末。又说在海上撞见那俄国水雷艇,击沉日船一只。说时眉飞色舞,大有丈夫的气概。我趁某氏他去,告女士速移住他处为是,女士自己也说要搬家。大家又说了几句闲话,就告辞走了。④

傅旭雨文章说:“1904 年 4 月,在服部繁子的引领下秋瑾开启了属于自己的新生活,自此从‘小我’中挣脱出来,走上了与民族存亡紧密相连的‘大我’之路。”这个服部繁子是否景梅九笔下那个“某氏夫人”?两人对那个日本女人的看法明显不同。

这以后便是本文开头所引"以后女士常和革命派来往"。在前引"慷慨动人"后是:"因日本取缔中国留学生,大起风潮之后,和同志回国,组织光复团,死在徐锡麟一案!我常想作一传奇名《轩亭记》,写女士底生平,到底没功夫。但写成《恨海》一出,载在《晋话报》(董按,'晋话'谐'进化')上,彷佛能把女子胸襟曲折传出。现在稿子不在眼前,等寻出来,再附录在这《罪案》里边,请大家看。"⑤(第26—27页)景作《一夕雨》,早期白话短篇小说,由秋瑾"秋风秋雨愁煞人"句意境感慨联想而成,与《客心》同被作者视为"处女作"⑥。

据景克宁、赵瞻国著《景梅九评传》,1905年11月,《民报》出版。这时候,日本政府文部省颁布《取缔清国留日学生规则》,景参加中国留学生反"取缔"风潮,主要负责学生罢课团体工作。这期间,"与秋瑾在一起开会,秋瑾表示要回国革命。不久秋瑾回国,一部分留学生愤然回国。景梅九担任送行的责任"。表明秋瑾回国,是景梅九负责送行的。

傅旭雨文章说到留日学生抗议《清国留学生取缔规则》一事时引用了周作人在《知堂回想录》(傅文误为"忆")中的描写,说"秋瑾与鲁迅同时在日本留学,取缔规则发表后,留学上大起反对,秋瑾为首,主张全体回国,老学生多不赞成,因为知道取缔二字的意义并不怎么好,因此这些人被秋瑾在留学生会馆宣告了死刑,有鲁迅、许寿裳在内,鲁迅还看见她将一把小刀抛在桌上,以示威吓。"(按,这段话非周作人原话,意思相同)

景梅九本人对这一场斗争是这样描写的:

> 不料,日本政府因为中国留学底人数骤然增加起来,几乎过了八千名,便从文务省发出那取缔中国留学生的规则来。这"取缔"本是日本名辞,在中国可以译作约束或禁管,居然用待朝鲜学生的法子待我国学生,种种限制禁令,教人受不

了。于是乎中国留学生，召集全体大会筹商办法，派代表见我国公使，求他向日本政府交涉，把这项取缔规则取消，但终没有效果。大家愤激起来，又开大会商议全体回国。这事思黄先生忽触起无限的悲观来，便作了一篇《绝命书》，自己蹈海而死！大家即时开了个追悼会，有几个晓得先生事迹的，痛哭流涕演说了一场。人人悲恨填胸，有愿和先生同死的景象，风潮又汹涌起来。大家要求各校留学生全体罢课，有不从的，用蛮力对待。由北京派来的同学，怕受干涉，乘机出游京外。我这时加入罢课团体，一来是好动的心理，觉得合群抵抗强权，有些活气；二来是好奇的心理，觉得这闹风潮的，都是些血性男子，好乘这个空儿，认识几个英雄豪杰，将来好共举革命军。……

这取缔规则，经大家反对了一场，算没施行，然而陆续回国的人也就不少。上海底中国公学，便是这时回国的学生创办的。我担任欢送大家的责任。劳劳新桥车站上，也不记得多少次了。但是送人回国，自己到底没有得回国，心里老过意不去。

记得有一天开会，议和平了结办法，鉴湖女侠便道："中国人办事总是虎头蛇尾，从此后，不和留学生共事了！"大家听这几句讽刺话，有些感动。但不再进一步去作，也有原因：一来陆军学生，大家不愿教加入回国的团体；二来民党方组织起来，趁势联合大部分，计画革命事业，暗里把大家拦住不教回国也多；三来日本政客从中调停这问题，渐渐地缓和下来。有这三大理由，所以大家有点懈怠，这是实在情形，不是我为不回国的人作辩护。鉴湖女侠总是不同，便负气回国去了，到底轰轰烈烈作出一番事业来，教世间男女愧死！[7]

景梅九后来回忆，他在日本曾跟鲁迅见面，但不知道他是鲁迅,因为鲁迅是后来使用的笔名。他说是在章太炎家里遇见的;这一事,我在《鲁迅与山西》中写过。现在知道两人都参加了反对“取缔规则”的活动,这次活动,景和鲁迅也有可能见面,时间在前。由于人多,互相都不知道。

景先生写到秋瑾被害事,题为《闲评东亚两女杰》:

> 说起无政府主义来,便想到日本赤旗事件,就是日本社会党人大衫荣诸君,第一次在东京街上大张旗鼓集会多人,把“无政府主义”五字标在一条红布上面,高唱革命歌,轰动一时。被警察用蛮力干涉,捕了好些人,捉将官里去。内有菅野女士,尤其激昂,日本报上评为“万绿丛中红一点”。
>
> 这年正是秋瑾女士在浙江谋起革命,张曾扬派李某去调查,把女士一切秘密计画,全献出来邀功,竟然将女士拿到,严刑逼供。女士坚不承招,强予纸笔,叫写罪状,女士只写了一句“秋风秋雨愁煞人”。官府就据这一句,定了死罪,推到轩亭斩决。算中国女界革命流血第一人。当时在日本,我尝同朋友说秋瑾女士的历史,和赤旗事件中日本菅野女士相提并论,许为东亚两女杰。后来听说日本这个女士,也被日本政府送到断头台上,可以说是“德不孤,必有邻”了![8]

说也巧,景梅九先生的妻子阎玉青,也是一个响当当的革命者。自两人结合后,她就一直帮助丈夫从事革命活动。她曾对人说,如果她被当局杀掉,她就可以跟秋瑾女士并称为两女侠了。

> 那是在辛亥革命期间,李岐山(著名作家、批评家李健吾之父)杀了一个从南边来的姓陈的人,说是为秋瑾女士报了仇。景说:“时有郭光烈君登坛报告玉青革命情况,及某绅士告密。”说毕,陕将有陈树发者,连问:“告密某绅士到会么?

玉青连忙道:'没来!'其实那位先生正在那里,面带死色,被玉青看见,到底是女人心肠软些,救了他一命。"景氏接着说:"秦军首领,要求筹备军需,大家乃推我为军需局局长。我知道这是难题目,但不好推辞,便毅然担任起来。立刻召集些老朋友能干事的,齐来帮忙,借定盐务局地址。部署略定,听说岐山攻下绛州,枪杀巡防队统领陈正诗。有人说陈某当日在南边,和鉴湖女侠秋瑾一案很有关系,差不多是陈告密,且去捕杀秋瑾女士的。我说果然如此,岐山算替秋瑾报仇,真痛快!"第二天,景"到绛州,渡汾水,见城上悬些首级,想有陈正诗的,使人掩目!我虽主张杀坏人,对此终不适意,以为大杀风景,所以见了岐山,劝他把枭首去了。景说:'真是冤家路窄,偏遇在你手,这也算快意恩仇。其实你自己仇小,秋瑾女士的仇大。即此一节,同党人要赏你首功一件!'李说:'陈某很强劲,我亲自监斩的。还有许多投降的,我都收服了,编成卫队!'"⑨

景梅九再次见秋瑾女士,已是去拜秋瑾女士的墓地了。

1912年,各省形势安定下来,景先生应南方朋友之邀,和妻子阎玉青一行乘车赴江西。这是景先生第二次南游。先到武汉,再到南昌。又到九江,又到上海。由仲伏相陪,到杭州住下,去游西湖。景写几个人游"秋社""风雨亭"情景:

四人议论了几句,便出了岳王墓,看见苏小坟,忽忆前人"苏小坟连岳王墓,英雄儿女各千秋"句,念六朝曾无一名士与苏小小比肩者。又想到陈同甫"凿钱塘灌杭州,足使此地人民皆化鱼鳖"语,乃结联成一事,得"六朝名士皆鱼鳖,合把湖山葬美人!"

离苏小坟不远,有一新亭,题曰风雨亭,乃纪念鉴湖女侠

> 秋瑾者。亭旁又有一所楼院,门榜“秋社”二字,因进去参观,里面悬挂女士遗像,如见昔年。又四壁用玻璃笼罩女士当年起事的檄文,命令,军符……等等,皆女士手书,足证明女士革命的方略和精神。玉青看了,自然想到河东革命,因笑说:“若当时我在河东被清吏杀死,也未必不成名。”可见“好名”的心,人人都有呵!
>
> 秋瑾女士湖南人,闻湘中同志欲移葬女士遗骨于衡麓,但女士实因徐案牵起,今徐锡麟和陈、马二烈士墓均在西湖上,似不必移去。此间游人较多,可资观感。光复会著名党员陶成章墓亦在此,皆最新纪念。⑩

我多年不游西湖。不知道一百年前的秋社、风雨亭、徐锡麟和陈、马二烈士墓,以及光复会著名党员陶成章墓尚在否?

2019年11月27日、28日

注释

① 景克宁、赵瞻国:《景梅九评传》,山西人民出版社1990年版,第372页。
②④ 景梅九:《罪案》,中国社会出版社2014年版,第26页。
③ 景梅九:《罪案》,第66页。
⑤ 景梅九:《罪案》,第26—27页。
⑥《出路》,景克宁、赵瞻国:《景梅九评传》。
⑦ 景梅九:《罪案》,第50—51页。
⑧ 景梅九:《罪案》,第75页。
⑨ 景梅九:《罪案》,第243—244页。
⑩ 景梅九:《罪案》,第306—307页。

鲁海漫谈

关于丸山昇先生的回忆

潘世圣

因为搬家的缘故，断断续续整理书籍杂志和其他零散文献资料，其中有几个纸箱已有许多年没有打开过。纸箱满是灰尘，撕开胶带，看到大学时代省吃俭用于窘迫中买下的书籍，早已消散了的记忆，竟在一瞬间复活于眼前。继续翻检下去，是一叠三十年前的书信，其中数封发自丸山昇先生。看着信封上那久违的蓝色墨迹，脑海里浮现出先生温厚而刚毅的风貌。

2007 年寒假，我去日本后看到丸山夫人松子女士早些时候寄来的明信片，被告知先生已于 2006 年 11 月 26 日因病逝世，不禁万分惊诧。作为一个晚辈后学，尤其是得到过先生指点和关照的异国学子，理应以某种方式表达对先生的哀悼和怀念。但我得到消息时，先生已逝世数月，而我与先生的家人又从无联系。就这样，在迟疑彷徨中，迎来了回国返校的日子。从此，我的内心深处留下了一个遗憾，一个应了而未了的伤感心结。

时间是 1985 年。那时我和靳丛林、许祖华、李冬木三位兄弟正在吉林大学刘柏青、刘中树两先生门下攻读硕士研究生。其间柏青师去日本各地进行学术访问，带回了不少日本学者研究中国文学的文献资料。通过柏青师的教诲，也得益于那一批日文资料文献,我们知道了鲁迅研究家丸山昇等一批日本学者的名字,并开始关注日本的中国文学研究,逐渐了解到日本学界的一些信息。柏青师回国后,还相继邀请大阪外国语大学相浦杲教授、东京女子大学伊藤虎丸教授和神户大学山田敬三教授来长春讲学,于是我们生平第一次近距离的接触到日本学者。当时出国留学风靡全国,加之我们开始接触到一些中日文学比较研究,尽管没有什么外语优势,但内心里仍浮想联翩,一边想象着鲁迅、郭沫若、郁达夫的留日岁月,一边在脑海中勾画起自己留学日本的种种图景。

1989年,柏青师携靳丛林师兄往日本关西访学,那时已在北京工作三年的我,借机向老师表达了希望有机会去日本留学的愿望。柏青师一向对弟子们慈爱有加,赴日后向时任东京大学文学部教授的丸山先生询问过有关情况。回国后,特意安排我翻译了丸山先生发表不久的新作《关于汪晖的〈鲁迅研究史批判〉》(拙译刊于《上海鲁迅研究》1991年第4辑)。借助柏青师的推荐介绍,我开始与丸山先生取得通信联系。

记得那一段时间有过多次书函往来,商谈留学的具体事宜。因为当时读博士有一些规定上的限制,丸山先生建议我先作东京大学"客员研究员"。当时先生即将从东京大学退休,转赴私立的樱美林大学任教,遂特意把后续事宜托付给他的后任藤井省三先生。为此我曾按照丸山先生的指示,于1991年年末到北大勺园宾馆拜见来北大出差的藤井先生(感谢藤井先生教示具体日期)。后来,一切手续办妥,只待出发东渡日本的时候,我却因为身体原因一时住进医院,于是一切计划都化为泡影。因为这件事,使得丸山先生以及其他几位师长友人的好意帮忙无果而终,至今想起来仍深感遗憾,满心愧疚。

两三年后,我有幸获得了日本文部省奖学金,以日本国费留学生的身份来到位于日本本土最南端的鹿儿岛大学,在美丽的锦江湾畔开始了梦想已久的留日生活。我的导师是以坪内逍遥研究而闻名的日本近代文学教授，在他的支持和指导下，我的硕士论文选择了有关鲁迅与夏目漱石的比较研究，这样一来就需要关注日本学者的鲁迅研究。为此我会经常写信向丸山先生请教问题。具体请教过哪些问题已记不清，印象中每次一定都会收到先生的回信，简洁扼要地解答我的疑问。从那时起，尽管我对先生的了解还十分有限，但却渐渐领略到先生的细微认真毫无虚饰、温良宽厚但又无时不在的正直凛然的学者风范。那是一种无言但却令人肃然起敬的人间魅力。

硕士快要读完的时候，遇到了一个棘手的问题。我留学的鹿儿岛大学文学专业当时还没有博士课程，要继续读书就只有出走其他大学。我首先想到的，是东京大学。我向先生请教，先生立即回信，介绍我和当时正在东京大学攻读博士学位的董炳月兄联系。参考炳月兄提供的信息，我决定还是就近投考九州大学，继续攻读日本文学。但考试结果难以预测，所以还需要有一个备用方案。我便又与丸山先生联系。先生非常理解我们的处境，爽快地答应我可以参加他的博士研究生考试，同时又帮助安排了妻子读书的问题。先生说："如果来东京求学，你们从国费留学生变成自费留学生，生活处境会变得艰难，要有心理准备。"不久，先生又来信了，告知为我们联系好了一份中文兼课教师的工作。先生的好意关怀让我由衷地感到温暖和激励。后来的结果，是我顺利考取了九州大学的博士课程。经过一番考量之后，最终我还是决定留在九州，又一次愧对了先生。先生的回信非常淡然，嘱咐我不必介意，一再鼓励我珍惜这个机会，潜心学业和研究。

进入博士学位论文撰写阶段之后，我与先生的联系比之前多了起来。我曾就论文的构想请教先生，偶尔有些罕见资料找起来比较困难，比如先生他们在 1950 年代和 1960 年代出版的油印刊物《鲁迅之友》等等。无奈时也为此打扰过先生，但每一次先生总是以鼓励提携后学的仁爱之心给予无微不至的指点和帮助。学位论文的前半,主要考察留日时期鲁迅与日本明治时代的关联。起因之一是对“神话”鲁迅以及无端“阐释”倾向的困惑和不满。尝试通过具体的考察工作,弄清青年鲁迅所处的思想文化语境,清理鲁迅与时代话语系统的互文关系,避免在一个被切割孤立的“文本”空间中对“话语”进行肆意阐释。先生明确肯定了我的这个想法,嘱我好好参考北冈正子先生的有关研究。

可以说,也是在先生的关怀鼓励和帮助下,2000年12月,我顺利获得了九州大学的博士学位,随即开始考虑博士论文公开出版事宜。按照日本学术振兴会的规定,博士研究生在完成学位论文并通过答辩获得学位后,就有资格申请博士论文公开出版资助。这一制度有些类似于国内国家科研基金的后期资助。尽管资助审查要经过层层筛选,难度很大,但毕竟是出版学位论文的最佳捷径,对博士学位获得者有很大的吸引力。但想不到刚刚开始准备申请材料,就遇到了一个不小的困难,即必须先找到认可论文并同意出版的出版社,还要出具一系列材料。我顿时一筹莫展,便向先生求救。先生回信告知我寄去的论文已读了大半,表示有申请出版的价值,并愿意帮我物色合适的出版社。不久,恰逢日本“现代中国学会”年度大会在福冈大学举行(记得那届大会邀请的中国嘉宾是陈漱渝先生),先生借与会的机会亲自带我去拜见了东京的专业学术出版社“汲古书院”的社长石坂叡志先生,商谈了有关事宜。出版社环节的问题迎刃而解,我顺利获得了“日本学术振兴会2002年度科学研究补助金·研究成果公开促进费助成”,当年11月博士论文公开出版发行。虽然论文有种种遗憾和不足,但终究变成了印制精良的书籍公之于众。有机会以这样一种形式报答先生的关怀和期待,自己终于感到一丝安慰。

对于丸山先生的学术研究和信仰信念,我的理解有限,没有资格妄加评论。但从1980年代末与丸山先生相识直到先生去世,差不多十七八年的时间，断断续续与先生有过各种各样的联系和交集，特别是得到过先生的诸多教诲和帮助。我曾有机会忝列先生门下，但最终又因为自己的选择而未能面聆謦欬，与先生相见相谈也只有 2001 年秋季的那两天。但或许正是这种保持着空间距离的语言文字交集和接触，有时反倒可以让人更从容、更有余裕、更镇定地感悟先生的人格和学术。

在我的感觉中，先生的学术是朴素诚实充满信仰和信念的，先生的学术是有生命和原则的。或者说，他的学术就是他的生活方式，乃至生命方式。这是一种至高的庄严境界。以我个人而言，先生让我由衷地意识到人对人竟然可以有如此渗透灵魂的感动力量。先生身罹肾病，从 1975 年开始每周都要进行血液透析治疗，直到逝世，整整 30 年。先生的生命和学术，就是在这种情形之中，一如往常地持续并完成。不知这算不算是一个奇迹。

在先生逝世十三年之后，谨以这些拙劣的文字表达一个异国后学对先生的衷心怀念和感谢。

2010 年初稿

2019 年 10 月 1—2 日再稿于上海

“散”“聚”之间

——60 多年前的一次讨论

北　海

据《上海鲁迅纪念馆大事记》记，1955 年 10 月，上海“市委宣传部（原文艺工作委员会）、华东文化部等单位酝酿新建鲁迅墓和鲁迅纪念馆工作。黄源赴北京，托周扬转请毛泽东同志题写鲁迅墓碑文”。[①]1956 年 1 月初，“国务院决定对上海虹口公园重新规划，进行改建，并迁建鲁迅墓、兴建纪念馆于公园内。全部工程要求在鲁迅逝世 20 周年纪念日前竣工”。[②]于是，在 1 月中旬“上海成立‘鲁迅先生坟墓迁建委员会’。委员会人选由市政府聘请鲁迅生前密切之友人、家属、华东和上海有关行政首长组成，上海市市长陈毅任主任委员。同时成立由陈植、张惠忠等九人组成的‘鲁迅墓建筑设计委员会’。”在这月 26 日，市文化局制订“鲁迅公园规划设计”，提出设计原则、设计范围、设计项目和业务要求。“鲁迅先生坟墓迁建委员会”责成市建筑规划管理局、市政工程局、民用建筑设计院、同济大学等单位作出公园总体规划、鲁迅墓、纪念馆等设计图纸。[③]这年 10 月 14 日，鲁迅灵柩移柩于上海虹口公园新墓，10 月 19 日，上海鲁迅纪念馆陈列逐步对公众开放。

改建工程最后选定由陈植主持设计的方案。在工程完全完工之前，上海市规划管理局陈植、汪定曾联合署名的《上海虹口公园改建记——鲁迅纪念墓和陈列馆的设计》一文刊发于 1956 年 9 月出版的《建筑学报》1956 年第 9 期，系统介绍了这次改建设计理念以及遇到的问题。按照这文章叙述,付诸实施的改建设计方案是从五个单位的设计中选出的。虹口公园“总体规划基本上采用了上海市规划局和园林管理处的设计,鲁迅先生墓和陈列馆采用了规划局的图案……公园总体规划的技术设计由园林管理处负责,墓和陈列馆以及一部分的亭、榭、桥、廊等小建筑的技术设计由上海市民用建筑设计院负责”;“这次设计工作可以说是具有集体创作性的劳动”。[4]

从这篇文章来看,虹口公园的相关建筑的布局设计体现了陈植的园林、建筑思想,陈植早年有在国外学习的经历,但他对中国传统造园颇有研究。他早年著《造林学原论》《造园学概论》,后又注释明代吴江人计成的《园冶》、校注明代文震亨的《长物志》等,在《上海虹口公园改建记——鲁迅纪念墓和陈列馆的设计》中,陈植自述了如何将中国传统造园术运用于虹口公园的改建方案中。他将园内最重要的三个建筑——即鲁迅墓、鲁迅纪念馆、鲁迅纪念亭,分置在园的中部和东南部,三个建筑既相互独立,又可通过小径相互通达,以体现中国园林的气氛“幽雅多去,布局灵活”的特性,这个灵活布局是他对虹口公园进行总体设计的三原则之一,另外两个原则是“尽量扩大原有的水面”“注意交通路线和分区”。具体是,从南门“入园后分两路前进,东路右折即导至陈列馆,人们可在谒墓前先观摩鲁迅先生遗作及其有关文献,激起对鲁迅先生的无限的敬爱。……东路北折即导向墓地,墓位于全园的中央,由于道路环曲并利用树丛土丘的遮蔽,就避免了开门见山一望在目的缺陷。西路通过儿童游戏场、茶室和大草坪转北导至墓地。园的东北角可供游人休息和划船,有水榭、长廊、亭阁点缀其间。……陈列馆之北有‘百花园’,布置颇为曲折,迂回的小径,起伏的地形,呈现出幽静雅致的环境。园的中央部分,由于地势平坦,布置自应开朗宽广,与重点的中国园林处理形成鲜明的同时亦是有协调的对比。虹口公园原有的荷花池颇有曲院风荷的风趣。改建规划中将原有的水面大大的扩展,有分有聚,连成一气。湖面上架有各式小桥,贯连陆地以及湖中小岛。为了遮蔽视线扩大空间,我们将挖出的土方在墓后及湖边南端堆成土丘。南端土丘上的石柱方亭与墓遥遥相对相互呼应,但不论在园的南面入口处或在墓的平台上,均无中轴贯穿的感觉”。[5]

陈植从虹口公园整体角度来设计布局纪念鲁迅的主体建筑,基本贯彻了“根据新的生活内容和要求,吸取旧日园林设计的精神和技巧,加以革新”的思想。[6]基本上实现了“利用天然,施以人巧”的中国园林创作精神(见图1)。

数月后,1957年第2期《建筑学报》刊发了谭垣的《评上海鲁迅纪念墓和陈列馆的设计》对虹口公园的改建设计,尤其是对园内三个纪念鲁迅的主体建筑设计和布局进行了商讨。与陈植从园的角度设计视角不同,谭垣从纪念建筑这一角度出发,阐述了他的观点:“纪念性建筑一般有二种。(一)以单纯艺术造型为主的建筑物来表达它的纪念性意义。由于它在功能上并没有显著的使用价值,所以往往是利用雕刻和造型上的艺术处理来深深地反映出它所代表的纪念性意义。鲁迅纪念墓的设计就属于这一类性质的。(二)以实用的建筑物结合纪念某事某人的功绩而命名的纪念性建筑物,因此在其功能上往往有着明显的作用。如鲁迅陈列馆的设计即是。”[7]同时,谭垣在文章中指出“适当地运用变化与统一,便能产生美的结果”,是建筑设计手法的一项普遍原则。基于以上,谭垣认为陈植的总体设计有五方面的问题:1.墓和馆的设计与原有虹口公园并不发生密切联系,使人感到放在任何公园中均无不可;2.墓和馆之间的关系是割裂的互不通气的;3.公园内四处大建筑:江南民居式的馆、西洋式的墓、复古样式的小亭子以及体育场原有的高大司令台[8]有变化而缺乏统一;4.从园中看到墓时,有雄踞一方,控制全局之势,与从属园的设计目标不一致;5.园与建筑的结合,在更大整体上的效果没有被提到和做到。[9]由此,谭

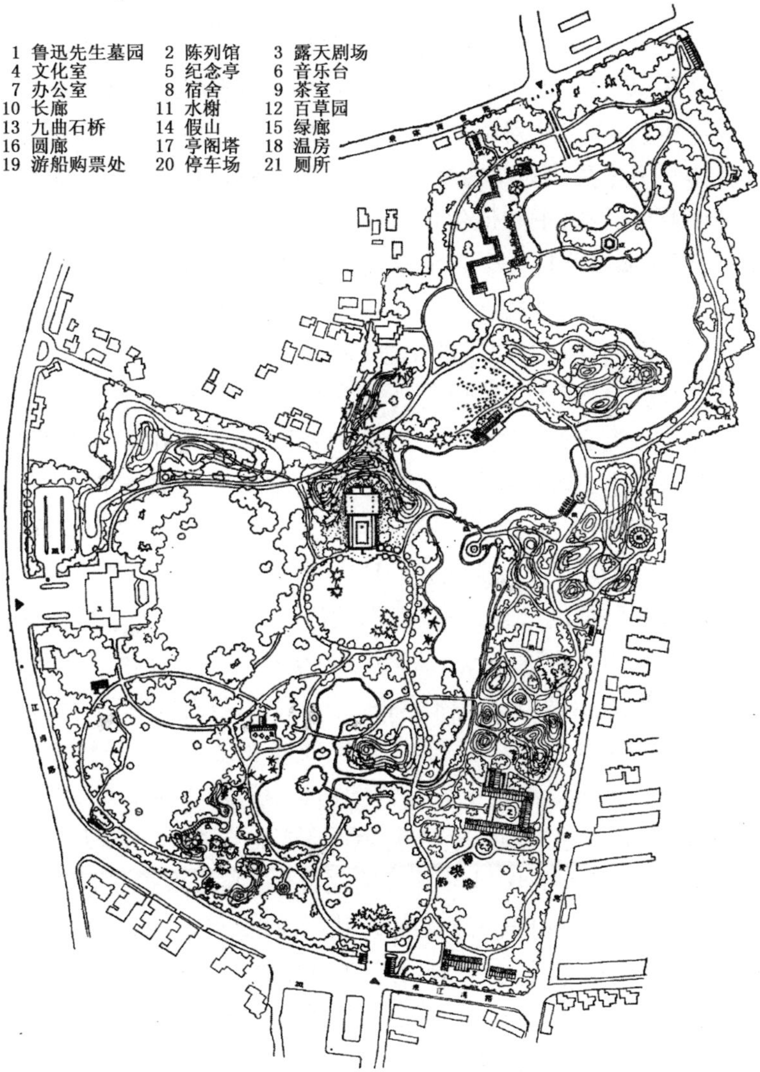

图1　公园改建规划设计图

垣认为,陈列馆应该与墓有更密切的联系:“将陈列馆主要部分分成单层南北朝向的三条平房,沿河以长廊相接,并有水榭伸出河岸。……进陈列馆入口,南是办公部分,东为小会堂,北去长廊通往陈列室,交通处理明确,有条不紊。……从陈列室出来在长廊尽端设有休息室,出陈列馆是一个露天大平台,把墓和馆以及雕像联成整体。……我认为这一个公园不是鲁迅的墓园……故将墓放在丁字形凉亭后部,正如他生前一样地在这里休息。……鲁迅的雕像,应当是孤零零地一个人坐着,而是一组群像,以鲁迅为中心,青年人围绕着他,面聆教益。”[10]这种设计思路与陈植完全不同,着重于建筑本身的存在及建筑的纪念特性的思考,将所有纪念建筑聚合在一起,以更显著地体现建筑的纪念意义(见图2)。

陈植在见到谭垣的文章后,进行了回应,在《对谭垣教授“评上海鲁迅纪念墓和陈列馆的设计”的一些探讨》一文中,陈植基本否认了谭垣所指出的问题:“第一点指必定凭山跨湖才能使墓、馆于公园有‘密切关系’,那么我们认为在布局上起组合呼应的作用亦可以达到同样的效果,虽然我们的设计在达到这个效果方面可能是不够的。若是地二点指墓与馆必须不分割才能相互通气,那么我们认为这不是构成整体的唯一手法而只是机械地对待了建筑艺术布局的原则。”[11]接着,陈植认为,谭垣的新方案,并没有完全体现谭垣自己所提出的纪念建筑的构想,反而,如果将墓、馆结合在一起,则会产生“雄踞一方,控制全局”的气概,“与鲁迅先生谦逊朴实,亲切近人的作风没有共同之处”;同时,根据虹口公园假日里有10 000~15 000名游客的现状,如按照谭垣的方案,势必是参观展览和谒墓以及乘游艇的三方游客聚集一起,无法达成“追思默念”的氛围。此外,陈植还认为谭垣的方案在现实性和适用性方面都存在着实施问题。[12]

陈植与谭垣的分歧,主要在于思考前提的不同。陈植是基于中国传统园林的现代化这个前提进行思考与设计的;而谭桓则是

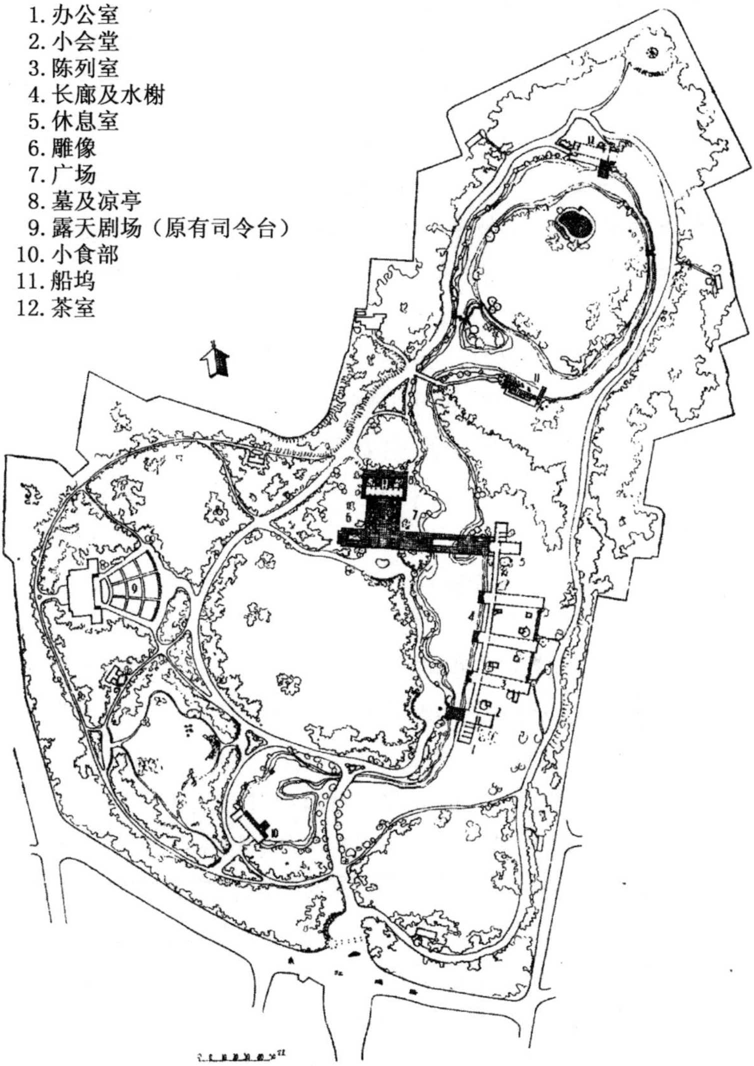

图 2　虹口公园总规划的新方案

基于纪念性建筑的在不同场合的实现为前提进行思考与设计的。如陈植在文章中所指出的那样，“中国园林艺术的基本创作精神就是利用天然，施以人巧。……中国与西方造园艺术的不同，主要就在于前者的气氛是幽雅多趣，布局灵活。因此，在中国园林中就找不到中轴对称的布局”。[13]因此，陈植的设计是强调中国的传统园林精神的展现，将纪念建筑散布在园林中，并力求与园林融合，以使鲁迅的平易近人、朴实等精神特质在建筑和园林的设计中具体化。谭垣则强调：“纪念性建筑的积极意义尚在于：利用建筑师的手法和艺术处理来充分表达或射影某某人的真实事迹的伟大，并使后人得以长期景仰和欣赏。因此其象征性、教育性和永久性乃为纪念性建筑设计所不可忽视的而且是非常重要的二个方面。”[14]因此，谭垣的设计方案，也是侧重展现鲁迅的朴实和平易近人的精神特质，但强调建筑本身的存在，重视其聚合和表现，以便使建筑以统一的形态与园林中植物水面等环境因素形成和谐局面。不过，谭垣的方案如处理不好，确实很容易形成“雄踞一方，控制全局”的气概。

除了建筑与公园之间关系之外，《上海虹口公园改建记——鲁迅纪念墓和陈列馆的设计》一文还具体谈及了鲁迅墓和陈列馆建筑设计思路和方案——对于这两处建筑的形式以及周围绿化设置，《评上海鲁迅纪念墓和陈列馆的设计》中也进行了较为详细的商榷。他们的讨论对我们今天理解上海鲁迅纪念馆各建筑形式、分布及绿化设置极具意义。1956年落成的鲁迅墓在中国建筑史上是具有开创性的，它在欧式建筑的基础上成功地结合了现代中国的文化因素，符合并展现了鲁迅文化精神。至于鲁迅墓前的鲁迅塑像，陈植和谭垣都抱有共同的遗憾（尽管鲁迅塑像进行了放大，但仍存在与墓区建筑比较还是太小[15]、安放位置不好等问题），这是当时的客观现实所致，并非作为建筑设计师的陈植和谭垣所能解决的问题。关于陈列馆建筑形式，陈植在文中说：“我们认为这个建筑造型要求简洁、朴实、命令、愉快、活泼、雅致、具备江南民居的风味。我们设计的是两层コ形的房屋，左首用柱廊连贯前后。”[16]陈植在这篇文章中还指出了，当时陈列设计并没有和建筑设计进行良好的沟通，以致陈列布置和色彩运用有违建筑设计意图。谭垣则认为，コ形平面“对该陈列馆的作用来讲，无显著的优点。但由各方面来凑合既定的コ字形的结果，却带来许多明显的缺点”等等。[17]《上海虹口公园改建记——鲁迅纪念墓和陈列馆的设计》还谈及设于陈列馆内的鲁迅生平陈列各部分主题：“包括图片照片、模型、著作、油画、实物等：幼年时期到辛亥革命；辛亥革命到五四运动；五四运动到 1927 年大革命；1927 年到 1936 年逝世；与党的关系；全部著作及各种专题展出。”由此可知，这个陈列是在大历史的框架下分述各个历史时期中鲁迅的精神文化演进与成就。

在园林中，在充分考虑游客流量的情况下，纪念建筑如何与环境形成文化共振，并在实现此目标过程中，纪念建筑如何体现文化和美学上的价值，方便观众从中获得暂时性空间——以便他们在这暂时性空间中去感受精神文化以及美学的内涵，获得相应的收益，这些都是纪念空间研究领域的主要内容。这也是本文重新提起 60 多年前陈植和谭垣两位建筑大师关于虹口公园改建讨论的关注点。在今天，至少在短期内，上海鲁迅纪念馆已经很难有可能进行建筑上乃至涉及公园的整体改建。基于现存的建筑及公园，我们如何客观认识纪念建筑以及纪念建筑所构成的纪念空间，如何进行相应的、有效率的社会宣传教育活动，让既有的建筑和园林空间与鲁迅精神文化形成相对固定的联系，并塑造具有丰富而有个性的、社会公众易于且乐于接受的文化符号，使上海鲁迅纪念馆连同上海鲁迅公园的鲁迅精神文化的传播宽广而久远——这是一个值得长期去探索和实践的课题。

注释

① 朱嘉栋、杨蓝执笔:《上海鲁迅纪念馆大事记》,上海鲁迅纪念馆编:《四十纪程》,1990年,第83页。

② 朱嘉栋、杨蓝执笔:《上海鲁迅纪念馆大事记》,1988年"10月19日,虹口公园举行改名'鲁迅公园'挂牌揭幕仪式。副市长倪天增揭幕,夏征农、陈沂、杜宣、赵家璧、方行、丁景唐等出席"。上海鲁迅纪念馆编:《四十纪程》,第148页。

③ 上海鲁迅纪念馆编:《四十纪程》,第84页。

④⑤⑥ 陈植、汪定曾:《上海虹口公园改建记——鲁迅纪念墓和陈列馆的设计》,《建筑学报》1956年第9期。

⑦⑨⑩ 谭垣:《评上海鲁迅纪念墓和陈列馆的设计》,《建筑学报》1957年第2期。

⑧ 即今虹口足球场。

⑪⑫ 陈植、汪定曾:《对谭垣教授"评上海鲁迅纪念墓和陈列馆的设计"的一些探讨》,《建筑学报》1957年第6期。

⑬ 陈植、汪定曾:《上海虹口公园改建记——鲁迅纪念墓和陈列馆的设计》,《建筑学报》1956年第9期。

⑭ 谭垣:《评上海鲁迅纪念墓和陈列馆的设计》,《建筑学报》1957年第2期。

⑮ 朱嘉栋、杨蓝执笔:《上海鲁迅纪念馆大事记》:"塑像由著名雕塑家萧传玖创作。原作高1.6米,放大为高2.1米。"上海鲁迅纪念馆编:《四十纪程》,1990年,第85页。1956年鲁迅墓前的鲁迅塑像于1961年由水泥像改铸为铜像,具体参见虞积华:《追忆鲁迅铜像翻铸记》,《上海鲁迅研究》第16辑,上海文艺出版社2005年版。

⑯ 陈植、汪定曾:《上海虹口公园改建记——鲁迅纪念墓和陈列馆的设计》,《建筑学报》1956年第9期。

⑰ 谭垣:《评上海鲁迅纪念墓和陈列馆的设计》,《建筑学报》1957年第2期。

鲁迅译序的《士敏土》

王志成

“士敏土”，按现在的翻译应该是“水泥”。“士敏土”是1930年代的外来语，那时“水泥地”的称呼是“水门汀”。现在的青年人可能不大熟悉。

《士敏土》的作者是苏联时期的作家，全名是革拉特科夫，费多尔·瓦西里耶维奇。当时译名是革拉特珂夫。小说于1925年出版。它通过国内战争时期的一位战士为了重振水泥厂与他妻子的感情变化为主题，来描写苏联经济恢复时期，苏联人民的艰苦创业精神。高尔基称赞它“是一部很有意义的，很好的作品”。鲁迅先生称赞它是“新俄文学的永久的碑碣”。

1929年11月，蔡咏裳（蔡永言）与董绍明（董秋斯）夫妇，根据英译本翻译了此书，由上海启智书局出版。出版后他们送了一本给鲁迅。《鲁迅日记》1930年2月12日记载：“下午得董绍明信并赠所译《士敏土》一本。”同年9月12日记载：“收诗荃所寄Carl Meffert作《Zement》木刻插图十枚。直一百五十马克，上海税关取税六元三角。”“Carl Meffert作《Zement》可以译作：梅斐尔德作《士敏土》。”鲁迅帮助青年人的事不胜枚举，有了梅斐尔德作《士敏土》的木刻插图，鲁迅鼓励董绍明夫妇修改再版。其一，把十幅木刻插图收入书中；其二，鲁迅答应为再版翻译一篇相关的文章作“代序”。董绍明、蔡咏裳夫妇自然高兴极了。1931年10月21日《鲁迅日记》有：“夜译《士敏土》序讫。”同年12月2日《鲁迅日记》有:“校《士敏土》小说。”董绍明、蔡咏裳夫妇再版《士敏土》小说,似乎是鲁迅为他们在做工作,十枚木刻插图,每幅下方有鲁迅先生的文字说明。为了出版事宜,鲁迅在1931年8月16日深夜,还给蔡咏裳写了一封信,可见鲁迅先生想得多周到。在当时,几乎找不出这样热心的长者,怎能叫他们不感动?

再版的《士敏土》于1932年7月,由上海新生命书局出版。添加了鲁迅翻译P.S.戈庚的《伟大的十年的文学》中有关“革拉特珂夫”部分,添加了图序,董秋斯添加了“译者题记”。革拉特珂夫的《我怎样写作士敏土》是否添加不清楚,因为没有看到原书。1932年9月3日鲁迅收到再版的《士敏土》,当天《鲁迅日记》有:“下午收新生命书店所赠《士敏土》十本。”1940年前蔡咏裳去世了,为了纪念亡妻,1940年5月,此书由尼罗社再版,此版有革拉特珂夫的《我怎样写作士敏土》。其余照旧,董秋斯思念亡妻,翻译者改为:董与蔡。可见夫妻情深,但版权页的印章仍是董秋斯。逝者如斯,我手头的那本就是1940年5月尼罗社的初版本,时间过去快八十年了,现在尼罗社的《士敏土》也难找了。

解放前后,《士敏土》有多次重版,最好的一版是1955年5月上海新文艺出版社出版的精装本。此书印数少,但质量好,内容没有变化,去掉了尼罗社版的两张革拉特珂夫的手绘肖像,添加了一张作者的半身照,还添加了十张插图,可惜的是删掉了尼罗社版董秋斯的“译者题记”。如果书后再添写一篇“新版题记”介绍十幅插图的作者,和与此书前后的变化就好多了。好像还出版过一种简写本,像《铁流》《毁灭》一样的简写本。是一家不知名的小书店出版的,店名是上海锦章书局,改写者化名“海天”。

董秋斯与蔡咏裳是燕京大学的同学、好友。蔡咏裳去世后,董秋斯与凌山结婚,他们两位也是翻译夫妇,解放后董秋斯任上海翻译作家协会主席。除了翻译《士敏土》以外,还翻译有托尔斯泰的《战争与和平》等。鲁迅去世后,董秋斯、凌山夫妇一直与许广平保持着深厚的友谊。据周海婴回忆,1968 年 3 月,当“鲁迅手稿”事件发生时,母亲急得连夜给周恩来总理写信,次日一早,她要找朋友商量,首先想到的就是董秋斯夫妇,这说明母亲与他们有着非同寻常的友谊。此为题外话。董秋斯于 1969 年去世,享年 70 岁。

藏书票与藏书关系述略

邹晏清

藏书票被称作“微型版画”，因其主要形式即版画。顾名思义，其主要作用便是做藏书的标签。但是，中国现代的藏书活动、藏书票创作和藏书票使用三者之间却是时空交错、并不统一，中国人自己创作的藏书票尤其如此，其中有着比较特殊的原因。

一、藏书票的传入

藏书票起源于西方，自一开始即与藏书活动相关。公认的最早一枚藏书票是《天使手捧牛形图案纹章》，贴于德国一座修道院内的藏书上，系勃兰登堡家族捐赠给修道院这批图书时特意制作的，时间约在1470—1480年间，相当于中国明成化六年至十六年。另一枚更加有名，就是印有德文“谨防刺猬随时一吻”的刺猬图案藏书票，年代和上述那批相近。以后，藏书票基本以家族族徽纹章图案为主，如狄更斯喜欢用狮子图案的藏书票，卡莱尔用双龙图案藏书票等。至19世纪下半叶，专门为藏书家个人制作、富于个性化的藏书票渐渐多起来，而专门收藏藏书票的人也多起来。藏书和藏书票可以是“合二为一”——藏书而兼藏藏书票的，也可以是“分离”的——专门只收藏藏书票的，因为它同一个刻版可以拓印数份，除了粘贴到书上，也是极便单独欣赏的。英国人华伦（J.L. Warren）在1880年出版了他的“玩票”心得，名《藏书票指要》，可见当时的收藏活动已经比较普遍。到1891年2月10日，这些藏书票的“好事者”们在伦敦雅集,宣布“藏书票协会”成立;至此,藏书票的收藏活动进入了黄金时期。回头看去,被奉作“藏书票之父”的创作者是丢勒(1471—1528),然后有克拉纳赫(1472—1553)、贺加斯(1697—1764)、比维克(1753—1828)……几乎都是版画史上的大名家,所以假如称藏书票的历史就是版画史也不为过。

笔者手头正好有一本萨克雷的小说《纽可谟一家》(*The Newcomes*),伦敦 Smith, Elder & Co., 1869 年版,竹节圆脊精装,小牛皮封面,上下 2 册,非常雅致,有理查德·多利的铜版画插图,更是为该书增色不少。查得人民文学出版社 1984 年出版杨德培中文译本,其所据底本是伦敦同一出版社的 1884 年版,比笔者所见版本要晚 15 年。笔者所见这个 1869 年本书前,除去刷色印花的保护页外,另有 2 页空白道林纸保护页,在其中一页的正中,贴了一枚藏书票——画面用黑色刻画了一本合拢着的精装书,背衬是地图状几何块面和天蓝色中的白色月牙纹,下端有作者铅笔签名。当时,这些微型版画,大于邮票而小于插图,正好适合一些版画家练手之需,也更便于欣赏、收藏,所以随之集藏兴起也就合情合理了。英国人对版画历来有着特殊爱好,今日在伦敦的旧书、古董市场,还常见做成单片的旧书版画插图,想必原书早已散乱,而插图被特地保存下来。试想当年某个午后斜阳下,这些收藏家、鉴赏家们,在伦敦的某处旧书店、图书馆,甚至咖啡吧中,举行着他们的雅集,相互展示所藏,评点一枚枚新获的藏书票,真是人生一乐。[①]值得一提的是,和藏书票邻近的雕刻版微型艺术品还有纸币与邮票,在当时也是热门收藏项目,有不少人还是“兼项”藏家,往来于伦敦、巴黎的古董旧货、旧书市场。但说到底,无论藏书、藏票,将人们聚拢起来的焦点,是雕版艺术的魅力。

西方文化习俗中,流行的东西传到中国,虽然要慢一拍,却也不是太慢。藏书票这件事,因了藏书而来,和图书相关,其文化与具有悠久图书文化的中国——作为在雕版、印刷、造纸方面对世界文化有杰出贡献的文明古国，是极其吻合的。藏书票的传入，最先当然是在来华的西方人士之间。在上海图书馆徐家汇藏书楼等书库所藏西文图书中，有不少来自早年个人的捐赠，便是贴了藏书票的。公共图书馆、博物馆最早的收藏，特别是大宗藏品来自个人捐赠，也是惯例。西文图书贴了藏书票，便是把西方的集藏文化之一带到了中国。自然，最初受到影响的中国人，是读西文书或者留过洋、钟情于版画和藏书的人士。这在教会大学里尤其显著，如燕京大学、圣约翰大学、沪江大学等校图书馆里多西文书，几经聚散，至今也还留有遗存。[②]这里要有两个因素，综合起来发生作用，才能形成藏书票的影响力。

第一是要既读书又藏书。假如读而不藏，不见得有兴致去关注藏书票这类小事。中国近代能够自觉读西书的前辈，“睁眼看世界”的先驱林则徐、魏源自不必说，那批洋务派大员，曾国藩、李鸿章、左宗棠、张之洞等也是很积极的。但他们读西文书，主要是为治国图强的大事，也自然有通晓外事的幕僚作翻译、讲解，本人是不必懂洋文的，对于洋书本身更未必有兴趣或者无暇顾及。例如张之洞好书，主要还是中国古籍。他又好为人师，撰写了后来极有名，有影响的《书目答问》，专讲版本目录，为诸生不知“应读何书”及“书以何本为善”而解惑，总之，他的目的在于“读”而不在于“藏”，张氏虽然有不少书，却重在实用而非把玩。洋务大员关注的是急近的大事，对西方文化的基本知识、细节有时很浅薄。据版画家、藏书票名家冒怀苏先生说，其祖父冒广生当年参加科考，答卷中引用卢梭的话，张之洞阅卷时不懂，判为落第，批语“论称引卢梭，奈何！”他还对手下说：“卢家无好人，男有卢俊义，是为盗；女有莫愁，是为娼……”[③]这类大员，骨子里还是“中学为体”，对西方物事的认知、鉴赏是很迟钝的。

因此，第二个因素更重要，就是要有这样一批人：既懂得西文书内容价值又能够欣赏、使得藏读相两宜的人，所以受益者或者说“识货者”主要还是留洋归来、对西文书，乃至西方艺术有所了解进而激赏的人。这个时间段集中在清末民国初，许多大实业家的子女留洋归来，开始玩起西洋古董，“洋善本”也随之进入民藏之列。比如，李鸿章的助手、安徽建德人周馥，即是家族兴旺的大收藏家。周馥曾官至两广总督，其子周学海、学铭是光绪同榜进士，周学熙、学辉、学渊是举人，周学熙还曾两度担任财政总长。其孙周叔弢办厂创业，成为华北重要实业家。他们祖孙多人凭借个人经济实力和对文物图书的雅好，收藏甚丰。其中，周叔弢更成为民国收藏界翘楚，他捐出来的图书虽然以珍本古籍居多，如《永乐大典》，但也有西文图书。[④]孙辈中的数学家周达更是奇才，是中国数学会、中华邮票会重要创始人，也有自己产业。他研究数学，读、藏中外数学图书数量颇巨，又斥资大藏名贵华邮，以拥有“红印花小字当壹元”新票四方连而获“邮王”美誉，再以“周今觉”笔名编纂《华邮图鉴》名扬海外。而当时的早期珍邮也都是雕刻版，是比藏书票小得多的真正微型版画。周家第四代成员中，周绍良是著名学者、鉴赏家，国家文物鉴定委员会委员。周一良是哈佛大学博士，著名史学家。周氏家族实业家、收藏家、学者众多，其收藏带有明显的研究性质，且小到邮票、大至善本图书（含外文书）、国宝重器，涵盖面广，再者成果丰富、正统，毫无一般“玩物”式、投资式的肤浅。

二、藏书票的使用

但要说到专门收藏西方古董、图书，钟情于藏书票者，就要数叶灵凤、邵洵美。二位年纪、气质相仿，皆雅好藏书。邵洵美是名门望族之后，留学剑桥，一掷千金收藏洋古董，上海博物馆所藏安格尔的一张人物素描，据说就是他当年花 2 000 银元所购得，经颜文樑、张充仁鉴定为真迹。[⑤]他也爱画画，当然更爱藏书，爱文学，在自家豪宅里举办文学沙龙，往来友朋川流不息。1928 年初，邵洵美在静安寺邵家住宅对面开了金屋书店,编辑出版、品书评书、把盏交友。金屋书店早期出书时,会在封面上浪漫优雅地附赠一枚藏书票,邵洵美自己也设计、绘制藏书票,他因此成为中国现代文人中最早使用藏书票者之一。[⑥]同时邵洵美也好邮票,撰有专文谈集邮,这个或许是受了英法朋友的影响,藏书票和邮票多是雕刻的艺术、平面设计的艺术,其精髓也是一脉相通。

叶灵凤是情趣多样的爱书人,写书、藏书,晚年在香港生活,其《读书随笔》脍炙人口。他也喜欢绘制藏书票。1933 年 12 月,他在施蛰存主编的《现代》杂志上发表《藏书票之话》,系统介绍藏书票的由来和特色,还附了自己画的一枚藏书票并刊载外国藏书票十余枚,令读者一饱眼福。以后他又写了多篇文章宣传藏书票,他文笔随性而通俗,可读性颇强,对藏书票在中国的宣传起到了重要作用。[⑦]

这样就要引出一位重要人物关祖章,公认我国早期刻印的一枚带有藏书者姓名的藏书票,就是有"关祖章藏书"字样的,可惜,有关他本人的事迹却非常之少。他父亲是和詹天佑一起修建京张铁路的总办,他在美国学成回国后继承父业,做过交通部工程师和技术管理人员,同时也继承乃父的古物收藏癖。他和王世襄有过交往,王著《锦灰堆》里有多处提及他。近年的文物拍卖中就见有关祖章的旧藏,如中国嘉德 2012 年在美国关氏后人处征集到的一件清乾隆粉彩描金无量寿佛坐像,系清宫御制。[⑧]从那枚著名的藏书票图案看,藏家收藏之物,是古籍、册页、手卷、立轴皆备,一副刻本、稿本、拓本兼有的架势。看来,关祖章是位中国古董谜,但也不可以偏概全。从其留学美国的背景看,至少他通晓英语,藏书中必然有西文书,也因此,他专门刻了藏书票备用。问题是:藏书票全是贴在洋装书上的吗?线装书就不能用吗?答案是否定的。在上海图书馆、上海博物馆的藏书中,曾见贴有藏书票的线装书,只是数量稀少罢了。从质地、尺寸上看,线装书一般开本较大,又多用柔软细腻的宣纸做内页，一枚藏书票贴上去，大小、手感比之厚而硬的洋装书更贴切；如果藏书票图案如“关祖章藏书”这样满是古籍，就更加切合实际了。但是传统中国古籍藏家，多用钤印的方式来标注收藏，一部宋刊珍本往往朱印累累，据此足可考据递藏过程。要重新把舶来的什么藏书票往宋刻明刊本上贴，是很不合传统的。好在民国后，依然有不少古色古香的“古籍”形式的新书出现，即还是有相当数量的刻本、线装新书出版。比如，南浔嘉业堂主人、与鲁迅同年且被鲁迅称为“傻公子”的藏书家、出版家刘承干，就是在民国九年（1920 年）开始创业刻书的，所刊名版《邠州石室录》、重刻蜀大字本《史记》还参加了国际图书馆会议的展览，所以当时并非精装、平装书一统天下；因而这种新版而旧式的中国“古籍”贴上藏书票也是很正常的。当然，这样的使用相对少见，毕竟藏书票是“舶来品”，适配的本来是洋书。

当我们追根寻源，发现自从藏书票传入后，真正喜欢的、想使用而又坐拥书城——主要是西文书——能够使用的人，少而又少。作为推广藏书票的名人——邵洵美、叶灵凤之流，虽然爱书，也设计过藏书票，但却心有旁骛。他们同时要去做诗人、作家、编辑、出版，不可能专注于藏书票这样的艺术小门类，无论是制作还是使用，他们更多是赞赏与宣传。

藏书票既然是版画，这样，藏书票的创作，自然而然就落到在中国做木刻版画的人身上，也就是鲁迅倡导新兴木刻后，一批紧随其后的艺术青年。

三、藏书票的创作

鲁迅在倡导的新兴版画运动中，指导了李桦、赖少其、唐英伟等一批木刻青年；在鲁迅的影响下，他们逐步成长为版画艺术家，积极创作，其中包括藏书票的创作。就是说，正因为藏书票是版画的一个品种或一种形式，自然而然地进入了木刻者的视野。鲁迅在日记中曾三次提到藏书票，其中既有 1930 年 6 月 13 日夜前往内山书店花十元购《藏书票之话》一书，也有 1936 年 3 月 23 日记收到唐英伟来信及木刻藏书票十种。木刻青年们于 1934 年 6 月在广州成立了“现代创作版画研究会”，并在 1934 年 12 月至 1936 年 5 月间出版了十八辑《现代版画》作为会刊，除了第一期用铅印，其余均以手工拓印，实际即木刻拓本的原件，现在看是弥足珍贵的。其中于 1935 年 5 月 15 日出版的第九辑，封面图案是李桦所刻云龙，有“藏书票特辑”字样，里面收录藏书票作品 11 枚，包括：刘宪 3 枚，构图都是汉代石刻的阴刻龙纹；潘业 1 枚，刻一人行走途中手捧书本似在阅读，后随一犬，左侧有树木枝干伸延，也是明显的汉代画像石风格；陈仲纲 1 枚，刻两只对称的鹭鸟，颇具装饰性；张在民 2 枚，图案分别是石榴和书卷，可能是寓意“多多益善”罢；潘昭 1 枚，刻画的是左右对称的一对童子，应该是书童了，风格类似民间年画，有稚拙之趣；赖少麒 2 枚，“徐克书票”设计为一盏大放光芒的油灯和一盆类似万年青的花卉，“少其书票”上是一头民间舞狮；唐英伟 1 枚，有“英伟藏书”四字，一手持大开本图书的青年正昂首而立作仰视状，从唐英伟其他自画木刻像看，这青年应该就是他本人了。⑨该期藏书票特辑出版后，由研究会发起人李桦按例寄给鲁迅一本求教；鲁迅在 1935 年 5 月 31 日日记中有“收《现代版画》（九）一本”。此前，鲁迅在 1935 年 1 月 8 日致赖少其信中，就写道：“用版画装饰书籍，将来一定成为必要。”可见，从艺术鉴赏角度，鲁迅对于藏书票是认可的。也应该是受此影响，李桦等青年便着手藏书票的创作，将其作为实用性的艺术对待。这点，李桦在“藏书票特辑”前言“我们的话”里写得很清楚：“……至藏书票原流行于我国文人间，近代西洋用各种印刷术，制成精巧的小票，贴于书角，叫做‘Ex-libris’，而用木板刻成的尤多。木刻一方面为鉴赏的版画，另一方面更为实用的艺术。所以我们在本期附入‘藏书票特辑’，就想使木刻踏上各种实用的途径，使木刻更能适应大众的要求,与大众现实生活发生更密切的关系,更能在社会上发展得迅速。"[10]李桦的想法更注重当下,觉得藏书票可以与大众现实生活发生密切的关系,这点显然是超前了。他们自己创作的藏书票,寄赠鲁迅的,后来也还有几枚,但总数不多。现实正如鲁迅所预言:"当革命时,版画之用最广。"藏书票的风雅闲情并不切合普通大众文化生活的当务之急,像其他作为抗日宣传的木刻版画那样风行一时;只有等到和平年代,大众日益增长的文化生活需要之时,读书、藏书成为丰富社会文化的重要需求之一,才能回归其本源作用。

当鲁迅所说的"将来"终于来临,藏书票的创作才得以花开烂漫,硕果累累。老美术家如李桦先生,自 1950 年代起即继续这种微型版画创作,辛勤耕耘,锲而不舍,对于后来的创作、收藏活动起着催化作用。而杨可扬、赵延年、邵克萍等版画名家老当益壮,也乐于用这种形式寄情抒怀。1984 年,"中国藏书票研究会"正式成立,公推李桦为名誉会长,随后开启了系列活动。1985 年,举办了首届全国藏书票展览会,全国有数以千计作品应征,最后遴选出 800 余枚组成展览,一年内在全国十二个城市巡展,声势浩大。至此到 1996 年,分别在北京、上海、大连、保定、香港等地共举办了六届全国藏书票展,影响巨大。1986 年还特地在香港举办"中国版画藏书票展",同时又选送一批作品参加日本"全国第二回书票大会",再选 60 人、106 枚作品参加荷兰"第 21 届国际藏书票家和爱好者联盟大会展览会",均受到热烈欢迎。研究会还曾组织版画家为巴金、刘白羽、臧克家、萧军等作家、诗人刻制藏书票。[11]但是,这些作家们,似乎都很珍视藏书票,实际上并未怎么使用它们。例如巴金爱好版画,爱好集邮,当然也爱藏书票,但在他藏书中很少见到藏书票。[12]上海巴金故居纪念馆所藏巴金生前用书中,只见到在一本书上用了藏书票。或许在巴金眼里,藏书票如同邮票,不是使用,而是专门收藏欣赏的。

综上所述，藏书票在中国，从使用的角度看，在所贴的平装图书、精装图书等西式图书（基本是外文书）那里，其基本功能、使用过程和在国外的图书比较一致，而中文的洋式装帧图书，仅少量贴有藏书票。从创作的角度看，带有中国木刻特色的藏书票，自一开始，其功能就已转向，待到能够大张旗鼓创作的时代，已经演变为比较纯粹的小型版画，刻而不用。[13]中国特色藏书票的创作、欣赏和使用相脱节，是历史造成的。早年大力推介藏书票的邵洵美等“玩物”之士，即使不“丧志”，也和鲁迅号召的革命版画创作并非同路。李桦等木刻青年即使不创作社会题材的作品，也并非藏书家、休闲家。只有在和平时代，藏宝于民，藏书于民，阅读欣赏，藏读两宜，才能真正出现藏书和藏书票创作、使用融为一体的可能。当然怎样让藏书票回归本源，这又是另外一个问题，尚有待于今日藏书家、木刻家们的努力。[14]

注释

① 顾音海：《版画》，上海书店出版社2003年版，第110—111页。

② 胡晓明等主编：《华东师范大学西文藏书票图录选刊》，华东师范大学出版社2019年版。

③ 顾音海：《文采渑渑水绘园，留与君家翰墨香——访冒怀苏教授谈冒广生遗存文献整理》，《中国文物世界》第106辑。

④ 沈砺垚：《东至周氏科举家族的近代转型》，《池州学院学报》2017年第4期。

⑤ 李俊杰：《邵洵美与盎格尔素描》，《上海文博论丛》2009年9月号。

⑥ 张伟：《邵洵美手绘的两枚藏书票》，载《纸边闲草》，广西师范大学出版社2017年版。

⑦ 逯富红：《叶灵凤与藏书票的不解之缘》，《河南日报》2018年5月25日。

⑧ 刘越：《不该被遗忘的收藏大家——关祖章（三）》，《收藏》2017年第3期。

⑨ 见《鲁迅藏中国现代版画全集》第2卷，湖南美术出版社2018年版；又《版画纪程：鲁迅藏中国现代木刻全集》第1卷，江苏古籍出版社年版。

⑩《版画纪程:鲁迅藏中国现代木刻全集》第 1 卷,江苏古籍出版社年版,第 165 页。

⑪ 见邓明主编:《文化人藏书票》,上海画报出版社 2001 年版。

⑫ 翁长松:《文人纪事》,上海文艺出版社 2019 年版,第 77—79 页。

⑬ 董昆兴、李海峰:《藏书票的功能性转向研究》,《大众文艺》2019 年第 3 期。

⑭ 本文撰写中,得到上海图书馆黄显功先生,上海鲁迅纪念馆李浩、王晓东、仇志琴及顾音海诸老师指教、帮助,谨致谢忱。

口述与笔谈(十二)

裘士雄

一、杨吉光谈羽太信子、周静子母女

杨吉光系周静子、杨永芳的幼子,也就是周作人、羽太信子的小外孙。从1985年开始同我有了书信往来,2003年2月3—4日他全家来绍,我们又见了面。早在1985年1月2日,杨吉光写信给我,说:“我母亲周静子,系周作人之长女,于八四年四月病故。她生前曾多次提及想回故乡——她幼年生长的地方探望,但由于‘文革’的动乱,未能如愿以偿,至老年终因疾病缠身而无法成行,临终对此事都十分遗憾,希望我们子女有机会代她回故乡一看。”可见,在外的游子都有眷恋故乡的情怀,也就是当今用字频率很高的“乡情”“乡愁”,并且,随着年龄的增长,此种乡情、乡愁亦越来越强烈。我的内心是一直对他(她)们抱以同情,并力所能及地帮他(她)们的忙。杨吉光当时在陕西省煤炭厅物资处供职,有到沪杭一带出差的机会,我当即回信表明了欢迎他来绍兴的态度。同时我也问及是否幸存有关照片、手迹等。他亦于1月11日很快来信:

> 您问及的相片、手迹等,在“文革”初期为免加罪,遵母命由我将其连夜焚烧,基本无存。但事后发现掉在箱柜缝中尚有几张,主要是我母亲年轻时相片。我想我母亲和外公的相片对于纪念馆可能没有什么收集价值,但我来浙时可带来给

你们一看。另有一张相片，上题有“朱夫人及侄女们”，不知你们对此是否有兴趣收藏？像片中系朱（安）夫人与我母亲、我的早逝的二姨（周若子）、三姨周鞠子（周建人之长女）合影。倘您和馆内工作同志认为有收藏价值，我可以赠与，但请复制一份给我，留作纪念。

是的，忆及那次焚烧，真是令人万分遗憾，然而当时面临抄家和游斗，也实在是迫不得已的。在惶恐中，五大本相册悉数焚毁，其中包括我母亲孩提时代出于淘气所偷拍的鲁迅先生行走时的背影、喝茶时的侧后影……很多事说来也无用了。

……

直到2003年2月3日，杨吉光、洪卓岑夫妇及其爱女杨莲黛、孟祥豹这对小夫妻终于实现了他们的宿愿，第一次来到绍兴。第二天，我陪同他们瞻仰了鲁迅、周作人故居，也参观了百草园、三味书屋和绍兴鲁迅纪念馆，并不时摄影留念，还向我馆赠送了周静子、杨永芳的订婚照、结婚照和朱安与周静子等3个侄女的合影。2月19日，我给杨吉光写了封信，并附去所摄照片11帧。2003年2月22日，杨吉光写来了回信：

裘士雄先生：

您好！

来信及《收藏证》等数日前便已收到，因工作等事，致今日方才复函，甚感歉意，见谅。

节假期间上门打扰，却得到您与金燕馆长热情款待，在此一并向您与金馆长表示感谢，并烦您代向金馆长转致，就不另函道谢了。

您信中所提之事，我拟将复印并转寄兄姐处。尽管我的长兄（兰州生物制品研究所研究员）已于10年前因车祸去世，但我的二哥及大姐理应有所记忆（他三人均在八道湾度过幼年时期，于解放前夕来到西安），但毕竟回忆是从幼童角度去看，难免有所误差。如二哥对外祖母印象不错，而大姐（于01年秋回国省亲时）在我这里谈及外婆，从一个幼童的角度看而颇有微词，说外婆老是说她，故见她而躲在别人身后，……而我二哥对她印象又是不同，说老记着她不停地干家务，在空地中种蔬菜，对他也十分喜欢……，当然，这不排除她重男轻女或重女轻男的态度。我之所以并列这两个矛盾的观念，是因为从我母亲口中得知，外婆在子女中是偏向于她的，而在对（外）孙辈中似喜欢孙子多于孙女，故这也是很正常的，毕竟我的外婆仅是家庭妇女，思维也是狭隘的。但在谈及历史中，沿用中国古老的传统，将"祸水"的源头总是与女人相提并论，却也有失公允。我也观察一些人，如单位内原一人事部门负责人（女），至50岁前后，突发癔症，大吵大闹，无法上班。同事往家中探视，被其指以"奸细"，"领导派来监视的"，其实，这不过是很正常的更年期综合征，只不过随不同的人而各异罢了，没必要据此而大做文章。我的母亲对她（信子）十分好感，而我的舅母则另有看法，我的哥哥对她一番看法，而我的大姐则另有一番看法，其实这都很正常，毕竟她只是一位普通的家庭妇女。

关于我父母的史料（抑或回忆）容我日后整理。我父亲据西北大学数学系几位先生讲，已整理其生平，刊于某教育界名人传记，但我始终未能见到该书。

顺将合影照片一张寄上，请查收。

致

礼

杨吉光　上

二月二十二日

如蒙您馆能将您相机所摄照片多洗一份寄来，我不胜感谢。

4月24日,我又给杨吉光写信,主要是征求他的同意和支持,拟将周静子、杨永芳的订婚照、结婚照在我主编的《绍兴鲁迅研究》发表。因为我以为这2帧照片的影中人还有江绍原、冯文炳、俞平伯、许寿裳、钱玄同、马裕藻、沈士远、沈兼士、章廷谦、钱秉雄等名人,有史料价值。5月5日,我收到了杨吉光的复信,说"我不持反对意见,唯希望出版后,能将该刊相赠一份"。这样,我们于2003年8月在《绍兴鲁迅研究》总第25期上首次予以披露。杨吉光办事很认真,8月16日特地来信,补正了几个照片文字说明的错误。此信全文如下:

裘士雄先生:

近安。所汇100元及《绍兴鲁迅研究》(四本)均已收讫,致谢意。

关于我父母结婚照中三位未知名者,记得我曾比对订婚照而查认出前两人。而第三位(即在羽太信子,朱安身后者)为羽太芳子;另,照片中的"矢津",应为"矢泽",即我父亲曾就读过的天津中日中学校长。

另一笔误之处,大概和绍兴语发音有关,即在这期《绍兴鲁迅研究》最后一页(P214),即在我来馆参观一条,与周作人关系是为"外孙",而非"外甥",这两个称谓却相差了一代人。在上一条中亦出现同样的问题吧?

西安今夏遇上了三十多年不遇的"凉夏",而由电视中又看浙江一带却是几十年不遇的酷暑,好在现已转凉,十分欣慰。

顺问

安好

杨吉光　上

2003.8.6

我与杨吉光联系并不紧密，逢年过节时相互寄送贺年片，后来传来了他已去世的噩耗，他比我年轻，身体又长得结实，很有精神，走得太突然太匆促了，真让人痛苦又无奈。我收到他的最后一封信是写于“二○○五年植树节”，附寄了其父杨永芳1931年8月16日在日本留学时摄影，另一帧是其母周静子被扫地出门在陇县所居小屋前的留影，还有一份《杨永芳传记》。信末最后写道：“如您还有什么需要，我当尽力而为。”杨吉光是位好人，可是好人不长寿，叫我说什么才好呢?!

二、周天政笔谈其父周冠五

进绍兴鲁迅纪念馆后不久，我就听说与周氏三兄弟有“忘辈投契”关系的周冠五刚去世没几年。论辈分，周冠五年长一辈（周氏13世），而讲年纪的话，他反比鲁迅小6岁，比周作人小2岁，仅比周建人大1岁。说起两者的关系，说话投机，往来密切，且维系时间亦长。不久，我又打听到周冠五之子周天政在杭州的通讯址马坡巷13号。记得我去找过一次，住处找到了，但人已搬走了，扑了空。回绍兴后，采用通信方式继续我的采访工作。周天政于1986年5月8日、23日和6月4日给我写过3封信。第一封信有史料价值，故全文转抄如下：

裘士雄同志：

意外地接到由三儿春牧从住处收转您的来信。乍闻大名，未曾识荆，首先简单作些自我介绍：我在1953年从绍兴调杭后，一直在省交通厅计财处负责计划、统计工作。79年动胃癌手术，80年因脑血栓偏瘫，由于组织关怀，治疗正确，终于战胜病魔，迄今维持半天工作，按年龄算，明年将“告老还乡”。

我家原住马坡巷13号旧式后楼，81年初由组织安排迁居朝晖新村本厅宿舍（朝花新村一小区83号202室）。原居房屋给春牧续住。因同是本厅干部，以后他就近迁入新建的四层楼房（环城东路16号203室）。他在前年就学于省级机关大学党政管理系，脱产两年，今秋将毕业返回本厅。

承询先父生前情形。因年深月久，更由于人所共知的原因，有些手迹早已付诸一炬，有些遗物一时也无从寻觅。记得他老人家在世时，曾应你馆前任方馆长邀请和人民文学出版社王士菁同志约稿，在你处寄寓从事写作，其中《回忆鲁迅房族和社会环境35年间的演变》（观鱼著）一书，已于1959年出版。他生前讲过，我家迁杭时还有一只立式竖门、多抽屉的黑色木箱，内藏多枚印章、珍玩、手稿等物，并有一些木器（如长梯）寄存于你馆，我后曾几次写信与当时在馆工作的张能耿，可能还有章贵同志联系，多以找到即告，以后再无答复，成为悬事。如今旧事重提，您可否帮我再作追查。如能找到此箱，相信能得到不少对族兄鲁迅史料有所裨益的遗物。

关于先父之生平，现按您信中提问，就我现在记忆所及，简复于下：

一、先父名讳除冠五、凤纪和曾用笔名“观鱼”（为冠五谐音，鱼和五，绍兴人的读音雷同）外，记不起是否还有其他别名。“阿朝”是他的乳名（鲁迅是侄辈，书简中称为“朝叔”）。

他在旧历1887年1月15日生于陕西，公元1970年2月27日病故于马坡巷家中。与后期病逝的先母合茔于萧山我胞弟处。他在童年时曾与三个族侄，即树人（鸣山[①]）、作人（启明）、建人（乔峰）三兄弟同学读书，后卒业于旧制中学堂。由于家族出身的因缘和时代的安排，从二十多岁起就投身宦海，先后在江苏吴县、太仓等县府历任科员、科长等职。回原籍绍兴后，在故乡多届县府任财政、建设、民政等科科长和秘书等职，还担任县清丈处主任，曾经国民党政府铨叙部审定“委任五级”。

二、先父与鲁迅的书简早年散失。记得他同作人、建人也曾多次通信。目前只找到几封建人给先父和给我的信件，有的信中简略提到鲁迅的家庭情况。他的遗物已找出牙章两枚(附印谱)，供参考。其中长方形有印纽的一枚，上端宽头刻有“讷翁”二字，不知是先父别名或刻者留名。我还想起往时许广平嫂嫂曾到我原居东咸欢河沿探望先父。乔峰哥莅临绍兴时，先父同我曾在你馆与他和王蕴如嫂嫂叙旧，并一起在馆前留影。不知这件照片在馆里可有留存？以后乔峰哥在省府任职时，也曾到马坡巷13号探望叔叔(他称为“五叔”)。

三、目前找出周作人出版寄给先父的著作有《鲁迅的故家》(周遐寿著)和《伊索寓言》(周启明译)，内页写有“冠五叔惠存　译者作人(印)一九五五年八月”。

先父出版的遗著，署名“观鱼”的，想必你馆应有留存。你们编印《乡友忆鲁迅》很好，内收先父文章多篇，我不清楚取用那些？是否交我一阅更妥，请酌。

此外，先父挚友朱仲华世伯，闻高龄健在。如能就近访商，可能会忆及一些情况。复致

敬礼！

周天政

86.5.8

三、陶永铭谈爷爷陶成章被刺后的家庭情况

2012年1月9日，绍兴市乡土文化研究会与陶堰镇政府等联合举行纪念陶成章逝世100周年座谈会。陶成章的长孙陶永铭时年87岁高龄，集中谈了祖父被刺后陶家情形。2017年6月22日，我将记录稿整理后特地到马弄陶氏寓所，请他过目。

记录稿如下：

今天我主要讲讲爷爷在沪被刺后我家的情况：

我家是(1912年1月)17日晚上才得知成章被刺死的坏消息,是开茶店的总甲阿龙来敲门,拆开电报,只有五个字:"焕被刺身亡",下面署了一个"龚"字。原来是龚宝铨打来的电报。太爷爷陶品三叫人通知叔伯、本家,全家的气氛一片凄凉。是陶品三和我的父亲陶守和赶赴上海奔丧的。在上海的光复会同志非常悲痛,也非常愤恨。21日,沪军都督府与绍属七邑同乡会在永锡堂开追悼大会,有4 000多人参加,由许墨斋(音,可能是上海绍属七邑同乡会会长)主持,孙德卿讲述了徐锡麟、陈伯平、马宗汉、陶成章四烈士的生平事迹。当时,徐、陈、马三烈士的灵柩由安徽运回浙江,正停留在上海。第二天,浙江都督府派人马接四烈士灵柩回杭州。途经嘉兴时,当地举行了隆重的四烈士公祭活动。运抵杭州后,在昭庆寺开了万人追悼大会,蒋尊簋都督、战友沈钧业等都讲了话。太爷爷和父亲一直忙到25日才回到绍兴的。最后,陶成章和秋瑾、徐锡麟、陈伯平、马宗汉等烈士都葬在西子湖畔,陶成章由杨哲商、沈智由做伴,他的坟墓两边就是这两位战友的坟墓。

光复会的战友对烈士家属很关心、照顾,如龚宝铨知道守和只有13岁,守咸11岁,就把他俩带到嘉兴抚养,直到他们大学毕业。孙德卿他们在绍兴发起成立陶社,并动员募捐,帮助陶成章的老父、寡妻。爷爷的很多生前战友发起在南街成立成章女校,以资纪念并倡导女学。他们又在杭州建立"陶社",都是为了纪念我的爷爷。陈英士派蒋介石、王竹卿暗杀了陶成章,还要暗杀我的娘娘孙晓云,幸亏有尹锐志护卫,及时派人通知孙晓云,叫她赶快转移掉。娘娘只得到上海南市棚户区给人家洗衣服过苦日子。陈英士之所以要刺杀孙晓云,是因为说她背叛了陈英士,她知道的事太多了。娘娘亲口同我讲过:"陈英士指派我去监视陶成章,后来,我感到陶成章脚踏实地干实事,干革命,被他感化了,从间谍变成了终生伴侣,这是陈英士万万想不到的”,他担心娘娘把内幕说出去。她是上虞崧厦人。

1927年蒋介石上台后,陶冶公对我家保护很着力。起初,蒋介石有杀掉我们全家的念头。后来,有所谓国史馆派人到我家骗走文物资料,拿去了大通学堂名册、陶成章的两封亲笔信和《浙案纪略》等。来人说:“我们是奉命办事。”以后国史馆也好,现在的台湾也好,根本没有陈列陶成章的文物史料,没有展出他的生平事迹,至少是抹煞他的。1947年我读大学三年级,去看望太师伯吕公望,曾问过他:“我爷爷到底是被啥人打死的?”他回答:“我当时人在杭州,不知道(此事的原委)。你年轻,不要去问这种问题!”态度蛮严肃,凶巴巴的样子。1947年有一天,听说蒋介石、蒋经国父子到杭州来,有人劝我们避一避,我家连忙都躲起来。因此,解放初,我上台控诉过蒋家王朝对我们陶家的迫害和其他罪行。

四、袁珂两次来函谈其《悼忆许寿裳师》

袁珂(1916.7.12—2001.7.14),原名圣时,笔名袁珂、丙生、高标、袁展等,四川成都人。我国著名作家、民间文艺家,著有《中国古代神话》《古神话选释》《中国神话传说》《山海经校注》《神话论文集》《中国神话百题》《神话故事新编》《中华文化集粹丛书·神异篇》《袁珂神话论集》等。

1940年2月,许寿裳在华西大学文学院举办英庚款国学讲座,讲授《传记研究》及《中国小说史》。得知袁珂从四川大学转学华西大学,“因崇仰鲁迅先生的缘故,于和鲁迅先生有三十年交谊而思想性行都相近的许师,亦早景慕已久”,一齐选了这两门功课,成了许寿裳的高足,1992年2月13日就给袁珂写了信,请他能写一篇纪念文章,如年老等因实在有困难,请在当年发表在《台湾文化》上的《悼忆许寿裳师》一文基础上加以补充。“他4月7日就写来回信。要知道，他是抱着伤病完成改稿的，更令我们喜出望外的是，又寄来了许寿裳摘录陆游诗书赠给他的手迹照片。不久，我们将该照和袁珂《悼忆许寿裳师》一文均发表在浙江省政协文史委、绍兴市政协文史委编的《许寿裳纪念集》，（浙江人民出版社 1992 年 12 月出版）。袁珂 1992 年 4 月、5 月各寄一封信给我，信不长，故转抄如下：

世（士）雄同志：

前接来信，知许寿裳先生一百一十周年诞辰征稿，抽暇将前在《台湾文化》所发表的《悼忆许寿裳师》一文，补充修改得五千字光景。因年前跌伤腰部，疗养至今尚未十分痊愈，稿子后半，颇有涂改，已无精力再度誊清了。惟尚略可辨识，校稿时稍加留意大约就行了。有许师送我单条一幅，亦拍照附寄，以备采用。稿如收到，望赐短复，庶免悬念。

此颂

编安

袁珂

1992.4.7

世（士）雄同志：

寄来拙作《悼忆许寿裳师》打印文稿，校看了两遍，错讹不多，已改正（有一、二处是我自己临时的修润），随函寄奉，望审正。

前惠赠《鲁迅笔下的绍兴风情》一书，内容充实，文笔细致生动，读来兴趣盎然，谢谢！

此复，顺颂

撰祺

袁珂

1992.5.5

五、黄萍荪一谈国民党省党部通缉鲁迅事

1980年3月21日下午,黄萍荪来到绍兴鲁迅纪念馆,我们安排他住在馆后池边的小平屋里,让他稍事休息后,我就迫不及待地请黄萍荪回忆往事,特别是与包括鲁迅在内的许多名人的关系。好在他十分健谈,说:

> 我生于1908年农历11月26日,阳历是1908年12月9日,今年72岁,老了。我是1933年开始当《东南时报》记者的,此报是省报,我也不是考进去的,因为在《东南时报》发表了一些文章,都是自然投稿,引起了社长胡健中的注意。其实,我也不是科班出身,没有什么学历,家庭经济状况不佳,请人介绍到浙江图书馆打杂。我非常爱读书,也十分用功,几年后文学水平大有长进,于是到一些报刊上去投稿,发表了有稿费,也可补贴家用。有一天,胡健中不知通过什么途径打听到我在浙江图书馆工作,给我打来一个电话,说:"你走得出的话,我这里来一下。"我想,胡健中已是大佬,他来电话要我去一趟,肯定有要紧事,于是,我向浙江图书馆同事请了假,匆匆赶赴报社,见到了胡健中,他询问了不少问题,如家里的情况怎么样,读过哪些书?有什么兴趣爱好?怎么想到在报刊上发表文章?等等,我均一一作了回答。他又说,我看过你写的几篇文章,不错,也着实夸奖了我几句。最后,征询我的意见:愿不愿当《东南时报》记者?每月月薪30元。这当然是我求之不得的事,从此,我对胡健中怀有知遇之恩,也了解他的身世,胡健中,字蘅子,安徽和县人,寄籍江苏南京,毕业于上海复旦大学,那时是邵力子任校长。我记得他比我大6岁。后来,我又当上了中央通讯社和《中央日报》驻杭特派记者,又各有30元工资收入,局面打开了,生活也改善了。

对于文史,我向来很爱好,慢慢有了想法,想办一份文史杂志,这个想法也得到胡健中的支持,自己办报刊不是容易的事,要找政府帮忙和支持。我通过胡健中的介绍找了邵力子,邵力子是你们绍兴人,是国民党元老,当时任国民党中央宣传部部长,找他一个主要原因是解决经费问题,他答应以半年为期,按月津贴600元。所以,1935年春《越风》半月刊能得以顺利创刊,邵力子先生与有力焉!《东南日报》社长胡健中也大力赞助之,大批的广告,又有发行收入,促进《越风》勉为立足。但实事求是地说,在立论选稿方面,我们有充分的自主权,没有受任何人的钳制。

我搞采访,也有一套自己的方法,我设定了的采访对象,总要想方设法,达到采访的目的。譬如,采访对象有什么嗜好?生活习惯又如何?尽可能投其所好,有时甚至捎上一点他(她)喜欢的小礼物。有的采访对象,采取迂回手段,先设法搞好与他的夫人、子女、友好的关系,真可以说是千方百计,绞尽脑汁。有的人较随便,没有架子,容易走近,容易接受采访。有的人对我们记者存有戒心,尽量在避开我们,讨厌我们。在《越风》半月刊上,我拉到了许多名家的文稿,为这本刊物增光添彩。如向郭沫若拉稿是通过郁达夫的,向胡适拉稿是直接寄到北京大学文学院的,向鲁迅拉稿记得是请内山书店转交我们的信的。

记得1936年初,鲁迅先生在写给我的信中说到"浙江党部率先呈请通缉"他一事,我当面问过许绍棣,他回答:"自我接手(省党部)宣传部以来,从未办过此案。至于前任有无承办?那要查阅档案了。因为蔡元培、宋庆龄、鲁迅、杨铨(即杨杏佛)组织'中国自由大同盟'一案,事在三十年代初。已相隔数载,查考不易了,事过境迁,你还提它做什么?!"这一经过,我后来也如实向鲁迅先生作了反映。

我同鲁迅先生只见过一面,收受了他写给我的五封信,他还送我过一幅墨宝,是 1933 年 6 月底的事。这是一首诗:

禹域多飞将,蜗庐剩逸民。

夜邀潭底影,玄酒颂皇仁。

收到鲁迅先生的墨宝后,我真高兴,装裱后,就挂在厅堂中央。有一次世交长辈钱均甫到我家作客,看了这首诗后说:“你们得罪树人了!开头‘禹域’两字的意思,你是知道的,毋庸我述。可是,我问你:‘飞将’云何哉,指的是什么呢?据我所知,‘飞将’可能是指蝗虫。蝗之危害,连孺童皆知。以下三句,如‘夜邀潭底影,玄酒颂皇仁’,你想,‘夜邀潭底’之‘影’,举起黑色的酒借以歌颂帝王的‘仁政’,这是什么意思?不过,他的矛头不是指你的。蝗虫飞来时,是一群群的,一片片的,遮云蔽日而过。要说真的不是指向你,也未必。总之,我看此幅树人手迹你还是不挂为妙。但是,经亨颐、余绍宋、马夷初、叶遐庵等都看到过,并没有什么类似钱老的意见。

3 月 25 日,黄萍荪收到了姜卿云写给他的复信,其中第六、七点的答复是:

六、许(绍棣)任前为洪陆东。许任期在民(国)十八年前后。

七、缉鲁事未有所闻,省档案(馆)不会有所保管。

据黄萍荪介绍,姜卿云,号心白,浙江兰溪人,旧居位于杭州市仁和路 25 号。他曾任国民党浙江省党部代主任委员,时在 1947 年至 1949 年。解放前夕赴台,曾任台湾地区民意代表,1950 年在香港起义返京,现任民革中央团结委员。

六、黄萍荪二谈郁达夫、王映霞和许绍棣之间的关系（1980年4月3日下午）

郁达夫应邀到福建省政府工作去了，而王映霞没有随行，留在杭州，有两个原因：一是“风雨茅庐”刚落成，但仍有20多个木工、泥工扫尾，王映霞要三餐招待他们；二是家里孩子多，也脱不了身。

那时，许绍棣当省教育厅厅长兼省干训团教育长。他断弦已久，尚未得续，王映霞则是良人远宦，交通不畅，进退维谷。许、王二氏花晨月夕，每有同感，乃至不避瓜田李下之嫌，行为日渐失控。纵然风言风语传来传去，每多失实，但一传再传，至于三四，虽贤如曾母，亦不得不停机出户，看看他的宝贝儿子是否真的杀了人？有时候谣言重复多了，好像会变成真理，人们也会听之信之。郁达夫追求王映霞是很有名气的，也很爱这位大美人，他在福建听到这种风声，是很敏感的，也是很触他的心，也就是伤害他的心。达夫得知许、王暧昧情事后，兼程返杭，他处于何种心情，人们是不难想象的。

达夫回杭后不久的一个晚上，我约了《东南日报》几个与诗人熟悉的朋友，设宴于铁岭头之聚丰园。我以为，一个人心里蓄有隐愤，而这种隐愤又长期被禁锢在肺腑间得不到任意喷薄的话，是非常痛苦的。达夫为人，拙于藏隐，尤其是在酒酣耳热之时，更不易制约。起初，达夫谈笑风生，可是三觥一过，就隐忍不住了，说：“你们都是我的老朋友，又都是报人，现在，我要和诸位调换一下位置。就是说，让我来当记者，向你们采访来了！”说罢，他微曲五指，略一罩首，又说：“你们看，我可像这个？”在场的人闻其言，观其色，虽有相互窃颈，但都不发一言。达夫接着说：“你们《东南日报》的董事之一、浙江教育厅厅长许与郁达夫之妻王映霞关系暧昧，近且出入不讳，俨若夫妇，你们可有所闻？可有所见？作为教育全省学子之表率，试问诸君：浙江岂真无人吗？而必容此徒子窃踞，不仅为青年之不幸，抑且为吾浙有识之士羞！”说完，郁达夫越俎代庖，反客为主，提壶在各人面前满酙一盅，并提议道：“干杯，为祝贺郁达夫夫妻而干杯！来！”他一饮而尽，以觥底环席三匝，又说：“怎么，大家都噤若寒蝉，不作一词吗？哦，我知道了，知道了，你们是臂膀往里弯，拳头向外伸，受害者非其类，是吗？是吗？”在座的都很尴尬，没有一个不想把话岔开，俾主客均获下场之机。于是有人近其身，悄然对他说：“耳食之言不可深信。时间不早，大家回去休息吧。”其时，诗人玉山已倾，步履踉跄，东倒西歪，达夫不胜酒力矣。这是我这么多年来与他多次同席所罕见的一次。临别时，郁达夫还狠狠地对大家说：“余誓必扑击此獠，以泄夺妻之忿！”此时月挂中天，光泻满街，我隐隐看见诗人不时以袖拭目，其中心之酸楚，不可言喻。

平心而论，映霞和达夫的中道离异，也不能专责映霞，达夫亦有难辞其咎之处，要怪他遇事不能冷静，必任性而发始止。往往本可转圜之事，被他散发捶胸，语惊四座，这样一闹场，焉能不僵！面子，人人所爱，个个都要的，女性尤重。你既不给面子，我也索性横竖横，还你一个不给面子！于是，郁达夫、王映霞的破镜也得不到重圆，甚至可说拉开了郁氏悲剧的序幕，无法善其后，最终客死异国他乡，当然，这是日本鬼子的罪恶，已是后话了。

注释

① 鸣山，亦系鲁迅的另一位族叔周鸣山（1876—1919），名凤岐，字鸣山，小名“方”，周氏兄弟亦写作“芳”。周天政此处显系误记。

读书杂谈

“三味书屋读鲁迅”丛书序言

黄乔生

北京鲁迅博物馆的常设展览“鲁迅生平陈列”,将鲁迅一生分成几个阶段,绍兴、南京、日本等,铺陈史料,平实叙述。虽然没有激情澎湃的赞美歌颂,也很少声光电化的技术手段,却实实在在地提供了不少信息。观者如果时间充裕,可以像阅读一本鲁迅图传一样,一路下来,总会有所得。不过,现代人思维言语行动越来越快,往往给这个展厅半个小时左右的时间,就不免就走马观花,匆匆而过了。

因此,展览就需要讲解员的引领和解说。

讲解员需要熟悉鲁迅生平,自不待言,而且还要善于抓住重点,把握节点,讲出一个生动、有趣的鲁迅。但是,无论展品和文字多么详尽,展览的布置总是难以做到百分之百的完整、连贯和顺畅,讲解员的重要任务之一就是将展品之间的联系贯通。在这方面,鲁迅博物馆的讲解员任务尤其重,因为观众带着相当多的有关鲁迅的知识来到博物馆,有的对鲁迅的生平事迹和学术文章的熟悉程度甚至超过了讲解员,讲解稍有错误,就有人指出。用功好学的讲解员们,在与观众的交流中学习进步,找到贯通的路径。

鲁迅博物馆藏有大量鲁迅遗物,例如他的几乎全部藏书和大部分美术藏品。长期以来,我们整理和研究这些文献遗存,取得了一些成绩。社教部的讲解员和教育员结合藏品和研究成果开展了多种社教活动，如版画拓印、线装书制作、文学写作等教育项目。配合这些教育项目，我们还编印了小册子，录制了音像节目，以期扩展参观者对鲁迅的认识，尤其是引导青少年更多阅读鲁迅，更全面认识鲁迅及其时代。因为这些工作，鲁迅博物馆被评为青少年教育基地，屡获嘉奖。

刘晴是北京鲁迅博物馆的讲解员和教育员，是三味书屋"跟着鲁迅读经典"课程主讲人，她的课程两次获得北京市社会大课堂优秀案例二等奖，本人曾获得社会大课堂实践育人优秀教师称号，既有丰富的观众交流经验，又努力钻研鲁迅文献，熟悉鲁迅研究成果。她用自己的阅读和体验将展品串联起来，使讲解更系统也更充实。

鲁迅博物馆的观众群体是复杂的，除了上述的熟悉鲁迅者以及崇拜鲁迅者外，还有一些参观者不能忽视——他们或多或少带着对鲁迅及其文字的反感和排斥情绪。因为不是自愿而来，或者带着成见而来，他们的参观就可能成为敷衍了事，走个过场。因此，如何引发观众的兴趣，让他们既获得知识，又陶冶情操，至少是减少反感情绪，是讲解员和教育员面临的一个巨大挑战。如果讲得不好，没有关键知识点，缺少情绪兴奋点，观众，特别是小观众，就可能提不起劲儿，甚至会掉头而去。如何吸引小读者、小观众更多地认知鲁迅及其丰富的文学世界，是鲁迅博物馆讲解员和教育员工作的着力点。这就需要讲解员和教育员了解学生的知识水平，掌握学生想要了解什么，以及采取什么途径去了解。刘晴策划的鲁迅作品诵读、解说和教学活动，开展多年，取得了不菲的成绩。成果之一，就是编辑了这套适合青少年读者的六卷的鲁迅作品读本"三味书屋读鲁迅"。

这套丛书编法新颖，有很强的针对性。编著者在广泛阅读鲁迅著作的基础上，把文学家、思想家鲁迅的文字的魅力分类展现，其中多为适合青少年阅读的篇什。认识鲁迅,关键是读原著。没有阅读体验,单凭一些抽象概念,一些高度评价,是吸引不了小读者的,相反,可能还会让小读者反感。基础教育中讲授鲁迅作品有一定的强制性,对中小学生阅读鲁迅作品可能起到一些促进作用,但我们还应该注意变强制为引导。真正能打动读者的,还是作家作品本身的丰富性和趣味性。鲁迅文字具有吸引读者的魅力,他的回忆文章,如《朝花夕拾》大部分篇目就是如此,学生读起来亲切有趣。鲁迅从少年时期起就喜欢博物学,植花草、养动物,不但观察仔细,而且动手实验。若没有这种格物功夫,鲁迅不会写出这样的好文章。《从百草园到三味书屋》写得十分有趣,开篇就出现很多动物、植物,让人目不暇接,又从动植物扩展到世态,延伸到文化批评,涉笔成趣,视野开阔。这类文章值得精读,每次阅读,读者都会有所收益。

丛书的六册分别是:《忆儿时故乡》《讲动物世界》《谈世间万物》《写人物小纪》《绘笔下众生》《论社会百态》。如此分类,将鲁迅文章内容和艺术的特点凸显出来了。如《忆儿时故乡》收录了《故乡》《社戏》《风筝》《自言自语》《阿长与山海经》《从百草园到三味书屋》《父亲的病》和《琐记》等篇,对中学课本中《故乡》等篇目的教学起到扩展阅读和教学参考的作用。编者在解读文字中随时指出鲁迅文章的独特之处,如,鲁迅笔下的神鬼,别有韵致,是一般读者注意不多的。又如,鲁迅对自然景物的描绘有时颇为奇突,"直刺着奇怪而高的天空"的枣树、"明眸似的灼灼"的腊叶、"奋飞向上"的北国之雪等,或诡异、或瑰丽、或壮美,折射出鲁迅丰富的内心世界。

鲁迅作品的独特之处,在于思想深刻,艺术高超,蕴含着大量社会历史知识,凝聚了丰富的情感和思绪。学校老师讲解鲁迅作品,常常感到力不从心,学生学习鲁迅作品,也难免产生时空阻隔之困惑。只有在广泛阅读的基础上,教学问题才能得到解决。现在,新版教科书已经开始使用,中小学课本中鲁迅作品留存十篇左右。在这些篇章的教学中,有必要进行扩展阅读和关联知识的教学。本丛书正可作为师生们的参考:学生们分类揣摩鲁迅文章特点,提高阅读和写作能力。

全书对所选鲁迅作品加了注释,并做解读,通俗易懂,形式活泼。“读书知味”栏目,要言不烦,揭示鲁迅文章表达的意蕴,提供理解的切入点;“妙笔寻味”栏目则把鲁迅写作的高超技巧指示给读者。这些注解,是编著者与中学教师和教研部门合作,在课堂上试讲得来的感悟,很切实用。

开展博物馆的教育活动,需要深入研究,更需要长期实践。这套书在鲁迅作品解读和教学方面做了初步尝试,在使用中还可以不断提升,继续完善。

青少年读者读了这套书后,再来参观鲁迅博物馆,陌生感、反感一定会大大减少,亲切感一定会大大增加——这是我的期望。

2019年11月28日

莎乐美的“世纪之吻”

——读《比亚兹莱在中国》随想

顾音海

陈子善教授编《比亚兹莱在中国》在比氏逝世120周年的2018年编定，于次年出版；《代编后记》里说，该书的编纂起意于20年前，那时有比亚兹莱美术大展在日本开幕，鉴于其人在中国受欢迎、受重视的程度更为显著，产生的影响也十分深远，又和鲁迅、田汉、郁达夫、叶灵凤等众多新文学名家的大力宣扬有关，因而着手将近百年来中国文人介绍比亚兹莱的原始诗文资料，按发表先后汇为一编，计36篇，又附录比亚兹莱诗和书简2篇，乃成本书。所选文章的作者，除上述几位名家，尚有郭沫若、周作人、徐志摩、梁实秋、邵洵美，及今人董桥、姜德明等，凡26人。编者称编辑意图在于“角度新、史料新”，从故纸堆中深加发掘，让诸家观点兼容并蓄，这无疑对于全面、客观展现现代中国文化界对比亚兹莱多重价值的“认识史”有所助益。比亚兹莱的创作实际上生发出艺术观甚至文化观上的大问题，他至少使文学、美术、音乐通过一个焦点，经种种相近或相反的态度，最终达到平衡与共识，而这也正是文化多元、求同存异的社会进步见证。这一焦点是《莎乐美》。《莎乐美》是一个剧本、一部插图、一出歌剧，又远远不止于此。

一、比亚兹莱的多重性

比亚兹莱的作品，有装饰设计、招贴海报和部分油画、素描，而以黑白色块强烈对比和清晰圆滑线条组成的书籍插图最为出名，有独特的魅力。其作品善感、天成，彰显出他个人的天赋。当然，比亚兹莱的风格也是有来路的。比如，他在大量观摩了博物馆藏品后，对文艺复兴时期画家曼泰尼亚（Andrea Mantegna，1431—1506）庄重、富雕塑感的古典风格，以及古希腊陶瓶上的绘画感到兴趣，几乎为读过的小说——《茶花女》《包法利夫人》等统统画了插图。他也有受当代拉斐尔前派画家、设计大师爱德华·伯恩-琼斯（Edward Burne-Jones，1833—1898）混合复古主义、浪漫主义唯美风格影响的一面。伯恩-琼斯当面评价他的画说："这些画充满了思想、诗意和想象力，大自然给了你成为一个伟大画家所必须的一切素质。"[①]比亚兹莱还对一家日本餐厅"孔雀厅"的浮世绘风格装饰大感兴趣，不时光顾揣摩，也由此研究美国画家惠斯勒（James McNeil Whistler，1834—1903）对日本美术的借鉴经验，以及所形成的注重色彩配置、追求形式感的印象主义风格。比亚兹莱还受到了法国招贴画家劳特雷克（Henri de Toulouse-Lautrec，1864—1901）简洁、轻快的海报风格影响。但是，这诸多因素仅仅是比亚兹莱创作的借鉴，他总能吸取他人之长，化为自己的面目。美术史家滕固写道："比亚兹莱用笔细致工整，似乎从先拉飞尔派的清新，回复到古典的匀净。然而他所描一种人物，奇警的经营，又像脱胎于希腊古瓶上的画，所以含有最高的装饰意义。"[②]鲁迅更直截了当地说："比亚兹莱受他人影响却也不少，不过这影响于他是吸收而不是被吸收。他时时能受影响，这也是他独特的地方之一。Burne-Jones 有助于他在他作《阿赛王之死》的插画的时候；日本的艺术，尤其是英泉的作品，助成他脱离在《The Rape of the lock》底 Eisen 和 Saint-Aubin 所显示给他的影响。但 Burne-Jones 底狂喜的疲弱的灵性变为怪诞的睥睨的肉欲——若有疲弱的，罪恶的疲弱的话。日本底凝冻的实在性变为西方的热情底焦虑的影像表现在黑白底锐利而清楚的影和曲线中，暗示即在彩虹的东方也未曾梦想到的色调。”[3]总之，比亚兹莱的艺术给养是多重的，而作品呈现的面貌则是自己的。

比亚兹莱绘画语言上的新颖，并非徒求形式所得，其中一个重要原因是受原著的激发。他本身先是具有被激发的多重潜质。母亲家境优渥，爱好文学，擅长弹奏钢琴，给予子女文学、音乐方面的良好熏陶。姐姐后来成为演员，比亚兹莱则钟情于瓦格纳歌剧，据传他在音乐方面的天赋要大于绘画。他“少时的生活底第一个影响是音乐，他真正的嗜好是文学”。[4]最后他却以绘画扬名。能将文学、音乐融会到绘画中的本领，并非每个画家所具备。然后，他对原作的眼光，从少年时期所画插图时的无可挑选、带有嬉戏成分开始，渐渐有所思考，怎样的故事情节和人物形象，用怎样的风格才合乎自己的口味与理想。经过不断探索、变化，他的画终于形成一种带装饰意味的唯美、夸张、谐谑的风格。对于原著的二度创作，有赖于对精神的把握，甚至和作者进行美学观点、艺术旨趣方面的交流，而素材原型并不特别重要。换言之，比亚兹莱所看重的是艺术化了的故事与人物，而不是历史上的真实人物，正如中国京剧舞台上的关公不等同于历史上的关羽，更非武庙里的关帝一样。而当时他受到的非议与指责，主要还是题材方面的原因。他笔下的人物造型，从艺术上说是面目一新的，也受到赞扬甚至某些追捧；但因为涉及宗教故事，却又遭来差评了。恪守传统、维护基督神圣性的人士说他背离故事原意、离经叛道，包括有知遇之恩的爱德华·伯恩-琼斯也曾批评过比亚兹莱。实际上宗教题材的艺术作品，即使有宣扬教义的成分，历来也有不少借题发挥、别出新意之作，这情形原也不始于比亚兹莱，只是比亚兹莱处于世纪之交，时代思潮复杂而敏感，他比较大胆才显得“惊艳”罢了。以比亚兹莱为美国作家托马斯·马洛礼（Thomas Malory）作品《亚瑟王之死》所绘插图为例，其故事主题素来被认为是对基督的虔诚，但毕竟还不是直接为《圣经》画插图，在气氛、格调处理上可以有所不同,这个,只要读读多雷的《圣经画廊》铜版画即知。《亚瑟王之死》在出版商眼里颇为成功,使比亚兹莱获得一笔稿酬,也从此坚定了他做职业画家的信心。而在此前的1891年7月12日,比亚兹莱与王尔德即已邂逅于爱德华·伯恩-琼斯的画室,二人颇为相投。王尔德在其法文原版《莎乐美》剧本于1893年2月在巴黎和伦敦同时出版后,随即寄赠比亚兹莱,题词曰:"献给奥布里:献给除我之外唯一一位懂得七层纱舞是什么并能看见那常人无法看见的舞蹈的艺术家。奥斯卡。93年3月。"这段话,至少能看出点两人美学趣味契合的苗头,所谓"唯一",意味着知音非你莫属、无可替代了。比亚兹莱果然没有辜负朋友的期望,以《莎乐美》结局所作的一幅插图《高潮》和其他几幅画作,于4月立即发表在新创刊的《画室》杂志上,引起一时轰动。《高潮》描绘的是莎乐美正手捧施洗者约翰头颅"凝视"(按剧情应该是亲吻)的一幕。王尔德对此非常满意,马上打算另出《莎乐美》英文版,约请比亚兹莱画全部插图。比亚兹莱对《莎乐美》可谓一见倾心,甚至在王尔德为英译本初稿之糟糕大为不满时,自告奋勇提出由他来翻译,因为比亚兹莱17岁时就已稔熟于法语原典,由此可见他对原作除了喜爱之外还曾加以专门的琢磨。插图完稿,效果好得竟让王尔德起了另一种担心,甚至嫉妒:自己的剧本文字有变成比亚兹莱插图的"插图"之危险,出版商则提出有三、四幅过于前卫而作了重新调整——就是现在看到的所谓与原作情节相脱离的那几幅。插图本出版后,果然不出所料,剧本大受注目的同时,读者阅读比亚兹莱插图的兴趣并不亚于文字原作,两人一时风头甚健。评论家认为,无论是画家对作品的深刻理解,还是画作与原作的一致性,比亚兹莱和王尔德都算得上是"有史以来诗人和画家最成功的合作之一"。⑤可以说,比亚兹莱作品价值的多重性,是通过绘画而对原作精神的延伸。虽然不能说《莎乐美》成就了比亚兹莱,但这出戏至少使他更加不同凡响。

接着,《莎乐美》又被作曲家相中。王尔德的法语原版剧本在发表三年后的1896年2月11日于巴黎慈善剧院首演;德译版于1901年开始在德国上演,而在1902年11月15日的柏林小剧场演出时,深深打动了在座的理查·施特劳斯,让他灵光闪现,勾起新的创作热情;他沉迷于故事情节,觉得整部剧作充满节奏韵律,于是亲自撰写脚本,花两年时间完成了歌剧总谱,于1905年12月9日在德累斯顿首演。此前,马勒曾为该剧在维也纳上演做过努力,他致信施特劳斯说:“我无法向您表达您的作品在我再次阅读时令我着迷的印象!这是您此刻所达到的最高点!”[6]理查·施特劳斯不愧是用音乐语言刻画人物性格的大师,莎乐美的每段情绪变化都在音乐中细腻地得到反映。虽然此前《莎乐美》的“话剧”演出也已经有两种配乐,但和施特劳斯的歌剧不可同日而语。歌剧《莎乐美》具有不同寻常的特性,带来无可置疑的生命力。

不经意间,年轻的比亚兹莱以其无与伦比的新意已经站在艺术前沿。他的影响波及今日,早已被视作现代艺术的源头,和凡·高、塞尚、高更相比肩;他也对康定斯基、毕加索、麦金托什产生过很大影响;也影响了劳伦斯、福克纳的文学创作。

二、《莎乐美》的标志性

《莎乐美》的情节并不复杂,本事梗概主要见于《马可福音》第六章和《马太福音》第十四章,另外《路加福音》里也有提到,据研究皆有史实可证;所以这段见于经文的、被信徒当作敬神故事的内容,现在也被当作历史。但作为经文,其主题自然是敬神——通过致敬施洗者约翰而体现耶稣的神力。约翰是耶稣的施洗人,被信徒尊为先知,他的排位是在耶稣和圣母之后,天使和圣徒之前。当时犹太分封王希律娶其兄弟之妻希罗底,违背犹太法律,受到臣民反对和在约旦河谷传道的约翰的公开谴责。这又引起希律的恐惧和希罗底的恨意,希律乃将约翰捉拿了下到牢里,只是碍于其威望而未敢加害。在希律的生日宴席上，希罗底之女献舞，希律欢喜，起誓答应满足她的任何要求。在希罗底的授意下，其女索要的报酬竟然是约翰的头颅；希律无奈，只得差兵丁杀死约翰，将头颅装于银盘端上；最后，约翰的尸首为其门徒所葬。故事旨在通过揭露希律夫妇的罪孽，尤其是希罗底的邪恶报复，弘扬约翰的正义。

值得注意的是，在福音书原文里，并没有出现希罗底女儿的名字，希腊文原文用“korasion”一词来称呼她，意指尚未长大成人的小女孩。她跳的舞蹈则是“orxeomai”，属于孩子嬉戏性质的娱乐。将这女孩有名有姓称作莎乐美的，见于约翰同时代的犹太教士、学者弗拉维乌斯·约瑟夫斯（Flavius Josephus，约公元37—95年）所写《犹太古史》，莎乐美由此“得名”并渐渐被演绎为一个艺术形象，越发细致、丰满起来。自文艺复兴到巴洛克时代，以约翰和莎乐美为题材的名家之作，据不完全统计不下十余种，涉及油画大家包括达·芬奇、提香、卡拉瓦乔等人。雕刻方面，则有多纳泰罗、恩戈布雷兹、里门施奈德等人。这些作品总体上比较传统而经典，其中的莎乐美，仅仅是内容表达中的一分子，还没有被当作艺术上的突破性素材，从而也还不具备标志性的意义。

亮点出现在王尔德所处的19、20世纪之交，当时的作家更加热切地想要表现人的思想情感。如果说，即将过时的19世纪是以一种无可奈何的态度来解释事物、努力了解人类自身，20世纪则应该承担起更加艰巨的、富于挑战性的任务。世纪之交，有人对待旧物如同对待旧轮船，割断缆绳，“把它送进了广阔的海洋，”转而登上新的巨轮。[7]其时，“莎乐美已经在欧洲画家和雕塑家的想象中舞蹈了上千年，到了19世纪，她开始向文学界施展她的魅力。向她表示过艺术兴趣的文人包括海涅、福楼拜、于斯曼和拉弗格。自然和人性不再能够刺激他们，作为调剂，他们审视起《圣经》中的那些非自然形象。这些人大胆地重塑了《圣经》中的莎乐美。有众多的伊索尔德，众多的玛丽亚，因此也有众多的莎乐美，绝不缺乏变化。”[8]

王尔德应该算得上是那斩断旧瓜葛的人士之一，对莎乐美充满兴趣。他沿用原来的故事框架，借助莎乐美来表现他“爱”和“美”的唯美理想。他改变剧情和人物感情的宣泄对象，直逼主题：爱和死亡。剧本构思了一条情感链：杜撰出个叙利亚人、侍卫长暗恋莎乐美，又设计了希律垂涎莎乐美美色的情节，更匪夷所思地让莎乐美疯狂爱上施洗者约翰，而这个情感连环纠葛的最终结局都是死亡，只是死法不同——侍卫长是自杀，约翰被卫兵所杀，莎乐美被希律下令用盾牌扑杀。人虽死，各自对爱的追求却从特定的角度看是如愿以偿了，剧本也由此被贴上唯美先锋的标签。英国评论家麦克斯·比尔波姆说：“早在 1880 年以前很久，美就已经存在，但让美登台亮相的却是王尔德。”[9]王尔德的美，是纯粹的甚至脱离生活的美。他曾宣称其生活态度：“我们必须非常认真地对待生活的琐事，而且用真诚和刻意的轻浮态度，来对待生活中所有严肃的事情。”这个“轻浮态度”，使他付出很大代价，虽然现在评价他只不过“是众多同性恋作家之一，他在法律允许的范围内偏离了社会规范与性规范”而已。“其他作家用措辞严密的词句来揭示最终真理，而王尔德则对最终的‘荒谬’津津乐道，宣称他所追求的目标是‘远离生活的艺术’。”[10]《莎乐美》是对于传统的颠覆，是对于把文学艺术装饰门面的时代的叛逆，至少还是唯美主义“为艺术而艺术”的标志。

至今，《莎乐美》已作为经典，依然频繁出版、演出中。剧本原作，笔者新近买到纽约多弗（Dover）出版社的大开本，据版权页显示，初版于 1967 年，我买到的已是 2019 年的印本。国内有关比亚兹莱的剧本、画册也断断续续地在出，陕西师范大学出版社的《惊世比亚兹莱》收集了 170 幅画，每幅下面还作了简介。文学剧本作为世界名著，译林等出版社照例在不断重印，如影响较大的孙法理译本，甚至有将最早的田汉译本附上法、英原文重新编排的中外文对照本。至于音像出版物则更多。华纳公司(Warner Classics)2013年出品《施特劳斯伟大歌剧》套装唱片(Strauss the Great Operas, 22cd),《莎乐美》列第一,用的是卡拉扬指挥维也纳爱乐乐团版。《莎乐美》全剧的视频,目前也能找到几部,网上所见即不下于十来种。最新的,查到有2020年元月维也纳国家歌剧院的演出实况上传。

所以,今日之《莎乐美》虽然不再惊世,却也不是风光不再,百年沧桑过后,沉淀下来的作品无不更加醇厚,各种诠释更加丰富而深刻,也是“唯美主义”一个词汇难以涵盖的。

三、莎乐美之“吻”

在独幕的《莎乐美》简洁的情节里,“俗气”的说法,仅有两处看点:莎乐美跳“七层纱舞”和剧末她亲吻已被砍下的约翰头颅;前者是后者的铺垫,高潮应该就是亲吻头颅,这也是比亚兹莱插图《高潮》(*The climax*)的内容,也正是鲁迅编《比亚兹莱画选》中唯一的《莎乐美》插图。(按《高潮》有两幅,第一幅是为《画室》杂志而作,即鲁迅所选用者。因版权关系,为全剧插图时,比亚兹莱又画了第二幅——人物头发和背景花饰更加简洁。)与此情节相关的还有另一幅插图《舞者的报酬》,画的是莎乐美正抓起银盘里血淋淋的约翰头颅,可见这阴阳两隔、活人和死者“相见”的一幕在作者心中最最要紧。王尔德说比亚兹莱懂得“七层纱舞”的意义,结果比亚兹莱献上的是《高潮》,足证看点在剧末。

王尔德剧本按惯例对无台词的形体表演不作具体描述,只写了一句(莎乐美)“遂跳起七条纱巾舞”,演出中应该由导演再做发挥。[11]理查·施特劳斯歌剧剧本则对莎乐美的舞蹈动作有七段描述,谱写音乐共348小节。[12]比亚兹莱就跳舞环节画的《肚皮舞》,在全剧插图中比较平常:莎乐美目光、动作呆滞,身段也未显曼妙。按理,此处的莎乐美应该是冷艳绝色、心怀叵测、自恋自爆、爱恨交加、情感迸发的状态，她取悦继父希律王是表面的、做作的，感情宣泄的对象一直是约翰，所以比亚兹莱这样的“冷处理”倒也未尝不可。

而全剧的沸点，莎乐美的终场独白，对约翰头颅之吻，富含了多层意义：示爱遭拒，得不到活的你，便让你去死，如此非但让别人也得不到，死尸还终于归属于我，可由我摆布。这点，中国明代女侠红娘子因爱慕举人李岩而“强委身焉”也无法比肩，对于传统而言难免惊悚骇人，也是历来各路艺术家着墨最多、打造最勤的重点。莎乐美的心态，从得到头颅开始，直至她被杀，都借由她向头颅的倾心表白说得很分明。这两段台词层层递进，畅快淋漓，情欲俱存，万箭穿心，医生可以拿来作心理分析，道德家可以拿来作批判的口实，难怪当年田汉译来血脉贲张。这里，以希律王夫妇中间的插话为分界，前段表白，先是莎乐美对约翰的怨恨：

> 唉！你总不许我亲你的嘴，约翰。好！现在我可要亲它了。我要用我的牙齿咬它像人家咬熟果子一样。……可是你怎么不望我呢？……那样满装着暴怒和轻蔑的眼睛现在却闭了。……而且你那条含毒射人的红蛇似的舌子，……现在再也不动了，什么话也不说了。……何以那条红色的毒舌会不动了呢？……

然后是回忆：

> 约翰，你拒绝了我。你把恶言恶语骂我。你把我，莎乐美，希罗底的女儿，犹太的公主，当作一种荡妇，一种淫奔的女子看待！

接着是自恋与自信：

好，约翰，我依然活着，可是你呢，你已经死了，你的头归了我了。我任把它怎么样都随我的意。……世界上没有一样东西能像你的嘴唇那样红的。……

再追加表白：

嗳哟！我怎样爱了你呀！……我渴慕着你的美；我饥求着你的肉；……我现在如何是好呢，约翰？……我本是一个公主，你轻蔑了我。我本是一个处女，你把我心里的贞操夺去了。我本是很贞洁的，你把我的脉管里满点着情火。……

又悟出一条道理，此为全剧中心思想，姑且称为“爱与死的关系”：

唉！你那时为什么不望我呢，约翰？你那时若望了我，你一定爱了我，我深知你一定会爱了我，并且爱的神秘比死的神秘还要大些。……”

最终，莎乐美如愿以偿，虽然苦涩，也算是一个十六岁少女临死前唯一的安慰：

“嗳哟！我亲了你的嘴了，约翰，我亲了你的嘴了。你的嘴唇上有一种苦味，这是血的味吗？……不然这或者是恋爱的味。……听说恋爱的味是苦的。……但是有什么要紧？有什么要紧？我亲了你的嘴了，约翰，我亲了你的嘴了。”⑬

比亚兹莱笔下的造型，是另一个角度的惊世之作。试看《舞者的报酬》，莎乐美表情狰狞地欣赏着自己的“杰作”——一颗人头，一手紧紧拽着头颅上的一撮头发，有人将其比作《恶之花》中“恶魔的美”。凝胶般的鲜血从托盘上溢出流下，举着托盘的，是一条长着卷曲而细密绒毛的胳膊，与血流呼应似乎不分彼此。剧本描述：“一只大黑臂，即刽子手的手臂，从井里伸出来，把约翰的头盛在一个银盾上。莎乐美一把抢了。……”[14]这个“抢”字译得神妙，是插图正解。而在《高潮》中，莎乐美的表情和剧本描述颇为相符。她前倾着跪下，重心似乎向前偏移，手捧头颅，奉若至宝似地细细端详凝视，眼神复杂，有真挚和热切。

这份感觉，当然更适合歌剧舞台的表演发挥。歌剧演出，无论音频、视频文件，均在这最后一吻上大做铺张，着力诠释。英国“企鹅评鉴”列出的五个最佳“三星”录音版本，毫不吝啬对女主角最后表演的赞扬。比如，说到索尔蒂指挥维也纳爱乐乐团及尼尔森主演莎乐美录音时写道：“生动的 CD 制作将最后的场面，就是莎乐美以欣喜得近乎恐怖的方式吻施洗约翰的头（“我已经吻了你的唇，约翰！”）时，用几乎对着一个人耳语的紧靠效果令人毛骨悚然。”[15]谈到多赫南伊指挥维也纳爱乐乐团一版时又称赞饰演莎乐美的“凯瑟琳·玛尔费塔诺不仅表现出了她的恶毒，也表现出了莎乐美少女的内涵。她歌唱时的拍子是变化的，偶尔会显得游移不定，但是她在最后的场面中以完美的力量和精确性美妙地达到了一个令人激动的高潮”。[16]影像中最获好评的是伯姆指挥、1974 年录制的电影版，特蕾莎·斯特拉塔斯扮演的莎乐美高贵而出色，最后与头颅的“吻戏”特写镜头为时甚长而细腻。有乐评家说：“最后她手捧约翰被斩血淋淋头颅而吻唱的那段‘约翰，你不让我吻你的嘴唇，好！我现在要吻你’，把怨恨、快乐等失常的心理变化陈述得有血有肉，入木三分。”[17]

总之，莎乐美之吻蕴含的“爱和死”主题的揭示，是王尔德、比亚兹莱、理查·施特劳斯的共鸣，回眸当年的石破天惊之效，实在是有叛逆、探索之功的。这点，又可以从王尔德作品特别是《莎乐美》在中国的流行得到证明。

四、《莎乐美》在中国

新文化运动中,对于现代派戏剧有着天然的敏感。王尔德的叛逆、唯美,表现灵与肉的热衷,颇合当时文化人的胃口;唯美主义连同象征主义、表现主义、未来主义等文艺思潮,都被作为新浪漫主义予以引进,这是“王尔德热”“莎乐美热”发生的背景。此事的始作俑者多半和陈独秀有关,他于1915年在《新青年》第一卷第三期发表的《现代欧洲文艺史谈》里,就将王尔德和易卜生、屠格涅夫、梅特林克并称为“近代四大代表作家”;随之又撰文称赞《莎乐美》描写死亡与爱情时“恶侮辱,宁斗志”。继而《新青年》陆续刊登王尔德的其他作品,洪深据《温德米尔夫人的扇子》改编为《少奶奶的扇子》。沈泽民发表长篇《王尔德评传》,认为其最重要的作品是《莎乐美》,主题是在恐怖中表现美,表现一种反叛性的堕落。张闻天、汪馥泉发表《王尔德介绍》,深入分析《莎乐美》,称之为恋爱悲剧的妙品,描写灵与肉冲突虽为当时社会所不容,但死亡也不可怕,宁愿在美的乐园里听死亡的歌声。《莎乐美》的翻译,虽然1920年4月《民国日报》副刊已登载陆思安、裘配岳的译文《萨洛姆》,但此剧的宣传健将则是田汉。田汉不独于1921年3月13日在《少年中国》上发表《莎乐美》译文,影响远胜此后的徐葆炎、沈佩秋、胡双歌等三个译本,是公认的佳译,更厉害的是他还促成《莎乐美》的演出,轰动一时。田汉从日本回国后,办《南国》双月刊、南国艺术学院,以实现他“艺术高于一切”“作艺术上之革命运动”的理想。他组织人马自1928年起从上海转战南京、苏州、无锡、杭州、广州,演出自创和翻译的话剧,《莎乐美》首演于南京半边街民众教育馆,从1929年7月7日至12日连演六场,又从7月29日至8月5日在上海天后宫桥宁波同乡会礼堂继续演出。演出前,田汉于6月23日在《申报》本埠增刊上发表《公演之前》,

大声疾呼:“聪明的观众啊,……《莎乐美》剧中含着于你们多贵重的养料啊!……叙利亚少年、莎乐美、约翰,这三个人,虽然一个爱莎乐美,一个爱约翰,一个爱上帝,但他们的精神是一样的,就是目无旁观,耳无旁听,以全生命求其所爱,殉其所爱!爱自由的民众啊,你们也学着这种专一的大无畏的精神以追求你们所爱的吧!”田汉的本意是:唯美派也不坏,中国沙漠似的艺术界,哪怕是一朵恶之花,也不妨拿来温馨地刺激一下,既然这出戏在欧美、日本已成常识,“在中国干它一下,自然也是艺坛的盛事”。[18]这“干它一下”无疑颇成功,在南京的第一场演出时交通为之堵塞。当然这种成功,对于南京、上海这样的都市市民受众,不排除有唯美主义外衣的思想、技巧的别致、情节的离奇、官能描写的古怪等综合而成的新奇,他们需要“刺激一下”也确乎受到了“刺激”,虽然田汉有些泛化地、拔高地借此刺激呼吁爱自由的民众用大无畏的精神去对待爱的追求。

艺术圈或文坛百年来也是崇洋慕新的前沿,“王尔德热”“莎乐美热”的影响大可证明。死亡和热吻的情爱,成为流行的主题,比如情书中就有了这样的句子:“死在你美不可思议的嘴上比什么都好”“你不杀我我会杀你,我非杀你不可,我是 Salome 哩,我比 Salome 还要毒哩。”[19]至于多部剧作受《莎乐美》的影响,可以举出不少,计有田汉《获虎之夜》《湖上的悲剧》、袁昌英《孔雀东南飞》、欧阳予倩《潘金莲》、施蛰存《石秀之恋》(小说)、苏雪林《鸠那罗的眼睛》、向培良《暗嫩》,其中的台词、场面设计,多少借鉴甚至照搬了《莎乐美》的情景。而描写活人与死者头颅之吻,最具代表性者,莫过郭沫若的《王昭君》。剧中写到汉元帝因王昭君的美貌却远嫁匈奴而迁怒于画师毛延寿,他杀毛延寿后捧了毛的头颅说:你毕竟比我幸福,毕竟是经过美人亲吻的,她亲了你的左脸呢还是右脸?“你让我来分享一些香泽吧!(捧毛延寿首,连连吻其左右颊,向掖庭走去。)”[20]

莎乐美之吻，至今百年有余，剧坛、文坛、画坛的杰作各式毕具，各有各的吻法，各有各的妙处。在中国，因为国难等种种缘故，田汉这样的宣传积极分子后来热情他移，为了（或者说是借助）一个有“为艺术而艺术”外表的作品做出不为艺术而艺术的业绩，但这段经历和意义终究是留下了。反对的声音和西方略同，再加上些中国传统的价值观作为理由。大度的文化人士，或者说眼光独到、意识超前的人士，自然看得出其中的积极因素。好在现在关于“唯美未必等于颓废”之说几乎得到大部分人的认可，而且，当年这股文艺思潮，也不是贴标签那般简单作二元化处理就可以全面评价的。鲁迅选编《比亚兹莱画选》，入选“莎乐美之吻”，其基本观点，在前面的《小引》中都写了，虽然这篇小引中编译了他人的话，但也可以代表鲁迅的想法，比如说比亚兹莱是无匹的纯然的装饰艺术家，是个讽刺家，有时他的作品达到纯粹的美，但这是恶魔的美，常有罪恶的自觉，罪恶首受美而变形，又复被美所暴露，这得另外涉及波德莱尔的观点。鲁迅对王尔德的评价，照字面上讲仅有五个字：“不算是丑角”，其上文是谈到古典主义和浪漫主义“相骂，至于相打”，而双方并不都成为丑角，“连生前声败名裂的王尔德，现在也不算是丑角”。[21]鲁迅的这个评价是意味深长的，只要读读鲁迅《铸剑》里的人头之歌，谁又可以说和约翰的头颅无关呢？[22]

标签无存之后，告别非此即彼的二元论时代，王尔德暨《莎乐美》回归艺术特色，缘由自在，历史和受众其实早已作了选择。1945年4月30日希特勒自杀之日，美国兵已经开到理查·施特劳斯的家乡加米施，要占据他的别墅做军营。施特劳斯走到大门口向军人们说：“我是理查·施特劳斯，《玫瑰骑士》和《莎乐美》的作者。”其中有位军官正是施特劳斯音乐的崇拜者，他立刻宣布别墅为“禁区”，大家不得骚扰作曲家。[23]这应该可以算作答案吧。

注释

① 陈子善编:《比亚兹莱在中国》,生活·读书·新知三联书店 2019 年版,第 115 页。

② 滕固:《王尔德与比亚词侣》(节选),陈子善编:《比亚兹莱在中国》,第 41 页。

③ 鲁迅:《〈比亚兹莱画选〉小引》,《鲁迅全集》第七卷,人民文学出版社 2005 年版,第 357 页。按鲁迅此文中有些内容系“摘取”编译英国诗人、文艺评论家亚瑟·西蒙兹(Arthur Symons, 1865—1945)和作家贺尔布鲁克·杰克逊(Holbrook Jackson, 1874—?)关于比亚兹莱的文字而成。

④ 鲁迅:《〈比亚兹莱画选〉小引》,《鲁迅全集》第七卷,第 356 页。

⑤ 余凤高:《莎乐美历史和艺术》,复旦大学出版社 2008 年版,第 93 页。

⑥ [奥]布劳科普夫著,高中甫译:《古斯塔夫·马勒:未来的同时代人》,辽宁大学出版社 2000 年版,第 283 页。

⑦ [丹麦]勃兰兑斯著,张道真译:《十九世纪文学主流》第一分册,人民文学出版社 1988 年版,第 198 页。

⑧ [美]理查德·艾尔曼著,萧易译:《奥斯卡·王尔德传》,广西师范大学出版社 2017 年版,第 460 页。

⑨ 孙法理:《莎乐美　道林·格雷的画像》,译林出版社 1998 年版,第 9 页《译序》。

⑩ [英]特拉斯勒著,刘振前等译:《剑桥插图英国戏剧史》,山东画报出版社 2006 年版,第 180、181 页。

⑪ 苏福忠译:《莎乐美》,人民文学出版社 2019 年版,第 40 页。

⑫ 殷遐:《理夏德·施特劳斯的歌剧〈莎乐美〉的文化意义》,中央音乐学院出版社 2006 年版,第 181 页。

⑬ 田汉译:《莎乐美》,北京时代华文书局 2015 年版,第 193—207 页。

⑭ 田汉译:《莎乐美》,第 189 页。

⑮ [英]伊万·马奇等编著,庄继禹等翻译:《企鹅激光唱片指南》,商务印书馆国际有限公司 1999 年版,第 1589 页。

⑯ [英]伊万·马奇等编著,庄继禹等翻译:《企鹅激光唱片指南》,第 1590 页。

⑰ 史君良:《古典音乐影碟评鉴》,上海音乐出版社2013年版,第158页。

⑱ 余凤高:《莎乐美历史和艺术》,复旦大学出版社2008年版,第251—253页。

⑲ 余凤高:《莎乐美历史和艺术》,第251页。

⑳ 郭沫若:《王昭君》,《郭沫若全集》(文学编)第六卷,人民文学出版社1986年版。

㉑《鲁迅全集》第六卷,人民文学出版社2005年版,第418页。

㉒ 石兴泽、刘慧:《铸剑的视觉审美与比亚兹莱的插画》,《上海鲁迅研究》2017年第3辑。

㉓ [美]布莱恩·吉廉著,黄建松译:《理查·施特劳斯传》,广西师范大学出版社2001年版,第198页。

由鲁迅所藏的中国现代木刻所想到的

——《鲁迅藏中国现代版画珍赏》代序[①]

李 浩

鲁迅为何要倡导中国新兴木刻运动，这之中有多种因素。与他自幼开始对书籍插图的热爱有关，又与他在教育部提倡美术教育有关，和他不间断地收集汉画像、外国书籍插画有关，更与他在1930年代开始积极投身左翼文艺运动、践行革命文化的大众化有关，更宏阔地说是与鲁迅构建中国现代文艺的事业有关。

一

按照鲁迅在1933年《〈木刻创作法〉序》中的说法，他倡导木刻，而不是其他画种或艺术形式，主要是三个原因：

> 据我个人的私见，第一是因为好玩。说到玩，自然好像有些不正经，但我们钞书写字太久了，谁也不免要息息眼，平常是看一会窗外的天。假如有一幅挂在墙壁上的画，那岂不是更其好？倘有得到名画的力量的人物，自然是无须乎此的，否则，一张什么复制缩小的东西，实在远不如原版的木刻，既不失真，又省耗费。自然，也许有人要指为"要以'今雅'立国"的，但比起"古雅"来，不是已有"古""今"之别了么？
>
> 第二，是因为简便。现在的金价很贵了，一个青年艺术学徒想画一幅画，画布颜料，就得化一大批钱；画成了，倘使没法

展览,就只好请自己看。木刻是无需多化钱的,只用几把刀在木头上划来划去——这也许未免说得太容易了——就如印人的刻印一样,可以成为创作,作者也由此得到创作的欢喜。印了出来,就能将同样的作品,分给别人,使许多人一样的受到创作的欢喜。总之,是比别种作法的作品,普遍性大得远了。

第三,是因为有用。这和“好玩”似乎有些冲突,但其实也不尽然的,要看所玩的是什么。打马将恐怕是终于没有出息的了;用火药做花炮玩,推广起来却就可以造枪炮。大炮,总算是实用不过的罢,而安特莱夫一有钱,却将它装在自己的庭园里当玩艺。木刻原是小富家儿艺术,然而一用在刊物的装饰,文学或科学书的插画上,也就成了大家的东西,是用不着多说的。

这实在是正合于现代中国的一种艺术。

从木刻的发展,乃至在抗战时期兴盛及广为传播的路径来看,木刻运动正是应和着中国人民抗击侵略、自我解放的实践而发展壮大,最终成为真正的中国现代艺术门类之一。

1930年代,美术青年转向从事木刻创作活动并不是完全是因为鲁迅推荐介绍的缘故,但是,大部分是因为观摩了鲁迅1929年编的“艺苑朝华”丛书中的《近代木刻选集》(1、2)《新俄画选》、1930年他与内山完造合作举办第一次版画展览会、1931年编印出版的《梅斐尔德木刻士敏土之图》及同年夏天鲁迅举办的暑期木刻讲习会等等,他们能够坚持下去,并且技艺不断提升,与他们自身追求的因素,更是与鲁迅不间断的、通过信件等方式细心给予指导有关。

据目前的资料显示,鲁迅最早收藏中国现代木刻是在1932年,该年鲁迅日记6月26日写道:“同广平携海婴往青年会观春地美术研究所展览会,买木刻十余枚,捐泉五元。”而陈铁耕是木刻青年中最早寄木刻作品给鲁迅,请鲁迅给予指导的一位。据鲁迅日记,他于1932年7月寄鲁迅泥刻版画5幅,又于同年12月寄鲁迅木刻8幅。鲁迅在收到后立即回信给陈铁耕,可惜这两封信目前无法找到,这两封信应该有最早评点中国现代木刻作品的文字。——鲁迅正是通过书信评点木刻青年寄赠的作品,激起了木刻青年探索木刻艺术的兴趣,促使他们将作品寄赠鲁迅,请鲁迅指导。鲁迅因此而收获了大量中国现代木刻早期作品,有150余位版画作者的1 800余幅作品;促使了更多的美术青年加入木刻创作行列。最重要的是,通过鲁迅细致地指导,提升中国第一批木刻创作者的艺术水准,为中国现代木刻的发展奠定了坚实的基础。

陈铁耕是最早寄赠鲁迅版画,并请鲁迅指导的木刻青年,但鲁迅给他的信并没有完整地保留。而受陈铁耕影响而参与木刻创作活动的罗清桢则相对完整地保留了鲁迅的信。从鲁迅给罗清桢信的片段,我们可以看到鲁迅是怎样指导木刻青年改进木刻技艺的。这里选现存最早的三封鲁迅写给罗清桢的信:

1. 1933年7月6日

倘许有所妄评,则愚意以为《挤兑》与《起卸工人》为最好。但亦有缺点:前者不能确然显出银行,后者的墙根之草与天上之云,皆与全幅不称。最失败的可要算《淞江公园》[3]池中的波纹了。

中国提倡木刻无几时,又没有参考品可看,真是令学习者为难,近与文学社商量,希其每期印现代木刻六幅,但尚未得答复也。

2. 1933年7月18日

高徒的作品,是很有希望的,《晚归》为上,《归途》次之,虽然各有缺点(如负柴人无力而柴束太小,及后一幅按远近比例,屋亦过小,树又太板等),而都很活泼。《挑担者》亦尚佳,惜扁担不弯,下角太黑。《军官的伴侣》中,三人均只见一足,不知何意?《五一纪念》却是失败之作,大约此种繁复图像,尚非初学之力所能及,而颜面软弱,拳头过太[大],尤为非宜,此种画法,只能用为象征,偶一驱使,而倘一不慎,即容易令人发生畸形之感,非有大本领,不可轻作也。

我以为少年学木刻,题材应听其十分自由选择,风景静物,虫鱼,即一花一叶均可,观察多,手法熟,然后渐作大幅。不可开手即好大喜功,必欲作品中含有深意,于观者发生效力。倘如此,即有勉强制作,画不达意,徒存轮廓,而无力量之弊,结果必会与希望相反的。

3. 1933年9月29日

蒙赐示并木刻四幅,甚感。《起卸工人》经修改后,荒凉之感确已减少,比初印为好了。新作二幅均佳,但各有一缺点:《柳阴之下》路欠分明;《黄浦滩头》的烟囱之烟,惜不与云相连接。

仅从这三封鲁迅给罗清桢的信,我们可以看到鲁迅评点作品之细致,甚至对罗清桢的徒弟——也即罗清桢所教的中学生的木刻习作也仔细地给予点评,甚至特别给罗清桢这位老师以建议,让他在指导学生时能够采用适合学生、有利学生成长的方式。

1930年代的鲁迅并非是闲人,他也并非单单只从事于倡导中国现代木刻运动,他参与当时的左翼社会活动、进行文学创作、翻译外国文艺作品、编辑文艺刊物、指导文学青年、推荐文学青年作品发表或出版等等,都耗费了他相当的精力。这不仅仅是鲁迅要多方面应对的问题,鲁迅对于任何工作都极其认真仔细,这使得他在从事一项工作时候会花费更多的精力。如,鲁迅就特别注重木刻用纸问题。他在指导罗清桢木刻时,特地谈到用纸问题:“木刻用纸,其实是先生这回所用的算很好,如果成书,只要内衬另外的纸，就好看了；贴在厚纸上，亦极相宜。至于我所用的这信纸（淡赤色的，就是用这纸染上颜色，质地是一样的），名‘抄更纸’，上海所出，其实是用碎纸捣烂重造，即所谓‘还魂纸’，并不好的。近来又有一种‘特别宣’，很厚，却好，但广东怕未必有。”（1934 年 10 月 21 日致罗清桢信）不仅如此，鲁迅也重视印刷木刻作品的用纸问题，并且很清楚当时印刷用纸张、工序及不同印刷方式的效果以及相应的价格，如他给早期木刻青年白危的信中如此详述：

> 譬如壁画二十五幅，如制铜版，必须销路多，否则，不如玻璃版。现在以平均一方尺的画而论，制版最廉每方寸七分（其实如此价钱，是一定制得不好的），一块即须七元，二十五块是一百七十五元，外加印费纸张，但可印数千至一万本。珂罗每一块制版连印工三元，二十五幅为七十五元，外加纸费，但每制一版，只能印三百本，再多每幅又须三元，所以倘觉得销路不多，不如用珂罗版。
>
> 倘用珂罗版，则不如用中国纸，四尺宣纸每张一角（多买可打折扣），开六张，每本作三十张算，纸价五角，印费两角五分，再加装订等等，不到一元，则定价二元，可不至于折本。再便宜一点的是“抄更纸”，这信纸就是，每一张不过一分，则一本三十张，三角就够了。但到中国纸铺买纸，须托“内行”一点的人去，否则容易吃亏。（1933 年 11 月 16 日致吴渤信）

对印刷成本工艺等有如此明晰的了解，在笔者所见的 1930 年代文献里面，只有出版家赵家璧回顾文章中才有。赵家璧能迅速地通过纸张、开本、印刷等因素计算出一本书的成本以及可以预计的销量。然而，相比专业出版家赵家璧来说，出版对鲁迅来说只是一项业余工作。他能了解到如此细致，在当时的中国文学家中恐怕没有第二位吧（今天更是几乎未见过）。

认真的鲁迅遇到那些不太认真仔细的木刻青年，他也是尽量给予回应的。最显著的例子便是刘岘了。刘岘与黄新波的无名木刻社编定《无名木刻集》后，为请鲁迅作序，刘岘刚装订完成的样书送鲁迅处。拿到鲁迅的序言手稿后，刘岘毫无计划、鲁莽地立刻开始翻刻鲁迅手稿的工作，由于预备不周，手稿很快被毁，无法再刻。刘岘又到鲁迅处，请鲁迅再写一份。鲁迅毫无推辞地又写了份给他。这就是见于《无名木刻集》刊首的，由刘岘翻刻的鲁迅《〈无名木刻集〉序》手稿影印本。可见鲁迅对木刻青年的这种态度是始终如一的。

二

鲁迅倡导中国现代木刻，是为了推动中国左翼文艺运动的需要，鲁迅对中国左翼文艺运动的积极推进，使中国新艺术的出现成为了必然。当然，这其中伴随着的有偶然因素。1929 年鲁迅编印"艺苑朝华"丛书的目的，并非为木刻，主要是为了介绍外国插画，也有不满当年叶灵凤等在报刊上不断刊发模仿比亚兹莱画的因素。然而，其中的木刻集《近代木刻选集》(1、2)《新俄画选》三种在当时美术青年中产生了重大影响。也许鲁迅不满于"印得不佳"的"艺苑朝华"丛书，尽管当年销量不好，还是激起了鲁迅进一步介绍外国版画的兴趣。鲁迅又用宣纸珂罗版印制《梅斐尔德木刻士敏土之图》，这保证了印刷质量，却由于成本高而无法广布。——这是鲁迅编书介绍版画的开始。

1930 年 10 月，鲁迅在上海举办了中国第一次版画展，这也有偶然因素。据内山完造回忆：

> 先生对新兴版画，也是非常关心的，搜集了遥远的德国、法国、英国、俄国、日本(对日本的浮世绘也很关心)等国的大量作品。其中德国和俄国的版画最多。这也是由于搜集方便

的原因。另外也许还有其他种种原因。对德国版画那种极为粗犷的、并且是脚踏实地的准确性,对俄国版画的纤细的、优美的线条,不晓得先生是有意还是偶然表现了对两者的无比喜爱。

绘画来了,鲁迅先生经常请我看看。我不知不觉对版画也产生了某种兴趣。有一天我跟先生说:

“我想把先生搜集的版画让人们欣赏一下,借给我可以吧?想举办个版画展览会。”

先生说:“很好,那就选一批版画,安上端正的画框,借给你。”于是一个小规模世界版画展览会很快地就计划成了。

恰好那时我借用了北四川路的狄思威路角的上海供销合作社的第二层楼在办日语夜校,这个教室就作了会场。先生借给了德国和俄国版画大小共七十余幅,安上端正的画框,作了编号,写上原文和汉文对照的国名和作者名,印刷了展览目录。记得只展览了星期六和星期天两天。

在中国这可以说是真正的第一次版画展览会。(内山完造《上海漫语》)

这是鲁迅举办版画展览的开始。之后,鲁迅和内山合作又办了两次外国版画展,参观者一次比一次多。

鲁迅举办暑期木刻讲习班也很偶然,并且和内山完造的弟弟内山嘉吉有关。内山嘉吉这样回忆:

1931年夏天,我在成城学园小学部担任美术教师,在对五年级学生作了一个学期的版画习作指导后。暑期,我去上海舍兄完造处度假。临行,我交待学生们各自作一件版画,寄去给我当作他们假期中的作业兼问候信。才到八月初,孩子们的版画问候信便纷纷寄到上海的内山书店来。舍兄见了,连声赞许孩子们有才分,忆起了他在前一年(1930)秋天借鲁迅先生珍藏的版画,在上海举行展览会的事;家嫂看了也深感兴趣,问我版画是怎么作的。我本来就想刻一些上海的景物寄回给孩子们,随身带着木板、雕刀和印画用的工具。兴之所至,就在店头当场办起讲习会来,那天偶然在场的日本人学校的教师也一齐加入,总共三、四个人在那儿动手习作。那是一个晴朗的早晨,看来将是一个大热天。

这时,鲁迅先生进来了。他一边听着舍兄和家嫂的说明,一边看着孩子们的版画。不一会儿,突然郑重地说要我帮忙他。原来,他要我做版画的讲师。他说上海和其他各地的青年和学生们正在开始学版画,他们都在摸索,亟须指导。我大吃一惊。叫我这个既非版画家、又不曾受过版画专门训练的人去充当习画学生的讲师,这怎么行!我极力推辞,舍兄和家嫂却从旁劝说:鲁迅先生所说的是实话,青年们正需要有人指导,还是接受鲁迅先生的提议吧!迅先生也说:不是高级的技术指导,只需讲一些小学生都能了解的初步知识就可以了。于是,我只好答应下来。(内山嘉吉《鲁迅先生与版画》)

这是木刻创作专业教学的开始,这个开始,后来被视为中国现代木刻史发展的开端。

尽管有偶然因素,中国现代木刻运动却必然是被鲁迅所提倡的。这就是鲁迅所言的,木刻是一种不需要花费许多成本的艺术,并且是不需要花费许多成本便可广泛传播的艺术,是一种能够便捷地被创作出来的艺术:

用几柄雕刀,一块木版,制成许多艺术品,传布于大众中者,是现代的木刻。(《〈无名木刻集〉序》)

三

木刻是力的艺术。从鲁迅对木刻青年的无微不至地指导中，我们能够看到鲁迅并不是简单地推崇所谓的黑白之力。他希望中国现代木刻是有着丰富性(形式和内容)的艺术品,并非是简单的工具：

> 木刻是一种作某用的工具,是不错的,但万不要忘记它是艺术。它之所以是工具,就因为它是艺术的缘故。(1935年6月16日致李桦信)

正是因为这种基本观点,鲁迅很看重木刻青年作品中的基础性问题,简而言之就是素描问题,鲁迅曾数次表达类似“木刻究竟是刻的绘画,所以基础仍在素描及远近,明暗法,这基础不打定,木刻也不会成功”(1934年3月22日致刘韡鄂信)的观点。也许是中国第一批木刻青年基本都是从油画、国画专业转向木刻创作的缘故吧,这些专业美术出身的木刻青年,他们在木刻创作中,能够妥善地将素描功夫运动到木刻作品上的并不多。伴随着出现的就是人物素描的欠缺,这也是鲁迅所不满的:“但据我看来,现在中国的木刻家,最不擅长的是木刻人物,其病根就在缺少基础工夫”(1936年4月1日致曹白信)。导致这原因,是否有西方现代艺术的影响的存在,还是当年的美术学校轻视于对学生的基础训练?这是笔者无法回答的问题。当年,鲁迅很担心由于木刻青年的素描基础问题影响中国现代木刻的健康发展。

考察鲁迅倡导中国新兴木刻运动,他对中国现代木刻发展的思考对中国现代木刻的发展有指导意义,更是对一切中国现代艺术发展有指导意义。

比如关于中国现代木刻的终极目的问题:

例如问“木刻的最后的目的与价值”就是。这问题之不能答复,和不能答复“人的最后目的和价值”一样。但我想:人是进化的长索子上的一个环,木刻和其他的艺术也一样,它在这长路上尽着环子的任务,助成奋斗,向上,美化的诸种行动。至于木刻,人生,宇宙的最后究竟怎样呢,现在还没有人能够答复。也许永久,也许灭亡。但我们不能因为“也许灭亡”就不做,正如我们知道人的本身一定要死,却还要吃饭也。(1935年6月29日致唐英伟信)

比如关于中国现代木刻的精神问题:

至于怎样的是中国精神,我实在不知道。就绘画而论,六朝以来,就大受印度美术的影响,无所谓国画了;元人的水墨山水,或者可以说是国粹,但这是不必复兴,而且即使复兴起来,也不会发展的。所以我的意思,是以为倘参酌汉代的石刻画像,明清的书籍插画,并且留心民间所赏玩的所谓“年画”,和欧洲的新法融合起来,许能够创出一种更好的版画。(1935年2月4日致李桦信)

比如中国现代木刻的题材问题:

至于手法和构图,我的意见是以为不必问是西洋风或中国风,只要看观者能否看懂,而采用其合宜者。(1934年3月28日致陈烟桥信)

主张杂入静物,风景,各地方的风俗,街头风景,就是为此。现在的文学也一样,有地方色彩的,倒容易成为世界的,即为别国所注意。打出世界上去,即于中国之活动有利。(1934年4月19日致陈烟桥信)

比如中国现代木刻如何反映当下社会问题：

> 太伟大的变动，我们会无力表现的，不过这也无须悲观，我们即使不能表现他的全盘，我们可以表现它的一角，巨大的建筑，总是一木一石叠起来的，我们何妨做做这一木一石呢？我时常做些另碎事，就是为此。（1935年6月29日致赖少麒信）

鲁迅的这些意见，今天看来，它的指导意义不仅仅只限于中国现代木刻一隅，更具有普遍意义。有意思的是，与鲁迅讨论这些宏观问题的，基本上是李桦和他的学生，并非说是其他木刻青年没有思考，而是说，作为专业画家和教育家，李桦转向木刻创作后，非常勤于思考，并且经常与学生一起探讨中国木刻的具体乃至宏观问题，并将这些问题提交给鲁迅，促发了鲁迅的回应。同样有意思的是，在当时，鲁迅并不主张将这些私人化意见转化为公共性的建议，担心如他这种绘画专业之外的人士，公开发表这类意见会“贻误大局”，这并非鲁迅的多虑。在当时中国的文化生态下，中国现代木刻发展并不顺畅，还时常受到压迫。在鲁迅看来，他自己的意见是否公开是次要的，而中国现代木刻的健康发展则是最重要的。不过，也许因为这些历史因素，鲁迅当年对构建中国现代艺术极具指导意义的真知灼见，至今仍局限在木刻版画领域中，这是令人遗憾的事。

2019年12月初

注释

① 李浩、仇志琴编著：《鲁迅藏中国现代版画珍赏》，辽宁美术出版社2020年版。

日本“鲁迅像”研究的新开拓
——评《战后日本文化语境中的“池田鲁迅”研究》

岳寒飞

自新时期以来,鲁迅在日本的传播研究一直是鲁研界的一个热门话题。学界早就有了以“竹内鲁迅”“丸山鲁迅”“伊藤鲁迅”等为代表的“学院鲁迅”的称谓,近年来也出现了以“太宰鲁迅”“霜川鲁迅”“井上鲁迅”等为代表的“民间鲁迅”的说法。然而,细心梳理可以发现,大多数学者主要还是从日本学者对鲁迅的研究,鲁迅作品在日本的翻译状况,以及鲁迅对日本作家的影响等视角展开的,而对鲁迅在日本社会以及民众间的传播的研究则要贫乏得多。

事实上,鲁迅在日本的影响并不仅仅局限于学术界和文学界,日本民间社会对鲁迅的接受状况远超我们的想象。日本创价学会的第三任会长和国际创价学会的现任会长池田大作先生对鲁迅的接受与传播就为我们提供了一个生动的例子。这位著名的宗教思想家、社会活动家、文学家和教育家对鲁迅有着独到的思考和认识,并从鲁迅那里汲取了重要的思想精神资源,其对鲁迅价值精神的宣扬也产生了很大影响。然而,受限于资料零散等原因的制约,有关池田大作与鲁迅的研究直到新世纪后才被学界所关注。谭桂林、高桥强、王锡荣、陈漱渝、孙立川、陈红旗以及傅红英等学者在这一课题上做出了一定的开掘。在此基础上,卓光平副教授在其新著《战后日本文化语境中的“池田鲁迅”研究》中细致梳理了池田大作在文学创作、社会活动、宗教思想传播、创价教育等实践中一以贯之的"学鲁迅"精神，提出了"池田鲁迅"这一学术概念并对之进行了深入系统的阐释。该著作史料翔实丰富、体系逻辑严谨，无论是在日本鲁迅传播研究的拓展方面，还是在阐发鲁迅精神遗产的当代价值方面都有着新的突破。

首先，著者的"池田鲁迅"研究独辟蹊径，聚焦了日本学术界和文学界之外的鲁迅传播和影响，是对鲁迅在日本传播和影响研究空间的新拓展。

新时期以来，"日本鲁迅"成为了中国鲁迅研究界的热门话题之一。不过，相对于学界对"竹内鲁迅""丸山鲁迅""伊藤鲁迅"等日本"学院鲁迅"译介、研究的全面和深入，人们对"池田大作与鲁迅"这一话题则还比较陌生。池田大作虽然在年龄上比鲁迅晚了近两代人，但这并不妨碍他们之间的心灵沟通和精神遇合。"身为佛教徒的他常常将鲁迅与佛祖释迦牟尼以及日本创价学会的宗祖日莲大圣人、第一代会长牧口常三郎和第二代会长户田城圣等进行比较，寻找他们在思想精神上的相通性，并将之作为自己人生成长和事业开拓的精神资源。"①池田大作一方面对鲁迅的文学创作和人学思想进行了深入探究，承续了战后初期许多日本研究者的鲁迅研究话题和思路；另一方面又非常注重将鲁迅的精神思想融入到他所从事的创价学会民众运动、社会活动和文化教育等领域，在日本和中国都有着一定的影响。

与许多学者对"学院鲁迅"的聚焦不同，著者在《战后日本文化语境中的"池田鲁迅"研究》一书中有意避开了日本经院化、学问化的"学院鲁迅"，梳理了池田大作在战后以来对鲁迅的接受与传播，提出了"池田鲁迅"这一学术概念并对之进行了系统的阐释。然而，殊不知"池田大作先生著作等身，光日文版的全集就有150卷之多，中文版译著也有几百本，而他对鲁迅进行阐释、探讨与宣扬的文字非常零散地分布在他浩如烟海的随笔、诗歌、小说、演讲、对谈录和讲座等著述中，相关文献资料非常零碎，要想搜集和掌握较为充分的研究资料自然是非常不容易的。”[②]所以著者曾坦言，在“池田大作与鲁迅”这一课题上要取得突破其难度是非常大的。而为了克服这一困难，著者不仅对该课题的相关研究文献，池田大作谈鲁迅的相关文献以及创价学会的相关活动文献进行了全面的梳理，并将池田大作及创价学会传播鲁迅的文献进行了编年汇编。在全面占有资料的基础上，著者又将视野扩大到整个战后日本文化语境中的鲁迅传播，不仅对从竹内好、丸山升、伊藤虎丸等日本学者的鲁迅研究进行了详细梳理，也将太宰治、霜川远志和井上厦等日本作家的鲁迅形象书写纳入关照的范畴。凭借翔实的文献资料和开阔的研究视野，著者在著作中最终为我们呈现了日本学术界和文学界之外鲁迅传播的又一空间。

其次，著者的“池田鲁迅”研究采取了日本“鲁迅像”的研究方法，深入揭示了池田大作对鲁迅理解的独到之处，并系统梳理了池田大作所建构的“池田鲁迅”的体系和内涵。

在战后以来的半个多世纪里，池田大作与鲁迅由思想相通进而生命相融，并成为鲁迅在日本的宣扬者和传播者。他不仅在文化讲座、公开演讲和文学创作中常常谈及鲁迅，也专门阐述过他对鲁迅精神、思想和文学的理解，并给予鲁迅以极高的评价。特别是他还在人性革命、文化交流和青年教育等领域来宣扬和践行鲁迅的价值精神，并产生了极大的影响。对于池田大作为何会与鲁迅产生深深的精神遇合这一关键问题，有学者就曾指出：“不仅要从公共话语空间的层面上来讨论池田大作与鲁迅关系的发生，从家庭出生略同、身体状况相似这些私人话语空间来显示两位文化伟人之间关系的精神特质，而且，应该或者说必须从社会问题的发生与解决的层面上来理解这两位不同时代文化伟人的精神共鸣与心灵遇合为什么能达到如此深刻的地步。”[③]在《战后日本文化语境中的“池田鲁迅”研究》一书中，著者指出日本战后这一特殊的时代语境，不仅为池田大作接受鲁迅提供了时代契机，也促使了他对自我心中鲁迅形象的建构和对鲁迅价值的体认。在“二战”结束后，日本国民经历了一段文化焦虑期，诸如战后国家的重建、社会经济的恢复、民族信仰的重塑等重大问题，在相当长一段时期都悬而未决。在此背景下，日本掀起了一股“鲁迅热”。正是在战后“鲁迅热”的氛围中，青年池田大作开始了对鲁迅作品的关注，进而接受鲁迅的精神思想，并加以自我的理解阐释从而达到融会贯通。

同时，针对池田大作本身是日本创价学会的第三任会长和国际创价学会的会长，并具有宗教思想家、社会活动家、文学家和教育家等多重身份。著者指出，“池田大作不同于日本学术体制内专门致力于鲁迅研究的学者，他的宗教思想家、社会活动家、文学家和教育家等多重身份使他在与鲁迅的生命感应和精神碰撞中‘创造’了独具特色的‘鲁迅像’”。[④]在池田大作眼中，鲁迅不仅是致力于国民性改造与“精神革命”的思想家和“在灵魂深处唤醒民众”的“笔的斗士”，还是搭建中日友好交往“金桥”的先驱者和践行“立人”与爱护青年的教育家。所以著者指出，支撑“池田鲁迅”这一“鲁迅像”系统的便是池田大作对鲁迅是思想家、“笔的斗士”、中日文化交流的先驱者和教育家等四位一体的认识。在此基础上，著者又从池田大作对鲁迅小说的再解读、池田大作对鲁迅“人学”思想的阐释以及鲁迅价值思想的承续与创价学会价值理念的实践等三个方面对“池田鲁迅”的内涵进行了深入阐释，从而呈现出一个多维立体的“鲁迅像”。

最后，著者的“池田鲁迅”研究充分揭示了池田大作“学鲁迅”的现实指向和社会属性问题，对鲁迅当代价值的开掘具有启示意义。

一般来说，对于鲁迅思想遗产的开掘有两种不同的方式：一种是秉持求真实证的态度对鲁迅的本来面目进行还原；另一种则是着眼于现实，开掘鲁迅思想、文学资源的现实意义和当代价值。显然，前者体现得更多的是“鲁迅学”的学术属性，后者则更具有“学鲁迅”的社会属性。池田大作不仅从多个角度对鲁迅展开了文学解读、思想阐释和价值体认，而且在以日本创价学会为载体的价值实践中对鲁迅价值思想进行了继承和发扬。在《战后日本文化语境中的“池田鲁迅”研究》中，著者非常细致地梳理了池田大作在文学创作、社会活动、宗教思想传播、创价教育等实践中一以贯之的“学鲁迅”精神，为我们今天对鲁迅资源的开掘提供了重要启示。

在《战后日本文化语境中的“池田鲁迅”研究》一书的序言中，日本创价大学高桥强教授就指出，“本书中的‘池田鲁迅’，指的就是池田先生在长期探究鲁迅精神的过程中所建构的鲁迅形象。在实践方面，池田先生对鲁迅精神的传播，不仅体现在他系统的创价教育实践上，还表现在创价学会的各种活动和运动中”。[⑤]对池田大作而言，他是在日本战后秩序混乱、百废待兴的背景下开启了与鲁迅的心灵对话，获得了精神上的共鸣，他曾表示“我自己十多岁赶上战败，在日本所有价值观崩溃当中探求何谓正确的人生之路，读破世界名著，和朋友们交谈，那日日夜夜难以忘怀”。[⑥]他把握鲁迅的方式也是在作品阅读中进行人生体悟，在心灵对话中进行精神传承，在价值内化中进行社会实践。所以在与鲁迅相遇的过程中，池田大作不断从鲁迅那里发掘新的思想动力和精神源泉，以此来致力于创价学会的价值追求。而且，池田大作传播鲁迅的方式和途径也是多种多样的，既有各种鲁迅主题的文学创作，也有关于鲁迅的文化讲座；既在专门研究中对鲁迅文化价值进行阐述，也在和著名文化人士的对谈中聚焦鲁迅话题。同时，池田大作所在的创价学会和创价大学还举办过鲁迅的展览、鲁迅讲座等活动来普及和传播鲁迅，让更多的人来了解鲁迅和学习鲁迅。所以，学者谭桂林教授也指出，“所谓‘池田鲁迅’的要义就不是学术的，而是社会的、实践的”。[⑦]

总之，面对鲁迅的文化遗产，如何合理地开掘和继承鲁迅精神价值，并将其运用于当代社会的实践之中，卓光平的“池田鲁迅”研究为我们提供了一个鲜活的案例。从早年阅读鲁迅文学作品，与鲁迅进行跨越时空的心灵对话，到将鲁迅的思想精神和价值观念渗透在社会活动、创价教育和文化交流等多个领域，可以说池田大作在阅读、接受和宣扬鲁迅的过程中，实现了知识理念、价值精神与现实实践的一种融合。也正是在此意义上，卓光平指出，“‘池田鲁迅’无疑也可以理解为一种新的精神资源，它是鲁迅和池田大作共同创造的思想文化遗产，同样也非常值得我们来珍视和探讨”。[8]

（浙江大学人文学院）

注释

①②④⑧ 卓光平：《战后日本文化语境中的“池田鲁迅”研究》，中国社会科学出版社 2018 年版，第 1—2、319、2—3、247 页。

③⑦ 谭桂林：《唤醒人们的诗心：池田大作文学创作初论》，南京大学出版社 2018 年版，第 22 页。

⑤ 高桥强：《〈战后日本文化语境中的“池田鲁迅”研究〉序二》，《名作欣赏》2018 年第 8 期，第 9 页。

⑥ 王蒙、池田大作：《家庭、故乡以及青春之日》，《上海文学》2016 年第 3 期，第 78 页。

此中尚道先生在

杨晔城

2019年年底，辽宁美术出版社同时出版了《鲁迅信札珍赏》《鲁迅书法珍赏》两部书。其中《鲁迅信札珍赏》由北京鲁迅博物馆黄乔生编著，《鲁迅书法珍赏》由该馆秦硕编著。书中收录了大量鲁迅手稿的影印件。

《鲁迅信札珍赏》选取了北京鲁迅博物馆馆藏的140封鲁迅书信，按致信对象编排，依次为家人、亲戚和友朋。每封信还配以释文和解读，帮助读者了解鲁迅的思想、为人及社会关系。时间跨度为32年(1904年到1936年)，和鲁迅从事文学创作的时间基本一致，其意义正如黄乔生在后记中所言："鲁迅书信是鲁迅生平的注解，是理解他的思想和文学的一把钥匙。"

百善孝为先。全书以1935年8月31日、11月15日、12月4日和1936年1月8日鲁迅《致母亲》的四封家书开篇，每封都以"母亲大人膝下，敬禀者……"这样的尊称开头，以"男树叩上。广平及海婴同叩"。敬语收尾。穿越时空隧道，眼前仿佛出现一个温文尔雅的民国男子，伏在地上在向高堂老母畅叙心扉的场景。

信的内容是常人都会遇到的一些家事。报告自己的外出近况、关心老人的健康安危、介绍家人的饮食起居，等等。孩子成长的近况更是每信必提——这是母亲最关心的。信件最多两页长短，用金不换小楷毛笔写在花笺上，语言质朴平和，版式布局精美，文字隽秀洒脱，只是同写给友人和恋人的书信相比，字体更显端庄,不见一处涂改的地方,与鲁迅著作中雄辩阔论、斟字酌句、妙语连篇的文风迥异,不像是一个披挂上阵、以笔代戈、针锋相对的战士强者,倒更像是一个远走他乡的人在向母亲报平安,思念之情溢于言表。在 1936 年 1 月 8 日的信中,鲁迅这样告诉母亲和三弟建人分享家乡美食的"土法":"酱鸡及卤瓜等一大箱,今日收到,当分一份出来,明日送与老三去。"公平合理而非独断专行,这是一个尊老爱幼的兄长。从四处筹款购买八道湾十一号,把最大最好的房间让给胞弟一家居住,署上尚无名气的胞弟的大名发表自己的文章,把名利让给家人,兼课打工养活一家老小,把钱上交充公,即使兄弟失和,母亲作主选择了自己并不满意的婚姻,也默默选择隐忍甚至牺牲,这样的"逆来顺受",以小见大,完全颠覆了人们印象中"横眉冷对"的鲁迅形象。

前不久,笔者拜读中国青年出版社出版、北京鲁迅博物馆夏晓静老师编的《母亲大人膝下》一书,里面收录了鲁迅 1932 年至 1936 年致母亲的 50 封亲笔信,文如其人,充分展现出鲁迅儿女情长的一面。从这些家书中我们基本可以得出结论:鲁迅对母亲的孝顺是发自内心的也是终身的,是"老吾老,以及人之老;幼吾幼,以及人之幼"中华优秀传统美德的延续,最终成为鲁迅"立人"思想的源头活水。

鲁迅写给许广平的"情书"在书中共收录五通。其中 1925 年 6 月 2 日一通、1926 年 9 月 26 日一通、1929 年 5 月三通,按双方关系进展,大致可归为恋爱中、同居前和同居后三个代表性的时间节点,虽然这些信件内容在鲁迅的《两地书》中早已结集出版,但有些词句、人名可能在当时的他看来属"不当言论""不宜公开"而作删改或替换,原件出版得以还原某些历史真相。值得一提的是,《两地书》为铅字排版印刷,原件手稿正好弥补《两地书》没有的那种"质感"和"场感"。比如 1929 年 5 月 15 日的信用了两张笺纸,一张上有枇杷图案,一张为莲蓬图案,枇杷是许广平喜食的水果,莲蓬寓其有孕在身。许广平领会用意，在回信中说："那两张纸必不是随意选择的。"鲁迅在同月 27 日的信中承认："我 15 日的信中所选的两张笺纸，确也有一点意思的，大略如你所推测。莲蓬中有莲子，尤是我所以取用的原因。"又如 1926 年 9 月 26 日的信中附有鲁迅画的厦门大学教工宿舍和周边建筑草图一组，寥寥数笔，跃然纸上，尽见其扎实的素描写生功底，无意中还为后人文化遗址保护留下一份不可多得的档案。

从称呼许广平为"广平兄"到"小刺猬""乖姑"，在信件落款处画上一头卡通的"小白象"，生活中的鲁迅是如此风趣，完全没有一点"老爷""专家""家长"的架子，生动地诠释了"相敬如宾"的爱情观。

信件主要是向爱人分享自己的经历和感想，同写给母亲的信相比，亲情以外又多了些哲理性的思考，如 1926 年 9 月 26 日信中谈到生活费的问题，鲁迅认为："有生活而无'费'，固然痛苦；……有'费'而没有了生活，更使人没有趣味了。"这对当下人们正确处理物质和精神生活两者的关系仍有时代价值。也许普通人达不到鲁迅那么高深的学问，但家庭和睦孝敬父母、夫妻恋人之间互敬互爱互信的一些做法却是可以从我做起的。

鲁迅致友朋的信札非常丰富，交往对象有蔡元培、胡适、钱玄同、许寿裳、徐懋庸、萧军、内山完造、郑振铎、巴金、唐弢等当时一大批文化名流，涉及内容包括创作出版、人际交往、社会活动、日常生活方方面面，很多信札情真意切又不乏真知灼见。1904 年 10 月 8 日致留日同学蒋抑卮的书信最早，蒋家境富裕，早年曾出资为鲁迅兄弟出版《域外小说集》，可以说是鲁迅生命中的第一位贵人，仙台医专留学期间两人关系不错，用现在流行的话说是"铁哥们"。写这封信时蒋抑卮正回国养病，鲁迅主要向他介绍了校园生活近况，同时指出日本学生的思想行为并不比中国学生好，但社交活动能力较强，认为"以乐观的思之，黄帝之灵或当不馁欤"，文化自信是更基础、更广泛、更深厚的自信，鲁迅刻画下了中华民族复兴的一个"中国梦"。很多信札还带有原件信封，上面邮票的图案，邮戳的样式，检察机关的验视章，带着时代的烙印，都让人产生浓厚的兴味，成为解密鲁迅和他的时代，解读20世纪二三十年代中国社会文化生活珍贵的影像史料，这些信札既有很高的鉴赏价值，又可作为案头工具书使用。从另一个侧面，也为信息时代社会城镇化高度发展的今天，修复"人际关系冷漠症"提供了可资参考的模板。

如果说《鲁迅信札珍赏》让我们回归一个热爱生活、情感细腻的鲁迅，那么《鲁迅书法珍赏》同样让我们走近一个人文情怀自然流露、学识渊博的鲁迅。本书从现存鲁迅一万七千页手稿中精选百二十种，分自作诗稿、古诗文稿、文稿·译稿、信札、日记、碑记、题记、古籍石刻、抄稿·笔记、题签等十编，内容涉猎文博、考古、中外文学和历史、书籍装帧设计、古籍考证、民俗学、金石学、文字学、自然科学等等，借助先进的影印技术，"唤醒"了这些沉睡百年的手稿。

"鲁迅先生无心做书家，所遗手迹，自成风格。融冶篆隶于一炉，听任心腕之交应，朴质而不拘挛，洒脱而有法度。远逾宋唐，直攀魏晋。世人宝之，非因人而贵也。"郭沫若如此评价鲁迅的书法。魏晋是个什么年代，一篇书圣王羲之的《兰亭集序》就让万世顶礼膜拜，照此推论，鲁迅的遗墨用价值连城、国之瑰宝来形容毫不为过，而这仅是他"无心做书家"的结果。同文学家、思想家、革命家的一顶顶桂冠相比，世人欠鲁迅一个书法家的头衔。

幼学、受祖、父学、师承、抄碑……，鲁迅一生都在研习和书写他认为是"愚民的利器"的汉字，不肯放弃那支已过时尚的"金不换"毛笔，他有过一段关于中国书法的经典评语："书法不是诗，确有诗的韵味；它不是画，确有画的美感；它不是舞确有舞的节奏，它不是歌确有歌的旋律。"把诗画歌舞融入书法当中，鲁迅的书法达到了动静相宜、超凡脱俗的境界。有别于当今书家多为书法而书法，为技而技，对于书识和学问，或忽略或偏颇，鲁迅书法堪称技法、书识、学问三者的完美结合。相比而言，鲁迅书法背后所传递的丰富厚重的文字信息，是鲁迅书法独一无二的魅力所在。如《鲁迅书法珍赏》封面上“秋肃春温”四字源于1935年12月5日鲁迅赠挚友许寿裳《亥年残秋偶作》中的诗句：“曾惊秋肃临天下，敢遣春温上笔端。”所谓“绝望之为虚妄，正与希望相同”，充分显示鲁迅文化知行合一的人文情怀。

引人注目的是，鲁迅的文字如投枪匕首，而书法却显得高度理性平和，既无黄山谷的火气，也无王铎的缠绕，既无徐渭的诡异，也无郑板桥的做作，一切都是自然天成，从容率真。究其原因，鲁迅作为正道的拯救者，由心灵通过文字展示鲁迅的救世理念，其过程不再是简单的书法艺术创作，更是心灵世界的展示，由此呈现在读者面前的自然是集技法、书识、学问、道德为一体的鲁迅心灵的物化，正所谓“书，心画也”。

近年来，围绕鲁迅书法的研究和展示、收藏越来越引起人们重视与关注，早在2007年中国鲁迅研究会和北京鲁迅博物馆就在江西进贤主办过“鲁迅与书法”学术研讨会。2008年由北京鲁迅博物馆、上海鲁迅纪念馆和绍兴鲁迅纪念馆联合承办的“鲁迅手迹珍品展”又在绍兴鲁迅纪念馆公开展出，《鲁迅藏拓本全集（汉画像卷）（瓦当卷）（砖文卷）》《鲁迅著译影记》《鲁迅藏明信片》《母亲大人膝下》《鲁迅书皮百影》《鲁迅手迹珍品图录》等鲁迅手稿相关书籍相继问世，鲁迅手稿更是屡屡拍出天价。

就在撰写本文时，欣闻《鲁迅藏中国现代版画》又将由辽宁美术出版社付梓出版，这部上海鲁迅纪念馆李浩、仇志琴编著的图书大典，收录了李桦、罗清桢、陈铁耕、郑野夫、刘岘、黄新波、陈烟桥、何白涛、赖少其等一大批鲁迅曾倾力指导过的版画名家作品，全面真实地记录了中国现代版画从无到有、从有到精的生命历程，回顾

1935年6月29日鲁迅致赖少其信中曾谈到的:“巨大的建筑,总是由一木一石叠起来的,我们何妨做做这一木一石呢?我时常做些零碎事,就是为此。”中国现代版画的发展正是在鲁迅的热心提倡、积极支持和悉心培育下才“安得广厦千万间”,记得去年绍兴鲁迅纪念馆几乎同时主办了“经典的解读——赵延年《阿Q正传》木刻插图展”和“深深的思念——赵延年先生逝世五周年追思座谈会”,版画的美学价值和社会美育功能在不断释放出来,见字如晤,见画如晤,一个活着的“人之子”的鲁迅正向我们走来。

馆藏一斑

许广平捐赠鲁迅旧藏年画的几个问题

仇志琴

上海鲁迅纪念馆藏有一批许广平于1950年代初期捐赠的年画，当时主要为办好鲁迅生平展览而充实展品，同时也为了在沪保存一批鲁迅相关遗物，以配合鲁迅故居的复原、开放。这批年画中，大部分是民间木刻原拓的版画实物，也有少量系机制彩色印刷品，其内容基本上是祈福辟邪、传说故事等民间美术的常见题材，其年代大部分当属清末民初时期，但印刷品中也有少量带有年代比较靠后的风格特征，即可能是鲁迅逝世后的产品。综合资料分析，鲁迅生前收藏的民间年画主要是木刻原拓，且用于研究而非实际张贴。而许广平偕周海婴在鲁迅逝世后迁居霞飞路霞飞坊（淮海路淮海坊），按当时风俗，可能会在家中张挂一些印刷品年画，因此这批年画中的印刷品不排除有过使用或准备使用的经历，而鲁迅所收藏的主要是原拓的部分。这部分原拓年画的具体来源，已有专文介绍（余望杰、任鹤林：《鲁迅、刘岘与朱仙镇年画》，《鲁迅研究月刊》1990年第12期），而对其内容，亦有过初步介绍（朱杰莉：《上海鲁迅纪念馆藏朱仙镇年画考略》，《上海鲁迅研究》2013年第4期），本文拟以朱仙镇年画为代表就这批年画的整体情况再作梳理。

一　来源和著录

这批年画的来源据《鲁迅、刘岘与朱仙镇年画》中刘岘的回忆，他先后赠送鲁迅的年画品种很多，大概有百八十张，由于鲁迅先生四处躲避反动当局的迫害，所藏年画多已散失，现珍藏于上海鲁迅纪念馆内的朱仙镇年画即为刘岘当时赠送给鲁迅幸而得以保存的部分年画。

据上海鲁迅纪念馆《四十纪程》等资料载，1949 年许广平至北平，后任职政务院副秘书长，1950 年北京亦筹备鲁迅博物馆，故将在沪的鲁迅遗物作归类，确定留存和带走的部分。考虑到上海春夏之交多雨，纸质文物容易霉变，而北京气候干爽，对保护文物有利，遂将鲁迅的大部分手稿、藏书运往北京，而将鲁迅在上海时期的各种生活用品、部分译稿、工具书和鲁迅收藏的大量创作版画，以及鲁迅逝世后许广平搜集的各种报刊的纪念特辑和纪念文章的贴报本等留在上海。这批年画捐赠应主要在 1950 年。

关于年画的著录。原记录账本（约 20 世纪 50 年代建账）虽然不是捐赠当时所为，但也为时未久，相关信息得以保留、记录，未定级别。目前，现文物账本（20 世纪 80 年代建账）著录，确定此批年画为二级文物，但每幅年画的定名未明确产地，或许是最初捐赠清单本来没有详细名称，原记录账本仅作年画若干登记，在著录现文物账本时当初经手人进行了细化，名称按“中国年画”后录年画内容或只录年画内容（默认为“中国年画”）两种格式定名。第一种定名如：《中国年画　天官赐福》；第二种定名如：《西游记　悟空斥八戒》。据此，原定位为中国年画的共有 44 种 44 幅，即这批年画的总数。

2013 年全国第一次可移动文物普查启动后，为明确文物产地信息，经研究，这批年画中的 28 种 28 幅详细著录为“朱仙镇年画”；虽然著录为朱仙镇年画，但细审之下仍有疑问者计 2 种 2 幅，具体为“朱仙镇年画:仪仗”(2种)。依据有二:其一,《鲁迅、刘岘与朱仙镇年画》刘岘的回忆,“现仍有26幅珍藏于上海鲁迅纪念馆内……这当是国内朱仙镇古版年画最早、最多的藏品了。”说明当时刘岘送给鲁迅的朱仙镇年画应是26幅,而不是28幅,且鲁迅从其他途径获得朱仙镇年画的可能性,目前看来也比较小。其二,比对《中国木版画集成——朱仙镇卷》及其他收录朱仙镇年画较全的书籍图册,未见类似“仪仗”题材的年画,因此将此2幅《仪仗》归为朱仙镇年画存疑。

进一步对照年画内容,名称不确切或明显有误者另有3种,但为保持原貌,尚须保留,按流程,今后拟加以更正、注明,并和原有定名共存。例如:《朱仙镇年画:姜子牙》,实际刻印的是尉迟恭骑马像,而非姜子牙,一般应称为《马上鞭锏》。此类门神年画的贴法,有将秦琼、尉迟恭二人印于一纸,张贴于单扇门的;也有将二人分印于二纸,左边秦琼像,右边尉迟恭像,张贴于双扇门的。因此,尉迟恭和秦琼像通常是同时出现的,现存单幅尉迟恭像而缺秦琼像颇为可惜。推测,这种缺失也许是会导致当初误把单个尉迟恭认作姜子牙,出现定名错误的原因之一。

著录中不分原拓或是机制印刷。

二　原拓和机制印刷品的区别

原拓和机制印刷品在印量多寡、质感、手感、观感等方面有较大差异,因而也就决定了其在艺术价值、年代判断等方面的高下之别。根据原物形式、内容细加辨别,原拓应该墨色真切、纸张有旧气、刻画有木制特殊凹凸感;机制印刷品虽然色彩丰富,但相对比较平实,缺乏质感,且多用厚实的洋纸,和原拓使用的宣纸等手工纸存在很大区别。根据这些特点,可以判断这批年画中,朱仙镇年画、《水浒绣像图》《老鼠娶亲》等年画属于原拓,有36种36幅;属于机制印刷品的有《九子祝寿》《连年及第》《马上得利》等,有8种

8 幅。试作比较如下：

原拓朱仙镇年画，使用民间土纸，纸张绵软，纤维较长，吸水强，印色效果鲜亮、透明且经久不退，层次分明。构图突出人物，《天官赐福》《天河配》《麟麒送子》等年画构图对衬景皆不着意描绘，画面简洁明快。且雕刻木版类似凸版，拓印时压力大、印迹重，细节生动，刀质感更强烈。

机制印刷年画，属平版印刷即胶印，使用进口洋纸，纸张柔韧性好，纸面光滑细洁，油墨扩散不明显，色料可能掺粉，往往显得粉嫩，颜色种类大多超过木版套印用色。由于平版套色装版准确，印刷版复制相对容易，因此机制印刷图像描绘可以达到更细致的程度，但因印刷时水胶之影响，其色调的再现力降低。如《九子祝寿》等年画，人物众多，背景复杂，装饰繁复，色彩丰富，但色泽鲜艳度欠缺。

机制印刷品与原拓还有一个显著的区别是，前者会呈现网线、网点，由于机制印刷品的图像是由无数网线交叉形成的网点组成，故而无法避免有可视的网线、网点，而后者则是涂刷转印颜料，图像由刻板雕刻状况决定，因而无此现象。

三　朱仙镇年画的特点及与其他地方年画的区别

年画是一种雅俗共赏的艺术形式，在长期流传发展过程中，受各地风俗习惯及地域性差异影响形成了多种多样的面貌。朱仙镇年画和被奉作“四大年画”的天津杨柳青、山东潍坊杨家埠、苏州桃花坞及四川绵竹的年画相比，也是颇具特色，既有共性也有个性。

在内容上，共性比较多一些，因为年画应用于年节、祭祀等民俗需要，全国各地、东西南北差异不大，祈福迎祥、驱凶辟邪亦是民间共同的愿望和主题，因而年画的题材大略相近，有门神类、神祇类、戏曲及传说故事类、家堂类、博戏图等等。

朱仙镇年画的特色之处在于,历史悠久,堪称中国最古老的年画,其雕版历史可上溯到两宋,因而带有中原地区古典与大气的风格。画幅多为小幅,纸小价廉,更能为贫苦农民大众所接受。

在构图上讲究对称、造型庄重、简洁,线条粗犷有力,用色单纯浓烈,尤以暖色为主,用红和棕、黄和紫的对比色彩,形成了强烈的艺术效果。人物脸部多数采用白脸红(广丹)眼皮,画面多留有空白,空白处往往印有商号名称及各种吉祥图案,给人以古朴凝重之感。上海鲁迅纪念馆藏的朱仙镇年画中有八成即22种22幅印有商号,且以当地老字号如“天义”“天成”“德源”等年画店铺为主。因此,辨别商号也是判断其是否为朱仙镇年画的重要依据。

在印制技法上,使用套版印刷,一色一板,最多用到六七种颜色,因此对用色要求简练又具表现力,颜色基调相互对比而非谐调,以达到彼此强调的作用,画面强烈明快,视觉冲击力很强。

天津杨柳青年画,制作精致,多数画面构图丰满、线条流畅、圆润,人物细腻传神,深受明代木刻版画影响,但与朱仙镇年画制作方法不同的是“半印半画”,即采用木版套印和手工彩绘相结合的方法,既有版画的刀法韵味,又有绘画的笔触色调,形成独有的艺术特色。上文提到的8种机印年画,其中6幅的画幅底部印有一行表明出处的红字,皆来源于天津,如:“天津宫南隆发合纸庄”“天津北马路华中印刷局出版”等,虽属机印,但风格与杨柳青年画还是一致的。

江苏苏州桃花坞年画,绘刻精细,富于装饰性,一般采用墨线套色的方法印制,与朱仙镇印制方法接近,用色讲究,通常喜用七色,尤善用粉红、粉绿,画面鲜明而不失雅致,富有江南情趣。

山东潍坊杨家埠年画,在发展过程中,曾受杨柳青与桃花坞年画影响,乡土气息更为浓郁,贴近农民的实际生活,用色以三原色为主,进行浓墨重彩的描绘,并且常在套印之后再加以人工烘染,既有北方年画的质朴明快,兼具南方年画的柔丽雅致。

四川绵竹年画,多以木版印出轮廓而后用笔填色,并以彩绘见长,区别于其他年画,具有浓厚的民族特点和鲜明的地方特色。构图完整、均衡,主次分明;色彩上采用对比手法,设色单纯、艳丽,刚柔结合,洗练流畅,具有鲜明的节奏感。造型夸张、变形,具象征寓意。上海鲁迅纪念馆藏《老鼠娶亲》《黑猫捕鼠》《西游记》系列年画,皆为墨线轮廓彩绘填色,构图、用色、笔墨晕染等手法与绵竹年画类似,特别是《西游记》系列年画 5 种 5 幅,人物造型诙谐活泼,衣着上饰"花金"①,极有可能为绵竹年画。

四　鲁迅与刘岘关于年画的交流

鲁迅在少年时期就很喜爱年画,且深受影响,其创作的文学作品,如《朝花夕拾·〈狗·猫·鼠〉》也提及过《老鼠娶亲》这一内容的年画。晚年提倡新兴木刻,希望"扶植一点刚健质朴的文艺"时,也不曾忘记少时记忆里的艺术,他多次指出:"学习木刻的青年在学习西洋画的同时,也要向民间'花纸'(年画)学习。"

在鲁迅留意搜集年画时,同样喜爱年画的刘岘提供了有力的帮助,他收集了很多河南朱仙镇的年画并送给了鲁迅,还致信说明:"至于所说之门神,是河南朱仙镇制作的,在那里是有了大批的铺店,据我询问发觉者说,差不多在河南全部以及山东西北的曹州府一带并黄河北岸的附近,每年元旦的门神,都是由这朱仙镇几处的天义与祥瑞成、天庆、德源,万通等号而制供给的,而不是我的故乡——兰封——所制,这是上次写给先生的信少提了说明,原谅。"(上海鲁迅纪念馆藏刘岘手迹)

鲁迅得到刘岘赠送给他的河南年画后复信说:"……河南门神一类的东西,先前我的家乡——绍兴——也有,也贴在厨门和墙壁上,现在都变了样了,大抵是石印的。要为大众所懂得,爱看的木刻,我以为应该尽量采用其方法。"②

据刘岘回忆,鲁迅曾评价"朱仙镇的木版年画很好,雕刻的线条粗健有力，和其它地方印制的不同，不是细巧雕琢。这些木刻很朴实、不涂脂粉，人物也没有媚态，颜色很浓重，有乡土味具有北方木版年画的独有特色……”[③]而“没有媚态”和“粗健有力”既是鲁迅喜爱这种古老民间艺术的原因，同时也着实体现出朱仙镇年画的精髓。

诚然，张贴年画的风俗随着农耕社会的逐渐瓦解而消退，但年画这种带有强烈中国特征的民间艺术实为我国独有宝贵的文化遗产，理应得到良好的收藏，深入的研究和更多的关注，唯有如此，优秀的传统民俗文化才能生生不息不被湮没，其蕴含的美学、人文价值才得以永世相传。

注释

① 花金：是彩绘后的再加工，用木制花型戳子，拓上金或银色花纹，现所见花戳子约三十几种，分服饰花、帽花、衣角花、袖口花。

②《鲁迅全集》第十四卷，人民文学出版社2005年版，第405—406页。

③ 余望杰、任鹤林：《鲁迅、刘岘与朱仙镇年画》，《鲁迅研究月刊》1990年第12期。

浅析教育活动在博物馆宣教中的作用
——以上海鲁迅纪念馆为例

张晓君

博物馆是征集、典藏、陈列和研究代表自然和人类文化遗产的实物的场所，担当着传递通识知识，提供实地教育的社会责任。其中，博物馆教育是以实物组成的陈列及其他辅助形式对观众进行的直观教育活动[①]，是博物馆宣教的主要途径。如何认识到教育活动在博物馆宣教中的作用，并具体深入到日常实践是当代博物馆学中的重要课题。因此，本文选取教育活动在博物馆宣教中的作用这一课题，以上海鲁迅纪念馆为例，通过详尽的探讨，以期得出较为合理的结论。

根据《国际博协章程》的规定，“博物馆是一个不追求营利、为社会和社会发展服务的、公开的永久性机构。它有研究、教育和欣赏的目的，对人类和人类环境的见证物进行收集、保护、研究、传播和展览”。因此，将博物馆的天然职能充分发挥，和现代流行的“校园实践教育”以及“民众文化教育”相结合，是当下我国博物馆发展的必然选择。

一、博物馆宣教活动对于社会群体的必要性

随着我国人民生活水平的不断提升，人民对于先进文化的需

求也愈加强烈，思想观念多元化、复杂化是近年来我国民众思想领域呈现出的新变化、新特点。因此，宣传教育便必不可少，其中，现代博物馆的功能以教育推广为重要目标，努力于社区民众的公共关系。在展示的目标上除了介绍知识，并引发观众美感经验，进而认知真善美的生命真理，是现代化宣教活动的先锋者。对于社会各个群体来说都具有重要意义。

"公众教育是当今博物馆工作的重中之重，是彰显博物馆文化影响力和传播力的关键因素。"世界各地博物馆都充分意识到自身的优势和责任所在，致力于发掘博物馆教育资源的各种潜力，一方面努力使博物馆变为课堂教育的延伸和补充，另一方面，致力于将自身打造成为社会民众的终身课堂，从而达到博物馆是伴随人一生成长的教育场所这一共同目标。[②]博物馆作为典型的社会教育机构，有着不可忽视的强大优势。作为一个教育平台，博物馆可以利用展览以及文物藏品为依托，用声光电等多种形式、用形象生动的语言进行解读。作为现代化文化场所，博物馆努力通过形式多样，充满严谨性和趣味性的方式吸引广大民众的参与和观览。以下根据社会群体的不同身份，作具体分析：

1. 学生群体

经济的发展给人们带来诸多便利的同时，也促生了不良社会风气的滋长。正处于生理和心理发展关键时期的青少年，社会环境的好坏对青少年的影响是巨大的。受"再穷不能穷教育，再苦不能苦孩子"等思潮影响，很多青少年成了"蜜罐里泡大的一代"。这对于青少年的成长是极为不利的，贪图享乐、经不起挫折等都会使他们在社会残酷的竞争下会丧失自我。

因此，为了帮助青少年建立正确的价值观和道德观，我们应该充分调动社会各界在青少年思想政治教育过程中的主动性，并使之认识到加强青少年思想政治教育的重要性。在认识到重要性后，就要做到知行合一，采取必要的举措加强青少年的思想政治工作，让他们在有健康体魄的同时更有积极向上的价值观，从而健康快乐的成长。

让更多的青少年走进博物馆感受历史、感受文明、感受文化，从而增强青少年的民族自豪感和爱国热情③，全面提升青少年的文化素养是博物馆的重要职责之一，而其有效形式便为展开系列教育活动，进而帮助学生对人生的目的和意义有基本正确的认识和态度，引导学生热爱祖国、热爱党、热爱社会主义制度、热爱人民，激发学生为祖国美好的未来做贡献的积极意识。

在这个方面，国内众多的博物馆已经交上了满意的答卷，以上海鲁迅纪念馆为例，为增强青少年对于鲁迅的深入了解，上海鲁迅纪念馆在2019年推出研学系列活动“鲁迅艺术作品展”“追摹版画——木板刻画拓印及雕刻橡皮章体验”“鲁迅作品　名家诵读”等各种活动培养了青少年的爱国情怀，充满运用了文教结合的教育理念，用具象的校外实践去除了青少年对鲁迅的刻板印象，提升了青少年对鲁迅的切实感悟。

2. 社会工作人员

社会工作人员是当前社会建设过程中的主体，同时也是社会生产力的创造者，所以，提升该群体的文化修养和思维能力说到底就是提升社会的整体内涵。

社会分工的不同使得该部分社会群体内部进行了分化，对于博物馆的了解以及博物馆展出展品、博物馆系列活动的具体理解也有所不同，因而博物馆教育活动在这个过程中就显得尤为重要。通过博物馆教育活动，使得参观人员得以提升该展览主题背后的具体意味，充分发挥博物馆教育大众的职能，实现博物馆作为社会文化机构的内在价值；并使其作为博物馆的潜在宣传者，一方面提升博物馆的社会声誉，吸引更多的社会群众前来参观，也能够将其自身所获得的文化机理进行传播，通过传播学的理论使得该部分内容得到大范围的扩散。

此外,参观博物馆对于该部分群体自身而言受益匪浅,在中国工业化进程加快,社会变化加大的当前阶段,不少企业职工,公职人员面临着精神世界的匮乏和虚无的难题,这不仅危害到了这部分人自身的身心健康,也严重影响到了其所在领域的社会生产活动。故,对于这部分人来说,参观博物馆,接受博物馆展开的系列教育活动,不仅仅是对其精神生态的关爱和拯救,更是其获得新生力量,化负能量为正能量的重要渠道。

综上,博物馆教育活动具有双向互利性。博物馆是现代社会中宣传教育和科学研究的重要机构,是我国现阶段精神文明建设的重要场所。因此,在博物馆自身的正常运营中,博物馆方和观众方的互动结构在精神文明建设的过程中便显得尤为重要。而教育活动便是连接博物馆和观众之间的有效桥梁,通过教育活动达到双方的互利共赢。

二、博物馆特色教育活动对博物馆宣教的重要意义

在新时代文化使命引领下,博物馆教育需要凸显"大教育"理念。对外,建立最广泛的社会关联,通过机制建设,寻求最广泛的社会合作,增强博物馆文化惠民的能力,丰富博物馆文化服务民生的方法对于各个博物馆尤为重要。④因此,博物馆需要发挥自身优势,通过举办系列特色教育活动来达到上述要求。在此过程中,不断实现博物馆宣教的原初目标和基本任务,下面对此话题作具体分析:

1. 提升博物馆的美学功能

在教育内容上,博物馆教育分为两个方面,审美教育功能和知识教育功能。博物馆审美教育不仅是表现在对展品外在形象的直观欣赏,还表现在对人格精神道德美的追求,对中华民族的创造精神和不畏艰难追求光明的意志力的感受,同时还有祖先对自然的敬畏和对信仰的崇敬,总起来说是对自然美、社会美、艺术美的感

悟和欣赏，这是完善一个人的价值观和人生观教育的重要途径。

因而美的教育成为当下博物馆教育的重中之重[⑤]，国内博物馆纷纷重视美学价值在博物馆系列教育中的彰显。以上海鲁迅纪念馆为例，为进一步唤起公众尤其是青少年对鲁迅先生的尊崇和敬意，2019 年，上海鲁迅纪念馆推出“追摹版画——木刻版画拓印体验活动”共 13 场。一方面使得活动的基调与展馆的定位相契合，突出了上海鲁迅纪念馆的高品质、高水准；另一方面，使得参与活动的学生及家长们深入的了解了鲁迅先生与中国传统版画之间的深厚关系，通过鲁迅先生设计的书籍封面图案“桃色的云”、鲁迅藏笺中的“莲蓬”图案，以及“鲁迅纪念馆外貌”等精彩雅致的版画使得学生及家长们感受到中国传统技艺——版画的美好，并从中体会到源远流长的中华民族工匠精神，为其学习和生活提供了源源不断地精神源泉。

博物馆展览的藏品既是一件历史物品，同时也是一件艺术品，无论是历史博物馆、自然博物馆或者科技馆等类型，每一个展品都有独特的审美内涵。但是博物馆的展品只有具备丰厚的专业知识才能够领略它的美，过去博物馆展品是面向精英知识分子或艺术家的，随着博物馆的扩大开放，大众对博物馆展品的内涵解读越来越迫切，作为博物馆展览方就要在展品的布置、展览的主题以及展陈方面下功夫。在这个方面，上海鲁迅纪念馆始终注重教育文化理念，针对不同层次、开发形式多样的宣教活动。以 2019 年为例，上海鲁迅纪念馆共推出了“上鲁讲座——名家讲鲁迅”“寄心语，留感言”“走进一叶一花的世界——植物标本动手做”“探寻鲁迅在上海的足迹”等多种多样的活动，将专业性较强的知识同生活实际紧密联系在一起，扩大了展馆活动的受众群体，使展馆的活动吸引了更多的市民朋友乃至同行业内人士的参观，让观众进入到了鲁迅世界，感受到了鲁迅文化的氛围，将鲁迅精神推向高地；同时也充分发挥了博物馆教育功能，探索博物馆教育的具象化、品牌化与分众化。

2. 丰富博物馆的体验性能

与传统博物馆不同的是，当今博物馆越来越注重创造和丰富自己的体验功能，并逐渐改变原有的单一的展览模式，吸取互动体验式博物馆的正确经验，将自身打造成为理论和实践、文化和能力相结合的综合性社会文化机构。其受众越来越广，并通过和广大学校相合作的方式，根据学生的年龄、性格和社会教育等因素进行不同的活动设计，提升他们的综合实践能力，与此同时，也提升博物馆自身的体验性能。

多元化教育是有效提升学生个人能力与综合素养的关键，同样是现代性博物馆的社会职能之一。只有不断强化现代博物馆同各大学校的交流与合作，真正建立良性沟通的桥梁，才能最大限度地提升自身的社会服务质量与服务效果，并形成良好的发展循环。其中，可以通过建立合作关系来定时进行教育培训与文化知识宣传工作，提升学生们的专业理论知识储备。与此同时，鼓励学生自愿加入流动博物馆的公益服务活动中，保证他们在提升自身知识理论的基础上，进一步提高个人素养，以期形成良好的社会文化氛围。通过讲解与授课，学生们不仅能够提升自身的交流与沟通能力，而且在知识传授的过程中同样能够拓展自身的视野，为文化传播贡献自己的力量。

除此之外，博物馆还同样可以通过开展形式多样的文化活动来优化同学校的合作性。例如博物馆可以将部分馆藏精品暂借给学校，通过品鉴与观赏来提升学生们对中华文化的领悟与认知，为优良的文化传承奠定良好的基础。还可以带领学生到博物馆进行参观，并不断创新教学活动形式，使每一位学生都能够更加深入了解藏品背后的故事，潜移默化地拓展自身的知识面。只有不断优化学校同流动博物馆的交流与合作，学生才能真正从中受益，其自身的探索兴趣与学习积极性才能大幅提升。同时学校也能够有效拓展和优化教学计划，实现寓教于乐的良好局面，博物馆自身能够充分发挥自身的服务功能，避免资源浪费问题的出现，真正达到良好的社会教育效果。如在 2019 年开学之际，上海鲁迅博物馆便举行了“民族魂、爱国心”的研学活动，鼓励青少年们创作有关鲁迅的书画、摄影、雕塑等艺术作品，并将其进行集中展示，在此基础上，配合作品展和开学，举办了“开学第一课”活动两场，吸引了青少年学生 5 000 人次，涉及全国学校共 28 家。而在“鲁迅文化月”内开展的“祝福中国生生不息——庆祝新中国成立 70 周年”鲁迅作品诵读活动中，更是使得场外及线上涉及学校达 30 余所，师生观摩次数达万余次。

3. 增强博物馆的情感功能

情感教育可以引导人所含的各种情感要素发生新的质变，从而去契合个体的自身发展需要。人需要主动地去认识与理解自己的情感，并将其朝着有利于自身需要的方向转化。情感教育是完整教育体系中不可或缺的组成部分，然而目前其独立地位未得到完全体现，其实施途径单一化，过多地局限于学校教育中，这对情感教育的发展造成了严重的阻碍。博物馆教育作为一种非正式的社会教育，在情感教育与社会教育缺失的情况下，确立博物馆的情感教育功能，将其纳入博物馆教育的体系中是为了情感教育更广泛地开展。

博物馆作为人类物质文明的展示场所，蕴含的是人类最具普遍意义的精神文化。博物馆情感教育是培养观众对这种共同事物的普遍感觉和一种适度的精神状态，使观众能在参观的过程中体验历史文化的意义，体验人类共同的精神成就，这让人们不把一切归到自身的功利之上，而是注意追求精神文化，使个人的想法能客观化、能超越个人实用的层面，从而达到人类社会的整体进步。

以上海鲁迅纪念馆为例，为迎接 2020 年春节，营造喜庆祥和的节日氛围，同时也为配合正在举办的“挹览清芬——上海市松江区博物馆藏扇面展”,传承和弘扬江南文化,上海鲁迅纪念馆在馆内活动厅特别举办了“迎新春、书祝福”活动。为即将到来的新春佳节增添别样乐趣。以中国传统节日——春节为纽带,将参加活动的人们有机的联系在一起,使原本枯燥无味的活动充满了新年的欢乐,使参与活动的观众通过美好的情感串联得到了精神生态的安慰与洗礼。

博物馆通过开展形式丰富,多种多样的教育活动,有利于充分的挖掘并丰富博物馆的美学功能、体验功能和情感功能,并不断发挥各种新型功能在现代化博物馆建设中的突出作用,进一步的提升博物馆的宣教能力。

综上所述,博物馆教育活动在博物馆的宣教中起到了重要的作用,它们不仅仅是博物馆用来发挥其职能,实现其社会效益的途径,更是一个博物馆的内在文化基因,与博物馆的背后运转内核一起共同构成了博物馆的文化灵魂,使得博物馆在服务社会大众的同时,也实现了其自身的价值。

注释

① 王丽娟:《论博物馆与社会教育》,载《河北职业教育》2012年第5期。

② 步雁撰:《关于博物馆公众教育模式的探索——以陕西历史博物馆为例》,载《陕西历史博物馆论丛》,2014年刊第一册,第353页。

③ 屹夫:《陕西文物惠民百万青少年走进博物馆》,载国家文物局官网,2012年5月21日登载。

④ 庞桂馨:《教育是博物馆的灵魂》,《中国文化报》2020年1月5日登载。

⑤ 岩罕光:《浅谈如何发挥博物馆的宣传教育职能》,载《文物鉴定与鉴赏》,2019年第13期。

编　　后

今年是中国左翼作家联盟成立90周年纪念，本辑之“纪念左联成立90周年”刊载了不同具体关注对象的纪念“左联”的研究文章。《左翼文化运动的历史影响论纲》从宏观的角度阐述了左翼文化运动的历史影响，对于我们今天明晰当今中国社会主义文化中的“左联”因素有帮助，也使人们能够进一步了解革命文化运动的宗旨所在。《中国左翼文学运动发轫上海及历史背景》则从五四运动的历史发展进程为切入点，分析了左翼文学运动在上海产生的文化和社会背景。《“美联”与左翼美术运动综论》以翔实的左翼美术运动资料为基础，全视角地论述了左翼美术运动的发展和社会影响。《责任之心与义利之辩——鲁迅、左翼文化阵营与乐群书店关系考论》以乐群书店的创办与发展为考察中心，探讨了鲁迅与左翼文化阵营的关系。“左联”存续期间内，有多种机关及相关刊物出版，《芒种》是其中之一，《漫谈〈芒种〉半月刊》以该刊为视角，通过与该刊相关的人、事、文考察了当年左翼文学的现场。文艺大众化是当年左翼文学运动的重要一环，而贡献最卓著者当属周文，《在左联“文艺大众化”旗帜下的文学创新——以周文为例》回顾了当年周文的工作。《鲁迅与左联中共党员的交往初探》通过冯雪峰、瞿秋白等共产党人与鲁迅的交往，阐述了“左联”成员中的共产党人与鲁迅的密切交往和合作关系。丁景唐先生对“左联”资料的汇集、研究、出版有着杰出的贡献，《丁景唐与左翼文艺运动史研究》概要地阐述了丁先生在这方面的功绩。许幸之是“左联”成员之一，他生前有多篇关于“左联”工作的回忆，《许幸之与1930年代左翼文化运动》比较系统和生动地记述了许幸之在“左联”期间的各种革命文艺活动。

《圆形：鲁迅〈伤逝〉的文本结构》将《伤逝》设为闭合结构的文本，并在此基础上讨论空间、时间与人物思想情感三个方面的问题，颇有探索之处。老学者刘扬烈之《鲁迅散文的特质及在文学史上的地位》是言简意赅之文。《庄子文艺视野中鲁迅〈野草〉的审美哲学》是为较全面论述之作。《迫害狂、恐惧及其隐喻——〈狂人日记〉与〈地洞〉的比较研究》《〈狂人日记〉与〈恶雨喻〉、〈狂犬〉比较论析》作为比较文，各有特色，且《迫害狂、恐惧及其隐喻》多有独特之见。

《关于〈无常〉手稿的一些考证》是鲁迅手稿研究中又一新成果，资料扎实辨证可信。《1930年代"鲁迅形象"的市民消费研究》视角独特，很有再深入研究的价值。《鲁迅藏画像石〈曹望禧造像〉拓片考释》所涉资料详尽，是为鲁迅与汉画研究之新成果。《〈破恶声论〉所见清末诸议论考》考述周到，若能精炼则更佳。老学者董大中之《景梅九笔下的秋瑾》是对《上海鲁迅研究》(总第83辑)所刊之文的资料补充。

《关于丸山昇先生的回忆》情真意切，充分展现了为了弘扬鲁迅精神文化遗产中日两国学者的亲密交流。《"散""聚"之间——60多年前的一次讨论》虽是旧事重提，不过对我们今天重新审视相关纪念建筑无疑是有启迪意义的。《藏书票与藏书关系述略》简述相关史实，有参考价值。本辑所刊黄乔生、顾音海等学者介绍的书籍都具有不同的社会价值，或面对普通读者，或面对专业人士，这些书都从不同的侧面试图呈现鲁迅文化遗产的完整面貌和精神，并使之普及于众，诚是值得宣传的。

编　者

2020年4月

《上海鲁迅研究》编辑部

地址:上海市甜爱路 200 号　上海鲁迅纪念馆
邮编:200081
电话:021-65878211，021-65402288 * 215
传真:021-56962093
电邮:shlxyj@ aliyun.com

《上海鲁迅研究》投稿须知

本刊热诚欢迎海内外作者投寄稿件。为保证学术研究成果的原创性和严谨性，倡导良好的学术风气，推进学术规范建设，请作者赐稿时务必遵照如下规定：

第一，所投稿件须系作者独立研究完成之作品，对他人知识产权有充分尊重，无任何违法和违反学术道德等内容。按学术研究规范，认真核对引文、注释和文中使用的其他资料，确保准确无误。如使用转引资料，应注明转引出处。本刊采用文末注方式，引文出处请遵照**"作者:《篇名》,《集名》第×卷,××出版社××××年版,第×页"**格式。

第二，凡向本刊投稿，须同时承诺该文未一稿两投或多投，包括局部改动后投寄其他报刊，并保证不会将该文主要观点或基本内容先于《上海鲁迅研究》在其他公开或内部出版物（包括期刊、报纸、专著、论文集、学术网站等）上发表。如未注明非专有许可，视为专有许可。

第三，所投稿件应遵守国家相关标准和出版物法规，如关于标点符号和数字使用的规范等。

第四，本刊整体版权属《上海鲁迅研究》所有，未经许可，不得以任何方式复制、选编。经我社许可需在其他出版物上发表或转载的，须特别注明"本文首发于《上海鲁迅研究》"字样。

第五，本刊实施专职编辑三级审稿与编委审稿相结合的审稿制度。作者投稿后，如需撤稿，请及时通知编辑部，编辑部将视编辑该稿情形后，答复作者。

第六，来稿论文要求格式规范，项目齐全。提供：**真实姓名，联系方式（含邮编），电子信箱，身份证号码、作者开户银行并支行名（支行名称请务必提供）及账号（支付稿酬所需）。**

第七，本刊有权对来稿做文字修改。

第八，本刊已加入"中国知网"（光盘版）电子期刊出版系统，作者的著作权使用费与本刊稿费将一次性给付，如作者不同意编入该数据库，请提交论文时向本刊说明。凡在投稿时未作特别声明的，本刊将视同作者已认可其论文入编有关电子出版物。

第九,稿件一经采用,即付稿酬(限常住中国大陆地区作者)并寄样刊两册。

如违背上述规定,给《上海鲁迅研究》造成任何不良影响,由作者承担全部责任。

图书在版编目(CIP)数据

上海鲁迅研究. 纪念左联成立 90 周年 ：总第 86 辑 / 上海鲁迅纪念馆编 .— 上海 ：上海社会科学院出版社，2020

ISBN 978－7－5520－3248－2

Ⅰ. ①上… Ⅱ. ①上… Ⅲ. ①鲁迅研究—文集 Ⅳ. ①K825.6－53

中国版本图书馆 CIP 数据核字(2020)第 115809 号

上海鲁迅研究·纪念左联成立 90 周年(总第 86 辑)

编　　者：上海鲁迅纪念馆
责任编辑：赵秋蕙
封面设计：包明吉
出版发行：上海社会科学院出版社
　　　　　上海顺昌路 622 号　邮编 200025
　　　　　电话总机 021－63315947　销售热线 021－53063735
　　　　　http://www.sassp.cn　E-mail:sassp@sassp.cn
照　　排：南京理工出版信息技术有限公司
印　　刷：上海新文印刷厂
开　　本：890 毫米×1240 毫米　1/32
印　　张：11.5
字　　数：284 千字
版　　次：2020 年 8 月第 1 版　2020 年 8 月第 1 次印刷

ISBN 978－7－5520－3248－2/K·566　　　定价:68.00 元
